本书为教育部高校示范马克思主义学院和优秀教学科研团队建设项目（优秀中青年思想政治理论课教师择优资助计划）"高校思想政治理论课智慧课堂教学创新研究"（项目批准号：18JDSZK127）成果，同时受华中师范大学马克思主义理论一流学科建设经费资助。

高校思政课智慧课堂
教学创新与实践

TEACHING INNOVATION AND PRACTICE
IN SMART CLASSROOMS
FOR IDEOLOGICAL AND POLITICAL COURSE IN UNIVERSITIES

熊富标 等 著

社会科学文献出版社
SOCIAL SCIENCES ACADEMIC PRESS (CHINA)

前　言

　　智能时代的到来，改变了人们的生活，也改变了教育的形态。在信息技术高速发展的今天，物联网、大数据、云存储、区块链、神经网络等新技术、新思维、新方法汇集为生成式人工智能，让教育界实实在在感受到了挑战与危机。虽然人们对于人工智能的未来走向众说纷纭，但是其给生产生活以及教育发展带来的重大机遇和挑战却实实在在地被人们所感知。正如联合国教科文组织编写的《人工智能与教育：政策制定者指南》指出："人工智能技术在教育领域的部署应用或将重塑教学的根基。"①

　　一般认为，人类教育经历了三次大变革，即正规化教育、制度化教育和智能化教育。正规化教育据传起源于4000多年前，如古埃及的宫廷学校、中国的"成均""庠"等。它们的诞生，开启了人类有目的、有计划、有组织的文化传递进程，大大加速了世界文明的进度。其不足之处在于：长期以来，学校教育只作为一种阶级特权和身份象征，占总人口比重少之又少的人才能接受这类精英化的教育。

　　大约在500年前，工业革命的到来推动形成了以班级授课为基础的制度化教育模式，人类教育迎来了第二次革命性的变革。大规模、标准化的班级授课，大大提升了教育的效率，使人人受教育成为一种可能，受教育也成为一项重要的权利。但是制度化、标准化的教学依然存在模式略显单一、教学方式比较碎片化、往往以牺牲个性自由为代价的问题和不足，难以满足因材施教和个性化教育的需求。

---

① 联合国教科文组织编《人工智能与教育：政策制定者指南》，教育科学出版社，2021，第1页。

进入 21 世纪，现代信息技术的发展，尤其是以人工智能为代表的新技术的突飞猛进，为实现大规模的个性化、智慧化教育提供了可能，人类迎来了第三次教育大变革。人工智能对教师角色、育人目标、教育方式、教育环境等几乎所有的教育过程和环节都将产生变革性乃至颠覆性的影响。教师角色由知识传输者更多地转向"创意工作者""复杂模式的判断和处理者"；育人目标也由智育为主转向德智体美劳全面发展，教育朝着不可为机器所取代的方向迈进；教育方式更多地指向人机互动、师生互动、生生互动等多主体的深层交流与个性化、定制化的学习路径；教育环境将学生知情意行等要素越来越多地转化为数据，并基于教学大数据进行管理和评价。

一 驱动与适应：人工智能教育的初步形态

2019 年 5 月 16 日，国际人工智能与教育大会在北京召开，国家主席习近平在贺信中指出，"中国高度重视人工智能对教育的深刻影响，积极推动人工智能和教育深度融合，促进教育变革创新，充分发挥人工智能优势，加快发展伴随每个人一生的教育、平等面向每个人的教育、适合每个人的教育、更加开放灵活的教育"①。这说明教育领域要因事而化、因势而进，在把握教育规律的基础上，用好技术手段，深入探索人工智能急速发展和突飞巨变时代环境下发展创新的思路和举措，推动教育现代化和新时代立德树人工作。

智慧课堂，正是在信息技术高度发展下出现的"人工智能+教育"的初级形态。虽然在人工智能技术未出现之前，便有"智慧课堂"的概念——它侧重于启迪学生智慧，但一般而言，"现在人们普遍使用的'智慧课堂'实质上就是智能化课堂（Smart Class），主要是从信息化的视角理解的，即使用先进的信息技术实现教育手段的智能化，使课堂教学环境富有智慧，进而实现教育教学的智慧化"②。

智慧课堂体现了智能教学几个方面的特征。

---

① 《习近平向国际人工智能与教育大会致贺信》，《人民日报》2019 年 5 月 17 日，第 1 版。
② 孙曙辉、刘邦奇：《智慧课堂》，北京师范大学出版社，2016，第 42 页。

一是互联数据化，即将穿戴设备、智能传感器、全息成像乃至机器人教师等各种虚拟技术、传感技术运用于实体教室，把教学的行为和要素逐步数据化，再通过云计算和大数据分析等技术，及时可视化地呈现学习状态，打造一种教学全过程数据化、可视化、智能化的新型课堂环境。

二是深度交互性，即智慧课堂将物理空间、资源空间和社区空间融为一体，塑造一种不受时间、空间限制的泛在学习、终身学习样态。尤其是在教学过程中，可通过智慧课堂相关软件平台，实现教师与每位学生即时随机提问、快速抢答、随堂测试、互动画板、手写拍照、在线投票、问卷调查、"小组合作+多屏显示"等各种形式的互动，打破传统课堂师生互动频次、规模、方式受限的状况。

三是管理精准性。人工智能技术逐步将受教育者的认知状况、表情、行为等高度数据化，使课前、课中、课后教学大数据的智能分析成为可能，也使教学管理和评价更加精准化、便捷化，更好地体现了教学过程与结果评价的有机统一。

四是学习个性化。教学管理过程化的海量数据，以及即时评价的高效实施，加上可视化技术精准展示，使得在个体学习路径上体现设计的精准靶向，在教学资源上体现精准供给，在教学目标和任务上体现高度的个性化。

人们根据人工智能技术的发展创造出智慧课堂教学形态，主要是基于传统教育方式的局限、人工智能技术突进的驱动、新技术在社会其他领域快速应用的"拉动效益"，以及新冠疫情带来的在线教学巨大需求等多种因素综合作用而做出的选择。首先，传统课堂教学由于其统一而忽视个性的学习进程、基于教师个体经验的教学设计、形式化小众化的提问交流以及粗略滞后的教学评价与反馈，存在着不少缺陷，而在这些方面人工智能技术都有可能取得突破，并运用于教学领域。其次，人工智能技术发展到今天，已经在自主学习、场景适应、智能交互、大数据处理能力、高度集成等方面取得巨大成就，教学过程利用人工智能技术，在创造丰富教学场景、进行智能化的教学辅导以及大数据的教学管理等方面取得了不少的进展，提升了教学效果，丰富了学习体验。生成式人工智能的深入发展，必将进一步促进知识图谱学习、虚拟现实技术、智能评价和服务等在课堂教学中的应用和发展。最后，人工智能技术已经快速而广泛地运用于金融、能源、环保、农业、交通等各种领域，智能客服、用户画像、自动驾驶、人脸识别、智慧城市等一系列新技术、新业态，智能家居、智能机器人、智能玩具、智能建筑等智能产品和设备正在兴起。教育作为人工智能最难突破，但又是衡量人工智能终极价值的重要领域，必然要求人工智能逐步融入其中，而新冠疫情客观上为大规模网络教学提供了紧急"试验场"，在诸多因素的作用下，智慧课堂成为"人工智能+教育"的初步试验田。

二 亲和力与针对性：思政课智慧课堂的新尝试

人工智能需要把教育作为重要试验场，检验这一新型综合技术的社会价值和发展走向，而思政课作为立德树人的关键课程，需要"在改进中加强、在创新中提高""不断增强思政课的思想性、理论性和亲和力、针对性"[①]，两者一拍即合，蕴含人工智能技术元素的思政课智慧课堂应运而生。

2019 年 3 月 18 日，习近平总书记在学校思想政治理论课教师座谈会上的讲话中指出："很多学校在思政课上积极采用案例式教学、探究式教学、体验式教学、互动式教学、专题式教学、分众式教学等，运用现代信息技术等手段建设智慧课堂等，取得了积极成效。"[②] 2022 年 4 月 25 日，习近平总书记在中国人民大学考察调研时，专程前往德楼思政课智慧教室观摩思政课现场教学。中共中央办公厅、国务院办公厅 2019 年印发的《关于深化新时代学校思想政治理论课改革创新的若干意见》提出："提升思政课教师信息化能力素养，推动人工智能等现代信息技术在思政课教学中应用。"[③] 党中央高度重视思政课智慧课堂，党和国家领导人亲自调研和观摩思政课智慧课堂教学，充分说明思政课智慧课堂无论是在技术层面，还是在应用方面都已日臻成熟，其整体建设已经取得积极成效。

---

① 习近平：《思政课是落实立德树人根本任务的关键课程》，人民出版社，2020，第5、17页。
② 习近平：《思政课是落实立德树人根本任务的关键课程》，人民出版社，2020，第17页。
③ 《中共中央办公厅 国务院办公厅印发〈关于深化新时代学校思想政治理论课改革创新的若干意见〉》，2019 年 8 月 14 日，中华人民共和国中央人民政府网站，https://www.gov.cn/zhengce/2019-08/14/content_5421252.htm。

在智慧课堂出现之前，高校思政课就已经自觉把信息技术应用到课堂教学之中，如思政课网络课堂、慕课、混合式课堂等，试图找到传统课堂与信息技术优势的最佳结合点，这些举措对于提升高校思政课的吸引力和感染力发挥了重要作用。随着大数据、云计算、物联网等信息技术的新发展，思政课开始探讨和兴起智慧课堂，如逐步打造国家中小学智慧教育平台，一些高校开始打造融智能技术于实体教室的智慧课堂，一些企业和个人纷纷开发出超星泛雅、雨课堂、蓝墨云班课、中成智慧课堂、starC 云端课堂等智慧课堂软件平台。这些智慧课堂有的注重实体智慧教学环境的营造，有的侧重"互动式教学系统"的打造，有的强调"教学电子包"的使用，有的则偏重"教学大数据"全过程应用，等等。

从现有的运用方式看，思政课智慧课堂存在三种基本的形态：实体形态、平台形态和管理形态。实体形态，指实体教室课堂的信息化、互联化打造；平台形态，指创设内含人工智能技术的新型教学平台；管理形态，主要是运用大数据分析和处理技术，检测和评价教师教学实效和学生学习效果。无论何种形态，思政课智慧课堂建设的初衷往往是为学生提供智能化、互动化、情境化的体验学习环境，助力提升学生上好思政课的积极性和兴趣度。

实体形态的思政课智慧课堂，即是对传统教室的智能化升级和优化重构，通过把物联网、传感技术、大数据教学平台、可移动式桌椅、多屏互动、即时录音录像等技术和方式运用到实体的思政课堂之中，实现"课内与课外畅通、线上与线下互通、虚拟与现实联通"的新教学样态。这类课堂往往都有显著的特点和明显的标识，智慧课堂的基础设施层、教学设备层、网络层、服务层、应用层等五个层次系统都呈现出智能化的特点。如在外观上，教室装饰明亮独特（如内外墙面的明亮现代风格，教室内装有空调、新风、电动窗帘、空气质量检测系统等），教室内部环绕着数个电子屏幕，桌椅可移动并可重新组合，直录播系统等呈现十足的科技感；在技术内涵方面，可以实现无线投屏、分组讨论、分屏展示、文件推送和各种互动功能（如测验、点名、发弹幕、问卷调查、全员参与讨论、直播、资源分享等），以及直观化展示学习数据。如华中师范大学数年来打造百余间"云端一体化、互动多样化、模式多元化、学习协作化、行为可视化、管控智能化"的新型智慧教室，全校思政课率先在智慧教室①进行改革创新，大大提高了思政课吸引力和满意度。再如北京理工大学建设专门的"思政智慧教室"，其除了具有一般智慧教室的功能之外，还特别接入了具有虚拟现实功能和增强现实功能的技术平台，在教室里实现"与红军一起走长征路"等场景的虚拟体验。

平台形态的思政课智慧课堂，可应用于实体课堂教学的智慧教学软件平台，主要包括交互平台和资源平台，这一思政课智慧课堂不需要太多的硬件设备支持，主要通过互联网和手机、电脑等显示终端即可完成思政课教学。这些平台可作用于思政课课前、课中、课后全过程。课前，学生可获取前端教学的各种记录和资源，比如教学课件、讲义、课前拓展材料、思维导图、论坛讨论、教学实况录像、学情分析等，以及学习轨迹和学习者画像等。课中，智慧课堂软件可提供全员参与的各类教学互动，以及智能助教等辅助功能。课后，智慧教学平台可为学生定制个性化的学习任务、巩固复习材料和智能辅导等。这些智慧课堂平台既包括国家智慧教学平台、教育部虚拟教研室等，也包括企业和高校开发的超星泛雅、雨课堂、微助教、小雅智能助手等，这些智慧课堂除了实现了多元主体交互、智能化教学管理外，还能呈现和展示思政课的知识图谱、思维导图、学习者画像等。同时，这类平台正在逐步打破物理环境和虚拟环节的边界，越来越便于开展各类远程大规模的在线学习，如可以充分发挥思政课共商共建共享的理念，以云共享、云交流的方式促进思政课课堂教学的校内、校际的协同备课或同时在线学习，助力打造新时代思政课智能教学共同体。

管理形态的思政课智慧课堂，并非独立的课堂形态，而是在实体智慧课堂和智慧课堂教学平台基础上，基于大数据、云技术进行评价和管理的思政课堂。如利用所有的教学数据进行智能化综合分析、联动分析、对比分析，即时动态跟踪学生思政课学习的兴趣点，找准学生学习需求，通过人工智能算法，为每位学生推送个性化、精细化的学习目标、学习任务和学习内容。从三类形态的区分来看，实体形态的智慧课堂侧重于物理环境

---

① 智慧教室是智慧课堂的一种形态，本书指的智慧课堂包括物理空间的智慧教室、网络互联的智慧教学管理平台以及促进智慧生成的信息化教学生态系统三大类型。

的打造，而平台形态的智慧课堂侧重于借助智能终端（手机、平台等）进行教学互动和课堂管理，管理形态的智慧课堂侧重于智能教学系统的打造，将实体课堂教学、线上教学和后台管理融合起来，将教师的教研、学生的学习、师生的互动以及思政课管理融于一体，建立起大数据、系统化、智能化和一体化的教学生态。目前，很多互动平台形态的智慧课堂正在朝着这一趋势开发、设计和初步运行。

总之，思政课快速跟进信息技术的发展步伐，不断推陈出新，探索智慧课堂教学模式，既是推动高等教育信息化、现代化的时代之需，又是提升思政课育人效果的实践之要。一方面思政课必须适应时代和技术发展而主动作为，另一方面思政课本身存在一些问题也需要以智慧课堂方式进行"赋能"。信息技术在进步，如果思政课对此置若罔闻、避之不及，思政课教学就难以有吸引力，难以吸引青年学生。主动出击，运用最新的平台和技术，善用最潮的方式方法，能让青年学生沉浸在思政课的时代魅力之中，提升思政课教学的时效，增强思政课的亲和力和针对性。同时，思政课建设中确实存在一些亟待解决的问题，而问题解决的方法也与人工智能新技术的应用密切相关。如课堂教学时效性提升问题，体制机制完善问题，评价和管理有待健全问题，学生上课的"抬头率"和满意度问题等，不少高校着眼于运用智慧课堂及其相关技术来缓解或解决这些问题。

三　理论与实践：思政课智慧课堂的创新探寻

本书的主要目的和任务是探讨高校思政课智慧课堂教学的变革与创新，研究智能时代信息技术与思政课教学的深入融合问题，从理论和实践上构建高效智能、精准管理、个性发展的思政课智慧教学模式。基于此目的，本书尝试回答以下几个重要问题：高校思政课智慧课堂因何而生？它在教学上有哪些具体的形态和模式？高校思政课与人工智能等信息技术的融合达到了怎样的程度？高校思政课智慧课堂在智慧平台、智慧管理和智慧学习等方面有哪些特征和表现，以及如何在这些方面进一步改进和创新？高校思政课智慧课堂有哪些可供参考的教学实例？等等。

本书本着"理论上探索、经验上总结、实践中求进"的基本思路，从技术、管理和生态三大视角探讨人工智能技术背景下的高校思政课智慧课堂的教学变革与创新问题，以期形成较为系统的思政课智慧课堂理论与实践体系。本书研究的重点内容和基本观点如下。

（1）高校思政课智慧课堂是智能时代"思政+信息化"的融合产物。一方面，智能时代的物联网、云计算、大数据等技术的高速发展为新时代的思政课插上了"信息化"的翅膀，为教学环境互联化、教学管理精准化、教学评价个性化提供了可能。另一方面，党和国家事业的新局面以及新时代思政课地位的提升呼唤思政课的高质量发展，而思政课教师乐教善教的特质以及学生"数字原住民"的身份使高校思政课智慧课堂教学实践成为可能和必然。

（2）智能时代的高校思政课智慧课堂的教学创新体现在技术的智慧性、管理的智慧性和生态的智慧性三大维度。大数据技术、物联网技术、自媒体技术等信息技术的发展，以及智能技术在思政课教学中的运用，已经逐步体现了高校思政课在技术和管理层面的智慧性，不断提升了思政课的实效性、吸引力和感染力。随着生成式人工智能技术的发展，机器学习、深度学习、自然语言处理、人工智能算法、神经网络、推理机、学习计算、图像识别等技术必将改变教育的形态，同时改变高校思政课智慧教学模式，即朝着生态智慧性方向发展。高校思政课智慧课堂有望在自适应学习系统、智能导师系统、智能测试系统和虚拟场景教育等领域进一步深化，促进高校思政课教学的深度化、系统化、智能化、个性化发展。今后生态智慧性维度的思政课智慧课堂将在技术上充分体现"智能化"的平台升级，构建 AI 赋能、体系优化的智慧教学生态体系，实现教学全领域、全场景、全过程的智慧技术应用，实现高效的人机互动、师生互动和生生互动，以技术智慧性和内容智慧性双向驱动，打造真正的思政课智慧课堂。

（3）高校思政课智慧课堂的教学创新探索已取得了初步的成绩，通过对湖北、湖南、广东 3 省 6 所高校持续两年的调查发现，智慧课堂在助力思政课在师生互动性、教学形式的多样性、教学满意度和教学环境智能化打造等方面凸显其优势和特色，但在实际运用过程中依然存在互动效率、内容纵深度、平台的智能度、教学的个性化和师生活跃度等方面的不足。经过对实证调研数据的分析，本书从秉承智慧教学理念、增强过程管理精准性、升级大数据技术、提升教学互动性和教师信息素养等方面提出思政课智慧课堂进一步改革创新的总体思路。

（4）便捷、高效、智能化的智慧平台是高校思政课智慧课堂教学创新的前提条件。智慧平台为高校思政课教学提供物联空间、交互空间和学习空间，为智能化学习、互动学习和差异学习提供空间和载体。在课前，智慧平台为学生自主学习提供拓展资源、及时反馈，同时也为教师提供丰富的教学资源和交流平台；在课中，智慧平台为师生交互提供全程参与、全感参与和全员参与的环境和机制；在课后，智慧平台为学生进行差异学习提供路径选择，为师生进行教与学的评价提供数据支撑，为学生学科素养提升和实践锻炼提供更为广阔的视野和条件。

（5）智能化、个性化的教学管理是高校思政课智慧课堂教学创新的又一体现。多平台融通的课前备课、大数据支撑的课中互动、PDCA 模式的课后管理，构成高校思政课智慧课堂智慧化管理的环节和过程。不仅如此，思政课智慧课堂的教学创新还体现在精准化管理和个性化管理两大维度。精准化管理体现在教学目标轨迹化设计、教学内容任务化驱动、教学实况可视化展示、教学效果精准化评价等方面，而个性化管理主要体现在学习计划个性化定制、学习路径个性化推荐、学习记录个性化识别、学习图像个性化呈现等方面。

（6）智慧学习是高校思政课教学的主体彰显，也是思政课智慧课堂教学创新的落脚点。借助智慧课堂教学平台和大数据管理的技术支持，学生可以在课前和课后进行自主化的个体学习以及合作学习，尤其是班级小组合作研学、同课程的校级共学以及跨学段的实践促学等。另外，利用人工智能等技术，可以创设虚拟情境、游戏情境、远程教学情境等，让学生进行沉浸式学习、游戏式学习和远程协同学习等，不断增强学生学习思政课的内生动力。

（7）智慧课堂教学创新的价值在于运用，终极目标依然是服务于立德树人。课题组成员在思政课教学中，积累了运用智慧课堂进行高校思政课教学创新的大量案例，同时国内同人也在积极开展思政课智慧课堂建设，这些经验和案例可为其他老师开展智慧课堂建设提供参考和借鉴。本书在案例选取过程中，尽量涉及智慧课堂不同的类型和场景，同时也兼顾本科阶段的各门思政必修课程，如有的侧重合作学习和深层互动以增强"毛泽东思想和中国特色社会主义理论体系概论"课程的获得感，有的借助游戏情境以彰显"马克思主义基本原理"课程的理论魅力，有的创设虚拟情境以感悟"中国近现代史纲要"课程中讲授的历史规律和精神力量，有的侧重于及时评价以体现"思想道德与法治"课程的因材施教，有的借助各类技术的集成实现"习近平新时代中国特色社会主义思想概论"课程的全学段覆盖和大中小学一体化育人等。

本书撰写过程中借鉴吸收了许多专家学者的研究成果，引用了国内外多方面的案例资料，同时也借助了多个智慧课堂软件平台开展教学实践的探索，在此一并表示感谢。高校思政课智慧课堂是一个较新的事物，涉及立德树人工作的方方面面，这项浩大的工程对笔者来说无疑是一个巨大的挑战。由于水平有限，研究还不够深入，在写作中一定还存在诸多的不足，恳请各位专家和读者批评指正。

目　录

第一章　应运而生：智能时代思政课
智慧课堂教学的兴起

随着以物联网、大数据、云计算、神经网络、深度学习等为基础的智能技术的快速发展，教育与信息技术的融合不断加强，引发了课堂教学的巨大变革，智慧课堂成为智能时代思政课教学的新形态和新探索。《教育部 2022 年工作要点》把"建设国家智慧教育公共服务平台""探索大中小学智慧教室和智慧课堂建设""深化信息技术与教育教学融合创新"① 作为实施教育数字化战略的重要行动。

高校思政课智慧课堂就是顺应智能环境变化的重要教育变革，它通过营造智慧学习环境、打造智慧管理平台和构建智慧育人系统，推动了新时代思政课的教学创新，增强了思政课的吸引力和针对性，提升了思政课的育人成效，成为高校思政课适应人工智能技术发展的重要举措，在一定程度上也成为思政课教学创新的发展方向和未来图景。

第一节　智能时代课堂教学的新变革

一般认为，人工智能概念的提出可以追溯到 20 世纪 50 年代，尤其是 1950 年图灵测试的诞生，为人工智能提供了具有可解释性、可操作性的框架，即如果一台机器能够与人类进行对话而不被人类识破机器身份，那么

---

① 《教育部 2022 年工作要点》，2022 年 2 月 8 日，中华人民共和国教育部网站，http://www. moe. gov. cn/jyb_xwfb/gzdt_gzdt/202202/t20220208_597666. html。

这台机器就具有智能。1956 年，历史上第一次人工智能研讨会在美国的达特茅斯学院举办，会上，麦卡锡提出了"人工智能"这一名词，纽厄尔和西蒙展示了可编写的逻辑理论机器，因此 1956 年被视为人工智能元年。

60 余年后，聊天程序"尤金·古斯特曼"在"2014 年图灵测试"大会上首次通过图灵测试，拉开了 21 世纪人工智能突飞猛进的序幕。人工智能领域发生了多次具有里程碑意义的重大事件：2013 年，脸书、谷歌、百度等知名公司均创立人工智能实验室或深度学习研究院，将深度学习算法广泛运用到其产品开发中；2015 年，谷歌公司开源了第二代机器学习平台 Tensor Flow，它能利用海量数据直接训练计算机完成任务；2016 年的"重磅炸弹"则是 AlphaGo 以压倒性的胜利击败了围棋世界冠军、职业九段选手李世石。人们开始惊呼：智能时代已经来临。

2022 年 11 月 30 日，生成式人工智能的衍生品横空出世，美国 OpenAI 公司推出的自然语言处理工具 ChatGPT，再一次让人们感受到人工智能技术发展的迅猛性，以及由此给经济社会和文化教育等领域带来的冲击。

生成式人工智能的重大突破，是此前几十年信息技术、人工智能算力、算法和数据不断积累和沉淀的结果。其中既有科学家对神经网络系统和深度学习等领域的创新探索，也有众多科技公司对数据训练的投入以及对视觉识别系统的商业化运用等，众多因素的合力才使得人工智能在如此短的时间内接近甚至超越人类认知的极限。

正因为人工智能作为一种在机器上实现类似乃至超越人类感知、认知和行为的智能系统，对人类的生产生活、社会进步及世界发展格局都将产生巨大而深远的影响，我们应该加大对人工智能领域的经费投入，完善人工智能基础设施的相关标准，鼓励企业、高校和科研机构进行技术研发和应用创新，积极抢占信息技术和未来发展的高地。正如习近平总书记指出的，"人工智能是引领这一轮科技革命和产业变革的战略性技术，具有溢出带动性很强的'头雁'效应"，"加强人工智能在教育、医疗卫生、体育、住房、交通、助残养老、家政服务等领域的深度应用，创新智能服务体系"。①

---

① 《加强领导做好规划明确任务夯实基础 推动我国新一代人工智能健康发展》，《人民日报》2018 年 11 月 1 日，第 1 版。

人工智能借助高速互联网、大数据、超级算力、物联网、神经科学等新理论新技术的突破和协同驱动，呈现出自主学习、自动生成、人机协同、高度智能、跨界融合等一系列新特征，这些使教育产业链、价值链、创新链和管理链都产生了一些显著的变化，如产学研合作的智能化工程能力训练平台、人工智能的在线教学过程管理、教学管评等一体化的智能决策系统以及优质资源的共享和分配等。但总体来看，现在我们依然处于弱人工智能时代，加上人工智能等信息技术在教育领域的运用与其他领域相比又处于相对滞后的状态，因此，成熟而系统化的技术运用并不多。智慧课堂作为智能技术在教育领域运用的初步形态，主要依靠的技术是物联网、云平台和大数据管理等。

一　物联网技术的新应用

物联网技术的广泛应用，是打造智慧课堂教学环境的"起手式"。甚至可以说，智慧课堂教学创新的程度取决于物联网开发运用的力度和进度。因为要实现线上线下、实体课堂和虚拟互动平台的无缝对接，首先就要借助物联网技术，将课前课中课后（尤其是实体课堂中）的学习行为、表情和教学环境等要素和过程转化为可分析、可管理，乃至可视化的数据。

有学者提出："智慧教育关键技术主要是由射频识别（RFID）、传感器、网络通信、数据处理与融合等组成，通过使用 RFID、传感器、红外感应器、激光扫描器、全球定位系统等信息采集设备，把任何物品信息与互联网连接起来，进行通信和交互，实现智慧化感知、识别、计算、显示、监控、定位、跟踪与管理。"[1] 一方面，物联网使得信息技术与物理环境更好地连接在一起，作用于教育领域则是海量教育数据的诞生和强大高效的互动，体现出教育信息化的高度融合；另一方面，智慧课堂实体环境与传统课堂最直观、最明显的区别在于"万物互联性"，即通过物联网，将教学活动数字化、信息化，提升思政课教学的质量和效率，更好地促进立德树人工作的开展。

---

[1]　陈金华等：《面向智慧教育的物联网模型及其功能实现路径研究》，《电化教育研究》2019年第12期。

（一）物联网的内涵与教学技术形态

物联网技术是继计算机、互联网之后的世界第三次信息技术革命，其英文名称是"The Internet of Things"，即"物联网就是物物相连的互联网"，其核心和基础仍然是互联网，是在互联网基础上的延伸和扩展。物联网是建立在互联网基础上，通过多种传感设备和识别技术自动获取信息和数据，再通过一定的算法，将实物与互联网相连，从而实现信息和数据之间的交互、通信、呈现和共享的信息系统。

物联网以万物皆可互联为目标，具有全面感知、信息交互、智能处理等特点，它能够让各种电子设备（从微型设备到整体环境的感应和监管设备）联网互联，能够更加精准、快速、全面、安全地采集传输数据，并且对数据和信息进行自动分析与处理（借助后文介绍的云平台、大数据管理及特定算法等），实现智能化处理与控制，极大地增强信息交互能力。

物联网体系构建主要包括感知层、传输层、应用层三大相互联系的板块。感知层主要是通过传感设备（包括智能新品、感应器、定位系统等）对教学环境信息进行感知，获取音频、视频、文字、图像等信息和数据；传输层主要通过蓝牙、Wi-Fi、NFC 等通信设备，进行数据和信息的定位、识别、监控、管理和显示等；应用层主要通过物与物、物与机器（主要指计算机及相似机器）、物与人、人与人、人与机器等之间的互动，为智慧教学提供服务，满足师生教学活动的各种需要。因而，物联网技术在教学中有助于实现环境互联、数据互联、主体互联和智能互联（人机互联）等技术形态。

1. 环境互联

环境互联主要指物联网实现的课堂教学环境中物与物的互联。如在物理环境下，可以实现温度和湿度的调试、空气的净化、能耗的节约、亮度的调节等，即在教室采用了温湿度传感器、智能空调（风扇）、智能空气净化系统、空气质量检测和预警设备（如重点监测 $PM_{2.5}$ 和 CO_2 浓度）、智能感应灯、智能窗帘等，这些设备加上智能化的整合平台或者远程控制，帮助学校实现智能化的教学管控、环境联动，为师生教学提供健康舒适、低碳节能的环境。在人员教学环境方面，可以通过这些感应和传导设备收集师生的语言、手势、表情乃至心跳频率等一切与教学有关的行为数据和物理信息，为云平台和大数据管理提供数据来源，以更好地了解学生的学习情况和习惯，为实现个性化学习奠定基础。也就是说，理想化的智慧课堂在物联网方面能将教室中的所有设备、系统和资源都互联起来，包括教室布局管理、设备管理、物理环境、电气安全管理和网络管理等。

2. 数据互联

如果环境互联是教学互联的第一步，是实体环境向虚拟数据的互联，那么数据互联就是环境信息转化为计算机能分析和管理的数据之后的第二步，是虚拟数据向实体设备的逆向互联。数据互联主要指各类计算机设备之间的数据兼容、读取、储存、分析和呈现等，或者说各种硬件和软件设备整合为一个系统，在各类机器之间实现数据即时联通。在教学上，数据互联的设备既包括手机、电脑等多功能的终端，也包括各类功能的小型或微型的显示设备和计算处理设备等，如 LED 显示器、投影一体机、音响设备、电子白板、考勤机、问答器、视频监管系统等，通过这些设备实现教学中的多屏互动和共享。数据互联背后所考验的是信息技术本身的发展程度以及大数据分析和处理技术的成熟度。

3. 主体互联

环境互联和数据互联是为了实现人与人之间的互联，这里既包括学生与学生之间的互联，也包括教师与教师之间的互联，还包括教师与学生之间的互联。其中教师与教师之间的互联又包括授课教师与教务主管部门和教学督导部门之间、授课教师与授课教师之间（学校内部、不同学校之间等）的互联。如果说前面两种互联形态只是起到了技术层面的奠基作用，而主体之间的互联则更深刻地影响了教师教学的效果和学生学习的实效。如教师可根据各类传感设备和数据分析平台精准了解学生的学习状况、进展、目标达成度等，以便更好地调整和制定普适性和个性化的教学计划和教学设计；学生可根据各类设备进行学习的实时跟进和自我调适，并借助各类设备进行合作性学习、对比性学习和个性化学习；教务管理部门和督导可根据各类设备反映出的教学信息，实时了解教学的总体状况、教学效果，并据此来进行管理和评估。

4. 智能互联

智能互联，或者说人机互联是物联网应用于教学的高级形态。随着生成式人工智能技术的迅猛发展、机器深度学习能力的不断提升，各种具有高级智能化的物联设备不会仅仅局限于师生与机器进行机械性、纯知识性的互动和交流，而会变得越来越智慧化，人工智能的情感表达和理解能力将越来越趋近于人，因而教学中"人机"交往和互动会更加真实、更个性化，进而更好地提升教学的效果和质量。如除了以往在文本、语言和图像方面人与机器能较好互动之外，师生与人工智能机器在音乐、游戏、虚拟现实、心理咨询、研究探索等教学活动和要素中的互动也会更加顺畅、更具有智慧性和启发性，而且越来越不受时空的局限。当然，这些技术在教学中的运用大大受限于人工智能在情感数据采集、情感识别设备、情感识别算法、情感传递设备及其实现等的成熟程度和实际效果。但是可以想象的是，智能互联形态在教学中的运用，将倒逼教师信息素养和教学深层智慧性的提升。

（二）物联网技术应用于教学的特点

思政课是对青少年进行系统性思想政治教育的主渠道。一方面，物联网的诸多特点和优势为思政课教学更接地气、更符合青少年认知和时代特点、更具有针对性和吸引力提供了技术性支撑；另一方面，物联网技术的进一步发展和运用也为思政课教学创新提供了思路和参考。

1. 传感设备的应用助力教学环境的互联化

物联网技术让传统的思政课教学充满科技感。在物联网的支撑下，各种教学设备（课桌椅、讲台、讲桌、教具、音视频设备、照明系统、窗帘控制系统、空调控制系统、安防系统等）均可通过互联网实现互联，进而实现教学内容的相互连接和课堂教学环境的互联化。

物联管控系统可以帮助教师智能管控教室设备，打造舒适节能的教学环境，教师通过使用 App 随时随地对教室的物体进行控制或者到达教室点击"一键启动"就可以在教室对光感黑板、多方位影屏、拼接桌椅、感光窗帘等进行调整，这些物联网技术促进了智慧课堂初步形态的诞生。物联管控系统运用于思政课教学有助于实现教师与学生、学生与学生通信的信息化、网络化和智能化，这个互联互通的庞大网络控制系统不仅使教学设备运行更加高效、环境更加舒适、管理更加快捷，也使得不少规模较大的思政课课堂管理更加顺畅、互动更加高效、评价更加个性化。

在物联网技术和环境下，课前准备时，教师通过宽带、固话、5G网络实现对课堂设备的远程操控，做好设备启动、系统启用、温湿度调试等各种教学环境的准备，实现"人—机—物"互联互通。如点击"开启"按钮时窗帘会自动打开，灯光自动亮起，教室的桌椅布局可以根据思政课教学的类型给出设计建议等。

教学过程中，教师使用的电脑和黑板都是触控显示器，教师无需鼠标，可直接触屏操作。且光感黑板可以实现板书的实时显示和全程记录，使得师生互动的数据及时储存于教学系统的教师端，方便教师课后反思、学生课后复习。教室的可拼接桌椅不仅可以根据教学需要随时变换格局方便开展小组研讨活动，还可以根据每个学生的身高体重等信息自动调节高度、温度。教师的讲桌为电动升降讲桌，教师触碰上下按钮就可对讲桌进行升降调整，教师的显示屏可以从多个方向调整角度。拼接桌椅打破了原来的"秧田式"教室布局，使小组讨论更加便捷高效。教师的智能讲桌突破了原来的固定单一化的位置布局，不仅让教师教学过程更加舒适高效，也有助于思政课研讨式课堂教学的开展，以及"去中心化"和师生平等理念的塑造。另外，教室内部多个显示器可以同步多维展示。物联网技术上的智慧教室突破传统教室只有一个黑板的局限，拥有多个显示屏辅助于思政课教学，在教学过程中每个学生都可以根据自己的座位方向选择最合适的屏幕，减少传统教学过程中学生"看不清、看不见"板书的问题。此外，智慧教室中心主屏和小组分屏可以任意切换。开展小组研讨活动时，每组学生可以在属于自己组的屏幕上记录过程与结果；讨论完毕后，小组展示时，可以将每组的讨论结果切换到主屏幕上，由学生进行汇报展示。教师的板书与整个教学过程都被记录，学生可以在课后反复观看，有利于学生提高学习效率。

有了高度互联的物联网，才能实现思政课教学数据采集的多方位、多维度、源头化、即时化、流程化和安全化。在"物联网+教育"技术支持下，教学环境实现了教学过程的所有虚体和实体的相互连接，特别是通过各类设备实现学生手势、语言、行为、心跳、脉搏、表情和姿态等数据的采集和分析，从而实现数据、事物的共享。这也为课堂教学结束后的数据分析和管理的科学性、精准性、多元化、多样化奠定了基础。

2. 教学设备的互联提升教学全过程的便捷化

国家教育事业发展"十三五"规划就曾提出，要"支持各级各类学校建设智慧校园，综合利用互联网、大数据、人工智能和虚拟现实技术探索未来教育教学新模式"[①]。智慧课堂的建设不仅要从课堂教学过程入手提升传感设备的互联性，而且要打造课前课中课后教学全过程的设备互联系统，即通过各类设备和技术将课堂教学数据与课外学习数据互联起来，从而实现教学全过程的便捷化和智能化。

教学过程的智能化在具体操作层面，包括备、教、学、练、测、评六个方面。每一个层面和环节都离不开信息化设备的互联和融合，只有把教学所有环节和要素都融入互联化的设备之中，才能实现教学过程的智能化，助力教师的教研和学生的研学。不仅如此，以智能设备贯穿课堂教学全过程，可以精准对学生的学习状态和成效进行智能诊断与评价，推进多元化交流互动、即时性评价反馈，实现数据支撑下的针对性教和个性化学。

以立德树人为根本任务的思政课教学必须借助技术赋能，弥补传统教育教学手段的不足，提高教学效果与效率。首先，在备课期间，教师既要启用新教材，又要搭建教学架构。在物联网技术的支持下，教师通过物联网（终端设备之间的互联）让学生根据教学内容自主进行课前预习，例如相关的概念界定、教学的重点难点等。其次，教师根据各类设备传导的教学大数据给学生匹配认知和能力相适应的检测，还可设置不同难度，让学生自主进行评测训练。同时，评测和学生自主学习行为等数据又通过各类设备的互联反馈给教师，教师可以快速地掌握学生预习的情况并且及时定位或调适课堂教学的重点难点，做到教学设计与学生实际完美契合。

同时，在教与学的过程中，教师可通过大数据的反馈情况，选择大部分学生感兴趣的话题作为导入，立足于教学目标，结合教学的重点难点，构建学生熟悉的教学情境，激起学生学习的兴趣，有效地开展教学活动。

---

① 《国务院关于印发国家教育事业发展"十三五"规划的通知》，2017年1月10日，中华人民共和国教育部网站，http://www.moe.gov.cn/jyb_xxgk/moe_1777/moe_1778/201701/t20170119_295319.html。

教师还可以让学生通过物联网对课堂教学目标的达成度、课堂满意度等进行打分，让学生了解自己的学习情况，进行自我反思，促进个人进步，也让教师不断反思，及时调整教学方式，完善教学计划。

课后辅导是课堂教学的必要补充和有益延续。物联网技术也为教师进行课后辅导提供便利化的服务。首先，在测与评的基础上，因为物联网设备互联的高效性、多样性和准确性，教师可以结合学生学习的实际情况和兴趣爱好对学生进行有针对性的辅导与训练。其次，教学过程的记录与课后习题的反馈结果，可以帮助教师快速定位学生学习的重点难点，避免教师全篇讲授、反复讲授，提高教学效率。最后，教师可以将教学过程和学生学习效果上传物联网各类终端，让家长了解自己孩子的学习状况，与教师一起促进学生的全面发展，实现家校育人的协同化。

3. 互通平台的组建实现教学资源的共享化

《教育信息化十年发展规划（2011-2020年）》提出，"推进信息技术与教学融合。建设智能化教学环境，提供优质数字教育资源和软件工具，利用信息技术开展启发式、探究式、讨论式、参与式教学，鼓励发展性评价，探索建立以学习者为中心的教学新模式，倡导网络校际协作学习，提高信息化教学水平"[①]。这说明智能化教学环境、优质数字教育资源和软件工具是提升教育信息化程度的重要载体。2020年3月，教育部关于加强"三个课堂"应用的指导意见指出，要"促进信息技术与教育教学实践深度融合，推动课堂革命，创新教育教学模式，促进育人方式转变，支撑构建'互联网+教育'新生态"[②]。其中，明确提出"名师课堂"的共享性以及"名校网络课堂"的开放性，全方位地推动优质教育资源在区域或全国范围内共享，利用数字化的智慧教学平台，实现人工智能与教师队伍、教学资源、教学设施等的深度融合，进一步发展更加公平有质量的教育。

设备的互通共享既包括课堂内感知层设备，如前所述的行为和表情的

---

① 《教育部关于印发〈教育信息化十年发展规划（2011-2020年）〉的通知》，2012年3月13日，中华人民共和国教育部网站，http://www.moe.gov.cn/srcsite/A16/s3342/201203/t20120313_133322.html。

② 《教育部关于加强"三个课堂"应用的指导意见》，2020年3月5日，中华人民共和国教育部网站，http://www.moe.gov.cn/srcsite/A16/s3342/202003/t20200316_431659.html。

各种传感器，也包括网络通信层的宽带网络、有线无线技术，还包括各种终端设备，如电脑、手机、传真机、打印机、服务器、绘图仪等，这些设备的整合以及相关技术平台的组建，再加上互联网传输速度的提升，可以塑造区域性乃至全国性的教学互通平台，从而实现学校与学校之间教学资源的高速共享和大规模教学共享活动的同步开展。

这种以物联网设备实现学校与学校之间教学资源的共享，更好地提升了优质教学资源和精彩教学活动的公开化、共享化，它对于使用全国统一教材的思政课教学意义尤为重大，它打破了传统教学课堂校内资源运用的局限，促进了优质资源的共享。同时，智慧化的共享教学平台也有助于实现教师与教师之间的沟通、交流、合作以及协同教学和研究等。这些功能和机制的实现都有赖于物联网技术的发展和便捷运用。

物联网技术是实现优质资源开放共享、丰富高质量教育服务供给的技术支撑与保障。优秀师资队伍、精彩的课堂设计、丰富的教学材料都是重要的优质教育资源。跨区域直播合作授课、跨时间录课回播等均是物联网技术发展与教育教学融合的产物，同时也是实现人人、时时、处处皆可享受高质量教育的重要途径。网班教学是将信号接入直播教室，实现教师在一间教室授课多地直播上课的一种教学模式，在这种教学模式下，优质教师资源的有效流动缩小了城乡教育水平的差距。另外，在传统的教学过程中，空间、环境、教学设备等缺一不可，而现在万物互联的网络教学平台和移动终端等特点和优势，克服了固定于单一教学设备上课的弊端，学生利用网络技术可以结合自身的实际情况，自主选择在线直播课堂、网络点播教学、阅读课本学习、电视视频学习、线下集中学习等多种方式进行学习。

因此，物联网技术促进教育资源共享化，有助于实现教育个性化。物联网技术通过数据收集和分析，可以更为精准地为学习者提供个性化的学习资源，提高学习者学习效果，做到真正的因材施教。通过物联网技术共享优质线上资源，实现教、学、用三个环节的有效衔接，多地协同、多主体合作，能有效提升思政课教学的质量和水平。另外，通过物联网技术，还可以突破课堂教学的限制，构建远程互动的视景仿真系统，坐在教室，借助传感器和各类穿戴设备就能实现思政课中"过雪山草地""云游博物馆""穿越时空与伟人对话"等活动，打造沉浸式、高仿真、智能化的教学情境，提升思政课教学的吸引力，增强思政课价值引领的作用。总之，物联网技术在课堂教学环境营造、学校教学运行管理和智慧校园建设，以及区域性全国性教学共享与合作等方面，都具有重要的推动作用。

二　教育云平台的新整合

基于云计算和大数据技术的教育云平台的建立和运行，为智慧课堂教学创新提供了软件支持和方法借鉴。众所周知，云计算具有应用和资源虚拟化、动态可扩展、按需部署、灵活性高等特点，为教学大数据的存储、快速处理、兼容传输和分析挖掘提供基础条件，大大提高了不同配置机器和终端的传输和共享速度。而大数据技术则大量采集教学全过程的信息和数据，提升了云计算平台的能力，也为教学管理提供了数据支撑。教育云平台涉及的技术、设备和系统非常复杂，但其本质上是对教育资源信息化存储、运营、共享、开发的高效运转平台和载体。教育云平台的使用，不断缓解、改变了以往教育资源信息化过程中存在的"信息孤岛"现象，有效解决了资源匮乏、信息检索困难和协同合作程度不高等问题。

（一）教育云平台的内涵与类型

智慧课堂的产生和应用，在技术和平台层面涉及三个重要的概念：云计算、云平台和教育云平台。"云计算"是指在互联网环境下，对于数据信息的一种分布式计算处理方式。云计算的核心是将整个互联网的计算资源集合起来，作为一种可以流通的商品，按照需求量来分配和使用"云"上的计算资源，即每一个使用互联网的人都有可能使用整个网络系统上的庞大计算资源与数据中心。

云平台，顾名思义，就是云计算基础之上的平台，一般认为，云平台架构包括基础设备层、应用支撑层、业务应用层、终端展现层等，同时还需要满足兼容标准化和运营安全性的客户需求，其中最关键技术包括云存储（支持海量数据存储且成本更低、运行更稳定可靠）和开放汇聚引擎（接入模块和管理模板的标准化、统一化和兼容性）等。从现有的技术发展和应用推广来看，一些企业和高校等研究机构已经将云计算技术和物联网技术进行了深度融合，并演化为具有高效性、开放性和协作性以及一体化的云平台系统，如金融云、医疗云、存储云、物流云、教育云等。

教育云平台，是教育信息化与云计算等融合的产物，具体而言，就是将所需要的教育硬件和资源都虚拟化，并整合到互联网中，供所有的教育机构和师生使用的快捷教学平台，如大规模开放在线课程就是教育云平台使用的典型案例。教育云平台集教学、管理、学习、娱乐、社交于一体，同时让教师、学生、教育管理部门以及家长等不同主体融汇其中，协同完成教学任务和教学运行管理工作。教育云平台主要分为课程云平台、资源云平台和交互管理云平台等。

1. 课程云平台

课程云平台类似于之前的在线课程，主要是基于某门课程而搭建的教学运行平台，如思政课、数学课、物理课等，其中的资源类型包括该门课程的素材库、课件库、题库、案例库，课程云平台具有专业性、协同性的特点。与以往的在线课程相比，课程云平台具有存储数据大、类型多、共享协同以及高效快捷等新特点。课程云平台的建立，主要是为了满足课程教学的需要，以及在云平台技术不甚成熟的条件下进行教学尝试。高校和各地的教育管理部门以及教研类协会、研究会等是课程云平台建设的主体。

2. 资源云平台

资源云平台不限于一门课程，而是在云平台技术条件成熟基础上，建设的大规模、大容量和多样性的教学资源平台，打造的往往是某一类课程或某个学校所有课程、某个区域教育系统或全国性的大中小学课程的教学资源和拓展平台，如中国大学 MOOC（慕课）、教育部各类虚拟教研室、国家智慧教育公共服务平台等。资源云平台体现的多课程协同和多主体协同的特点，使其受众的规模远远大于某门课程的云平台。如网易有道和高等教育出版社携手推出的中国大学 MOOC，已收录 800 多所高校 10000 多门课程，成为最大的中文慕课平台，服务高校师生超过 1000 万人次。而2022 年 3 月初，国家中小学智慧教育平台上线，仅用了一年多的时间，"访客量超 11 亿人次，现已成为世界第一大教育数字化资源中心和服务平台。据统计，平台共连接 52.9 万所学校，面向 1844 万教师、2.91 亿学生和广大社会学习者，汇聚中小学资源 4.4 万条"[①]。

3. 交互管理云平台

有的教育云平台并非侧重于课程建设和资源共享，而偏重教学互动等工具的开发使用，以及数据的智能化收集、分析、管理和呈现。交互管理类的云平台主要针对课堂教学互动和教学活动而设计，包括各种教学工具的便捷化使用和教学数据的储存与管理。这类云平台涉及的互动管理功能包括但不限于：签到、测验、作业、主题讨论、公告、分组、学习资源预习、抢答、选人点名、投票、问卷、相互评分、小组任务、录播或直播、云笔记、词频统计或词云、思维导图等。现有的大部分智慧课堂软件属于此类，如超星学习通、中国大学 MOOC 的慕课堂、中成智慧课堂、雨课堂、蓝墨云班课、微助教、starC 云端课堂、科大讯飞智慧课堂等。这类云平台，将课前课中课后全过程教学因素关联起来，可实现教学数据可视化、教学管理的高效化和教学评价的智能化等。

简言之，在互联网时代，云计算是教育信息化的土壤。云计算教育简称教育云，它是云计算融入教育的结合体，是高度互联化、数字化技术在教育领域的应用，同时也演变为一种新型的教育理念和模式。这一理念和模式，充分体现了对先进云计算技术的运用以及教育资源和系统的大整合，以为广大师生和管理部门提供高效化、集成化、智能化的教育服务。

（二）教育云平台教学应用的特点

教育云平台的创建和使用，引领了教育教学的新变革。随着云平台提供的海量教学资源的全面共享和便携化使用，以及校内外、国内外教学资源的互联互通和共建共享，教师的角色、学生的学习观念和学校的教学育人管理理念等都在发生巨大的变化。教师越来越被要求成为学习的引领者和价值观的导向者，学生越来越体会到终身学习、自主学习的重要性和价值，学校越来越认识到教学管理的协同性、个性化和智能化的重要作用。

1. 教学资源整合优化

云计算通过各种技术打破教育原有的空间与时间壁垒，建立统一管理

---

① 《国家智慧教育公共服务平台访客量已超 11 亿人次 智慧课堂让学习更有趣》，《人民日报》（海外版）2023 年 5 月 24 日，第 8 版。

和使用资源的信息平台,这些平台不仅具备整合和优化资源的功能,还可以将这些整合的资源以个性化检索服务方式送到每一位需要的师生手中。教学资源有机整合的最大优势和特点就是以最便利、最小成本的方式实现教育资源的大规模普及,从而在一定程度上缓解我国教育资源不均衡的严峻矛盾。

教学设施和资源是教育教学的基础,是学生学习和教师教学不可或缺的条件。由于我国经济社会发展的不平衡性,不同地区的教育经费、师资投入和教学设施依然存在很大的差异。教育云平台的出现,使得即使是教育资源相对不足的西部地区师生也能够通过移动端听名师授课,通过互联网便捷了解各名校、名师的教学状况和资源。教育云平台将这些优质资源、优师资源和名校资源以共享化的方式整合在一起,建立了各个学校汇集的阵地,打破了以往教育信息相对孤立的状态,促进了教育资源使用率的提高。另外,教师个体在教学设计时,可以借鉴名校或平台上其他教师的教学方式方法来优化课堂教学内容,以学生感兴趣的方式完成掌握知识、提高能力和价值引导的教学目标,同时还可以借助平台"游戏化""情境化""任务化"的特点提升教学的趣味性和挑战性,提升教学的质量和实效。学生也可以利用互联网,自由获取优质的学习资源和丰富的教学资料,大大提升学生深度学习和个性化学习的可能性。

2. 教学时空弹性灵活

教育云平台通过各种技术打造了高集成化、高智能化、高互动性的教学系统,如前所述的各类教育云平台和智慧课堂软件,形成"人人皆学、处处能学、时时可学"[①]的教学格局,为学习者享有优质数字教育资源提供了方便快捷的服务,推动了教育服务供给方式的变革,提高了教育管理的信息化水平,同时加快了以学习者为中心教学方式的转变。

教育云平台为教育者与学习者提供了随时、随地可用的教、学、评平台。传统的课堂,最大的特点是三个"固定",即教室、教师、学生固定。传统的课堂教学一般是授课教师和听课学生在同一个时间点出现在同一个

---

① 《教育部关于印发〈教育信息化"十三五"规划〉的通知》,2016 年 6 月 7 日,中华人民共和国教育部网站,http://www.moe.gov.cn/srcsite/A16/s3342/201606/t20160622_269367.html。

教室里开展，教育云平台则实现了"时时教、时时学、处处教、处处学、处处评、时时评"。

传统的教学评价大多以纸质书本、文字为载体，评价主体因时间地点限制不能及时沟通导致教学效果受影响。而教育云平台的出现为教师互评、学生互评、师生互评等评价的及时性、高效性提供了保障。在整个教学过程中，评价者可以利用某一平台随时随地通过文字、图片、语言、问卷调查、视频、音频等多种方式对被评者进行评价，平台也会将学情信息和教学评价、建议等快速归纳、智能化整理和及时呈现，使得被评者可以随时随地查看评价，及时调整计划，提高教学效率。教育云平台打破教学场所与教学时间的固定性，为开展教育提供了更多的平台、为提高教学效果提供了更多的途径，让教学时间更加灵活，教学空间更有立体感和层次性。

3. 教学管理可视便捷

教育云平台为教育主管部门和学校提供便捷化、协同化、可视化的管理技术和载体，如基于微服务技术架构的智慧教务管理系统不仅优化了课程安排、考试安排、成绩录入等传统功能，而且还新增了个性化培养方案、多样化选课机制、一键式开课、智能排课、智能排考、智能追踪等功能，有效实现教育管理的便捷化，且操作可视化，方便快捷。对学校而言，可通过教育云平台对教学组织工作进行全面管理，完成以往需要大量专业人员才能完成的繁杂数据处理工作，且设置少量规则就能智能化生成全校性的课表，实现教务管理的便捷化和智能化。而通过教育云平台，不仅大大节省了监管的人力成本，而且使学校对各项教学活动、教学成效和教学过程形成有效的监控与反馈，并且利用信息技术手段进行可视化处理，并展演给使用者，使用者可以直观地查看所需要的信息数据，这大大节约了教师或者教务管理者的时间成本。

在云计算、大数据技术支持下，我们清醒地认识到，传统的教学管理方式存在很多局限性，难以满足信息化时代的发展以及"数字原住民"的学习需求，这需要教育者充分发挥教育云平台的共享、互动、协同等强大功能，把智能技术融入教学管理之中，不断提高教学质量和教学效率。

三 大数据管理的新特点

习近平总书记曾指出："要建立健全大数据辅助科学决策和社会治理的机制，推进政府管理和社会治理模式创新，实现政府决策科学化、社会治理精准化、公共服务高效化。"① 这充分说明大数据技术对于经济社会发展的重大影响，以及我国在大数据领域的前瞻性布局。教育是立国之本、强国之基，必须紧跟时代步伐，以先进的技术和理念推动教育强国建设。党的二十大报告指出："必须坚持科技是第一生产力、人才是第一资源、创新是第一动力，深入实施科教兴国战略、人才强国战略、创新驱动发展战略，开辟发展新领域新赛道，不断塑造发展新动能新优势。"② 大数据技术作为以数据化认识世界的新技术和国家治理现代化的新工具，也是推动教育发展的新领域、新赛道和新动能。

（一） 大数据管理的内涵及发展

大数据分析和处理技术的迭代发展是人工智能和物联网技术的基础，甚至可以说是当代信息技术发展的支柱，它的应用已经给人类生产生活产生了深远的影响。大数据的核心是数据，而且是海量数据。大数据技术的出现和发展，一方面是因为人类生产生活数据的迅速增长（可储存和可分析的海量数据的出现得益于传感设备采集和计算机信息转化能力的提升），另一方面因为数据技术突破了原有的分析模式，而出现能对海量的甚至看似无用数据的处理和分析技术。大数据与以往数据相比，具有规模大、多样性、价值性、真实性和高速性等五大特征。大数据分析和管理是指通过对复杂数据、多维数据和异构数据的分析和深入挖掘，发现庞大数据背后的价值及其关系，从而揭示事物发展的规律及发展趋势。

大数据时代的来临，既让信息技术本身发生了巨大变化，也深刻影响了人们的生产生活。甚至有人称之为第三次信息化浪潮（第一次主要指 20世纪 80 年代计算机的普及，第二次主要指 20 世纪 90 年代中期人类进入互联网时代）。随着数字的大爆炸，从 1986 年到 2010 年 20 多年时间里，全

---

① 《习近平关于网络强国论述摘编》，中央文献出版社，2021，第 134 页。
② 《习近平著作选读》第一卷，人民出版社，2023，第 28 页。

球产生的数据增长了 100 倍。尤其是 2010 年以来，随着物联网和传感器、摄像等技术的发展和普及，数据增长的速度明显加快。根据著名咨询机构国际数据公司（International Data Corporation，IDC）的估测，数据每两年就增加一倍，被称为"大数据摩尔定律"。IDC 发布的白皮书《数据时代 2025》预测，2025 年全球数据量将达到 163ZB。[①]

大数据的产生、发展及其相关管理技术的进步，使得大数据决策成为新的咨询决策和管理方式，如政府部门可以把大数据技术融入舆情分析，对社会舆情做出较为准确的判断，商家可以利用大数据对消费趋势进行刻画和实现广告等的精准投放，城市管理部门可以利用大数据对交通进行实时智能监管，生物医学领域可以利用大数据预测流行疾病揭示更多生命奥秘。不仅如此，大数据还将在互联网、银行、保险、交通、材料、能源、服务和教育等一系列行业领域产生深远影响，不断积累的大数据将加速这些行业与信息技术的高度融合，进而对人才培养模式和教学模式进行创新推动。如社会对大数据分析专业人才需求的大量上升，各个专业均需对产学研大数据的融合进行研判，教学管理部门需要充分运用教学过程中产生的大数据进行分析和决策。

随着大数据时代的到来，由于数据采集、数据转换、数据存储、数据分析和数据应用、数据治理等全过程管理的新技术、新理念和新工具的运用，大数据正在推动教育领域朝着教育管理智能化、教育资源均衡化、教育决策科学化、教育治理精准化和教育服务高效化的方向发展。

（二）大数据管理运用于教学的特点

教育教学的大数据既包括个体教育数据、课程教育数据，也包括学校、区域和国家教育数据等，通过信息化教育教学模块的建构，以及大数据技术的运用和管理，能够发现教育教学中各数据变量之间的关系，也能将数据转化为知识乃至智慧，为教学研究和教学管理提供客观性、科学性的参考与借鉴。

---

① 参见《〈数据时代 2025〉预测 2025 年全球数据将攀升至 163ZB》，2017 年 5 月 11 日，中国财经网，http://finance.china.com.cn/industry/20170511/4209507.shtml。

1. 教育质量高效化

2023 年全国教育工作会议提出："加快建设高质量教育体系，办好人民满意的教育。"[①] "互联网+教育"运用互联云计算、大数据等新一代信息技术，对教育内容、教学组织形式、教学流程、教学管理等进行改造赋能，力求使教学平台更加有效率，使教育的需求和供给更精准对接，形成与现代信息技术发展相适应的智能化教育生态系统。可以说，"互联网+教育"已经成为推动我国教育高质量发展的重要抓手和重点发展方向。

"大数据教育"突破传统教育的时空限制，促进教育资源共建共享，催生了个性化、定制化的教育新形态，有助于实现教育公平，促进优质教育均衡发展。

在大数据、云计算等信息技术的支持下，教育软件的功能层出不穷，教学资源全部可以通过云端推送，不仅实现了师生课堂实时互动教学，还实现了"一对一，一对多"的针对性教学，教师不用再像以前那样在教室里往返走动，大大地提高了教学效率。

"大数据教育"突破了传统教育的固定载体形式。云计算教室是由一台服务主机和数台终端机组成的，通过虚拟化应用，将云端教学资源发布给各个操作终端。老师只需要轻点鼠标就能通过云计算终端的电子教室软件向学生派发作业，学生就能在终端桌面进行接收操作。云计算教室、大数据教育资源库比传统的教室结构、传统的教学资源形式更加简化，方便了教学管理，也达到了经济、环保和节能的目的。

教育数字化通过"平台+教育资源"构建了教育信息化的新生态，数字化下的教育流程、教学内容的落脚点都是增强学生的学习效果，大数据、物联网等在教育过程中的应用提高了教育质量。

2. 教育服务精准化

从社会作用和育人功能视角看，教育也是一种服务，是提供给受教育者的一种社会服务。随着经济和社会的发展，人们对于教育的重视程度越来越高，对教育服务的质量要求越来越高。传统的漫灌式、粗放化、标准

[①] 《加快建设高质量教育体系 办好人民满意的教育》，2023 年 1 月 12 日，中华人民共和国教育部网站，http://www.moe.gov.cn/jyb_zzjg/huodong/202301/t20230112_1039188.html。

化的教育供给已经越来越难以适应人们日益增长的高质量教育服务的需求，随着信息时代的来临人们越来越习惯于信息化的教育方式，精准化、多样化、个性化、高效化的教育服务成为大势所趋。大数据作为数据处理和分析的关键技术，为教育服务的精准化提供了时代机遇。

大数据的精准化服务的主要基础是物联网技术成熟造就的教学过程的全数据化，以及大数据挖掘和分析技术的拓展，依靠超级算力和相关模型，大数据技术能够更加精准地读取教学过程中教学个体的需求，分析受教育者的个性特征和学习习惯，对学情进行评估并检测师生教学的效果。不仅如此，教育大数据的运用已经突破了课堂教学的范围，教育管理和研究机构还可以利用大数据对课堂教学、师生教学状况进行动态分析和过程化的管理，不仅全面精准把握课堂教学的现状，也可以更全面、更大范围地把握全国课程教学、教育领域的现状。有了大数据技术的加持，人们可以实现教学对象的精准识别、个性化的教学任务安排、海量的教育资源精准配置和过程化的精准监管。甚至可以说，教育大数据的产生和运用是生成式人工智能在教育领域起作用的关键和条件，有了海量的数据，才能建立大规模的语义库，才能更好地产生智能化的教育方式和路径。

精准化供给是一个更加精细、更加全面的全新供给模式。大数据给教育服务带来了全新的契机，学生、家长和教育工作者都是政府公共服务供给中的相关者，他们可以根据自己的需求和意愿在大数据平台获取精准的服务。教育服务的精准化可以满足社会个体、群体的需求和意愿，促进人们认知能力的发展，同时还可以增加人们工作和生活的可选择性、便利性，提升人们受教育的效率。

3. 教育管理智慧化

在大数据分析及相关智能技术迭代升级的背景下，信息时代逐渐转型为智慧时代，教育管理从电控模式进化为智慧模式，教育管理智慧化成为衡量教育智慧化的重要指标之一。教育的智慧化依托于教育数据的自动采集与更新、教育数据的自动分析与处理和教育数据的自动生成与反馈。

数据采集是教育管理的基础，完整的数据库是教育管理智能化的前提。大数据技术与教育的深度融合以及"互联网+教育"的不断深入，海量的教育数据正在被动地或主动地、自动地汇聚与融合。形成较为完整的教育数据库，海量的数据是教育数据分析结果的重要支撑。大数据在收集海量信息的基础上利用无线传感技术等感知方法将原来的人力操作转变为机器自动操作，将数据管理人员从机械的工作中解脱出来。数据自动更新与分析极大地保证数据结果生成和反馈的准确性。对自动数据进行分析与处理会得出某种结果或者形成对某种现象或行为的预判。教育管理者跨时空接收反馈信息有利于教育管理者及时调整教育的计划，提高教育管理的智能化水平。

学校用大数据平台通过智能化手段自动收集、评估学生的学习数据、生活数据、身心发展数据等，并且将数据汇总进行综合分析，将结果分为两种：正常、非正常。正常的数据会按时自动推送到教育管理者的手上，而非正常的数据会随时以警报的方式传送给教师，教师通过大数据平台的预警模式对学生行为数据进行评估和预测，可以达到及早发现、提前介入、消除隐患的目的。大数据的警报机制是根据数据结果来启动的，主要是基于个体的数据与群体数据产生的离群性而判别，即动态检测到某个或某部分学生个体在认识层面、行为层面、身心层面与其他大多数人发生偏差时而自动触发警报的机制。

如今，信息技术正在创造一种新的教育管理模式，教育领域每天都会产生大量的教育数据，学校教育亦是如此。学校教育的管理者要积极探索、将科学有力的数据作为开展教育管理的条件，助力教育智能管理科学化。

四 智能化教育的新趋势

物联网、云平台和大数据技术的奠基，为生成式人工智能的横空出世创造了条件，尤其是 2022 年底 ChatGPT（生成式人工智能产品）的诞生，使得关于智能化教育的讨论更加激烈。人们认识到，现代科学技术与教育深度融合的趋势不可避免，以技术助力智能教育将成为常态，以教师、教室、课本为主的传统教学模式必然会产生巨大的变革。"人人皆学、处处能学、时时可学"的学习型社会将加速形成。人工智能技术与学校教育相融合的教学模式、教学方法和教学理念将出现新的趋势和特点。

（一）混合式教学的新形态

混合式教学是信息化条件下的一种教学方式，它将面对面的学习与远程学习融合在一起，既满足了教育规模扩大化的需求，又将教学过程延伸出线上和线下等多种形态。混合式教学突破时空限制，大大满足了学生学习路径个性化、学习时间自由化和教学管理数据化的多重需求，加上"数字原住民"的产生，传统面授学习与线上网络化学习相互赋能，不断驱动教育的便捷化、数字化和智能化。

混合式教学的优势在于能够整合不同的教学方式、平台、资源，整合多主体的活动，增强师生之间、学生之间的互动，提升学生的学习体验。但是混合式教学方式经过一段时间的发展，逐渐呈现出"疲态"。因为大部分线上线下的混合式教学受教师信息素养和教育数字化的成熟度限制而通常表现为"教师发布教学资源+学生自学网络资源"的模式，教育的数字化优势并没有更好地体现，学生的体验感不断下降。因而，混合式教学也在不断结合技术的新形态和教学的新理念持续更新，近十年来不断演化出 MOOC 模式、O2O 模式、双师模式和 OMO 模式等。

OMO 这种新型的教学模式，主要聚焦于将线上和线下学习空间实时融合在一起，将实体课堂与虚拟情境高度整合。其核心仍然是大数据分析技术、物联网技术和虚拟现实技术等，因为教学过程的数据化，数据处理和分析的大规模和高速化以及虚实场景的融通化，进一步提升了教学的定制性、精准化和开放化程度，促进了线上线下教学的高度融合，提升了以学生为中心的教学个性化程度。

OMO 教学模式既是智慧课堂的一种形态，也是混合式教学的高级阶段，它在实体环境中，侧重于将教室、学校、家庭和社会化的教育物理空间与虚拟仿真实验室、智能在线教学平台无缝衔接，更重要的是侧重于智能化程度的提升，使得学生即使在线上的学习时空内，依然可以得到差异化和个性化的指导和推荐。它从场景、方式、体验的角度体现了跨时空的无缝学习环境，学习资源可以在任何地方获得，多种类型的设备可以组合，多种教学模式和场景可以实时切换，同时，也将社交功能整合到这一教学环境和模式之中，呈现出正式学习与非正式学习、个体学习和社会学习、域内学习和域外交流无缝衔接的学习环境和学习文化，使学生可以多感官、多视角、多主体、多层面地参与。而这种大规模的参与，又给教育大数据的产生和分析提供了条件，多元化教学场景和全过程教学管理的数据处理和分析，再加上人工智能技术的新发展，将显著提升教学的效率、教学的针对性和教学的体验感。学习空间的无缝连接、学习情境的敏捷感知、自然互动的学习体验、精准的自适应学习服务、学习的全程记录、数据资源的开放整合，又将进一步推动智能学习的深入发展。

（二）人机共育的新常态

人工智能与教育的结合，是教育信息化发展的必然趋势。在智能时代，智能技术将广泛地应用于教育领域，教师与人工智能技术的交互将更加自然和谐、高效。人工智能技术、虚拟现实、物联网技术的广泛应用，将对教育教学产生非常深刻的影响，尤其是在教育环境、教学模式、教学评价、教育治理以及教师角色转型这几个方面。

"物联网+教育"成为教育新常态，在人脑与电脑的高度结合下，育人方式也将发生重大的变化，人工智能将会减少教师需要重复完成的工作。例如，学生遇见问题时，通过网络搜索关键词，人工智能就能及时给出标准答案。人工智能可以帮助教师提高工作效率。人工智能通过图像、文字识别等可以准确地对学生的试卷进行评判，对学生的日常作业进行批改并且提供针对性的修改意见和精准的学情分析反馈。

通过网络的汇聚作用，教育将进入一个"人机共育，人机共教"的时代，物联化、智能化、感知化、泛在化的新型教育模式正在向我们走来。

（三）合作共赢的新模式

教育自主发展与合作共赢的新模式是"物联网+教育"发展的终极端。国家的发展需要各国各地区相互合作，知识的生产与创新也需要各国各学校加强交流与合作。智能化教育实现了教育共建共享、共同提升。

首先，学校之间的交流是共享优秀经验的有效方法，进行交流的学校可实现资源共享、优势互补、共建共赢的良好局面，促进双方学校的教育教学质量和管理水平进一步提高。

其次，思政课改革创新要求教师改变以往独立、闭塞、狭隘的个人主义教学方法，提倡开放、共享、互助教学的教学方法，教师之间互助合作，求同存异，打破封闭式教学模式，在团结协作中取人之长、补己之短，从而产生新的教学思想，提高教学技能。教师与教师之间的合作是教育不断发展的内动力，要勇于走出"孤军奋战"的困境，学会合作互助，共享共赢。

最后，新时代思政课提倡三大学习方式，要求学生学会自主、合作和探究学习。小组合作学习在形式上与以往的教育有非常明显的区别，有意义的小组合作有利于培养学生的合作精神和团队意识，提高学生的学习质量。合作共赢是当今世界不可阻挡的潮流，作为促进社会经济发展重要力量之一的教育，当然也离不开合作。互联网技术作为加快建设高质量教育体系的新兴载体，会进一步加强校际合作、资源共享，逐步消除教育差距。

第二节　新时代思政课教学的新局面

很有意思的是，智能时代的到来，与中国特色社会主义进入新时代几乎是同步的。思政课一方面由于技术的赋能和社会发展的需要呈现强劲的发展势头，另一方面由于时代大局的变化和政策的加持也呈现良好发展的新局面。在党中央领导下，新时代思政课建设不断迈向新的台阶、展现新的气象、取得新的成就。

一　思政课地位新提升促进高质量发展

我们党长期以来高度重视思政课建设，思政课在立德树人中发挥着关键性作用，并且取得了显著成效。尤其是党的十八大以来，以习近平同志为核心的党中央先后召开全国高校思想政治工作会议、全国教育大会、学校思想政治理论课教师座谈会，对如何推进思政课改革创新发表了重要论述，并且为加强思政课建设作出全面部署和系统安排，这使得新时代思政课的地位不断提升，思政课的内涵、形式更加丰富，方式更加多彩。"思政课建设成效是显著的，教学方法不断创新，教师乐教善教、潜心育人，教师队伍规模和素质稳步提升，大中小学思政课一体化建设初显成效。"[①]

---

① 习近平：《思政课是落实立德树人根本任务的关键课程》，人民出版社，2022，第7页。

（一）新时代促进新变化

在革命、建设、改革等各个历史时期，我们党都对思政课建设作出过重要部署，自党的十八大以来，党和国家对思想政治教育的重视程度、支持力度史无前例，为高校思政课教学提供了新的环境与条件保障。习近平总书记关于思想政治教育的一系列重要论述强化了全党、全国对思想政治教育工作的认识。党中央等作出的一系列部署让思政课在教育系统中的地位进一步提升，达到了前所未有的高度。

党的十八大以来，尤其是学校思想政治理论课教师座谈会召开后，思政课的发展环境和发展生态发生了根本性转变。"教育部党组坚持不懈用习近平新时代中国特色社会主义思想铸魂育人，以构建思政金课体系为基础，以建强思政课教师队伍为抓手，以共建共享优质资源为突破，切实推动思政课建设发生全局性、根本性转变，取得历史性成就。"[①] 教育部2022年3月17日公布的一系列数据能充分说明新时代思政课的快速发展状况，如"全国高校马克思主义学院由2012年的100余家发展到2021年的1440余家，中宣部、教育部重点建设了37家全国重点马院，教育部支持建设了200余个优秀教学科研团队"，"截至2021年年底，高校思政课专兼职教师超过12.7万人，较2012年增加7.4万人，比2018年增加5万多人"。[②]

思政课发生的新变化主要体现在以下几个方面。首先，学校思政课内涵式发展。在学校思想政治理论课教师座谈会上，习近平总书记对思政课教师的素养问题提出了"六要"，对思政课改革创新提出了"八个相统一"的要求。[③] 其次，思想政治教育的课程阵地从思政课程不断丰富拓展到课程思政。"课程思政"的概念被广泛阐述，并在实际的教学过程中被推广应用，各类课程与思政课相配合，产生协同的育人效应。最后，思政课的育人阵地从思政课堂扩展到大思政课。如思想政治教育产生新的格局体系与运行模式，原来的"三全育人"格局细化为"三全育人"的"十大育

---

① 林焕新、高众：《三年磨一课 育人谱新篇》，《中国教育报》2022年3月18日，第1版。
② 参见《介绍三年来贯彻落实学校思想政治理论课教师座谈会精神工作进展成效》，2022年3月17日，中华人民共和国教育部网站，http://www.moe.gov.cn/fbh/live/2022/54301/twwd/202203/t20220317_608342.html。
③ 《习近平谈治国理政》第三卷，外文出版社，2020，第330~331页。

人体系"。学生思政工作体系不断发展完善，思政课教师队伍也不断壮大。

党的十九大报告指出，我国社会的主要矛盾已经转化为"人民日益增长的美好生活需要和不平衡不充分的发展之间的矛盾"①。随着物质生活水平的显著提升，人民群众对精神文化生活的需求呈现出从"量"到"质"的跃升态势，这种"美好精神需要"的凸显，既为新时代思想政治教育赋予了新使命和新方向，也为高校思政课建设催生了创新发展的强劲动力——要求思政课必须突破传统模式的束缚，构建起与新时代精神需求相匹配的教育供给体系。

在时代发展和民众需求的双重驱动下，作为培养社会主义建设者和接班人关键课程的思政课越来越受到各级主管部门及学校师生的重视，思政课的地位得到了提升，同时教学质量和教学方法等也得到了提升、完善。

（二）新思想引领新质量

2018年9月，习近平总书记在全国教育大会上指出教育的根本问题是"培养什么人、怎样培养人、为谁培养人"②。党的十八大报告中明确地提出"把立德树人作为教育的根本任务"③。党的十九大报告写入了"落实立德树人根本任务"④。党的二十大报告再一次指出"落实立德树人根本任务，培养德智体美劳全面发展的社会主义建设者和接班人"⑤。新时代、新的历史方位、新的时代课题对高校思政课的建设提出了新的任务和新要求。

思政课建设以立德树人为根本任务，坚持不懈用习近平新时代中国特色社会主义思想铸魂育人，促进思政课的改革创新和高质量发展。一是教育部和各地各校加强党对思政课建设的全面领导，形成合力办好思政课的工作格局。如中共中央办公厅、国务院办公厅颁发了《关于深化新时代学

---

① 习近平：《高举中国特色社会主义伟大旗帜 为全面建设社会主义现代化国家而团结奋斗——在中国共产党第二十次全国代表大会上的报告》，人民出版社，2022，第7页。
② 《坚持中国特色社会主义教育发展道路 培养德智体美劳全面发展的社会主义建设者和接班人》，《人民日报》2018年9月11日，第1版。
③ 《十八大以来重要文献选编》（上），中央文献出版社，2014，第27页。
④ 习近平：《决胜全面建成小康社会 夺取新时代中国特色社会主义伟大胜利——在中国共产党第十九次全国代表大会上的讲话》，人民出版社，2017，第45页。
⑤ 习近平：《高举中国特色社会主义伟大旗帜 为全面建设社会主义现代化国家而团结奋斗——在中国共产党第二十次全国代表大会上的报告》，人民出版社，2022，第34页。

校思想政治理论课改革创新的若干意见》，中共中央办公厅颁发了《关于加强新时代马克思主义学院建设的意见》等，教育部与多部门联合印发了有关高校思政课教师队伍、中小学思政课教师队伍建设和高校思想政治工作体系等的系列文件，推动了思政课改革创新。二是大力推进习近平新时代中国特色社会主义思想进教材、进课堂、进头脑，不断完善"三全育人"工作体系，增设高等学校思想政治理论课教学指导委员会，不断更新思政课教材和教辅用书，开展思政课联学联讲联研活动，推动专业课与思政课同向同行。三是注重资源功能共享共建，加快推进信息化建设。运用信息技术手段为思政课赋能，是新时代思政课改革创新的一个突出体现。如建成全国高校思想政治理论课教师网络集体备课平台等多个教师教研平台，不断加大优质教学资源的供给，信息化与思政课高度融合的做法取得了良好的效果，如以"抗疫""四史"等为主题，开展多期全国大学生同上一堂思政大课活动，观看量超过 1.5 亿次。[①]

（三）新技术造就新方式

随着现代数字技术的飞速发展，网络空间已经成为大学生学习与生活的"重要环境"。以大数据、云计算、人工智能等为代表的数字技术在教育中扮演着越来越重要的角色。思想政治教育的工作体系、内容、方式方法等也随之创新。新时代思想政治教育的数字化是构建高校思想政治教育新生态的重要举措与体现。

信息化时代构建了"全、精、专"的思想政治教育数字化工作体系。思政课是一门政治性强、涉及面广、复杂性高的课程，在新时代，需要一批具有数字意识、数字思维、数字能力的思想教育工作者。"全"是指要推动高校思想政治教育工作者适应数字化的教学要求，在教学全过程中充分运用信息化的工具，借助工具化思维促进思政课提质增效；"精"主要指精品课程建设、精准教学管理和精干师资队伍，为信息化的思政课建设提供物质和师资保障；"专"是指要建立专门化、高质量的学科理论体系

[①] 参见《介绍三年来贯彻落实学校思想政治理论课教师座谈会精神工作进展成效》，2022年3月17日，中华人民共和国教育部网站，http://www.moe.gov.cn/fbh/live/2022/54301/twwd/202203/t20220317_608342.html。

和工作机制，为新时代思政课的改革创新提供制度保障。

信息化时代需要个性化、创意化和数字化的思政课内容。数字技术的广泛应用不断地改变着受教育者的习惯和行为。越来越多的大学生习惯在网络上学习，网络学习空间逐渐成为学生学习的重要场所，这一现实要求我们必须将网络空间建设成为培养学生正确价值观、陶冶学生情操、引领学生学习的"主战场"。要围绕学生的兴趣、需求、生活环境等内容，充分利用数字化手段激发创新内容的活力，推动网上教育内容资源优质化，打造网络学习空间"能量屋"。

信息技术有助于创新思政课教学的表达方式和呈现方式。在信息化时代，"合理使用虚拟现实、元宇宙、大数据、人工智能等数字技术，有助于提高网络思政工作精准度与配置效率，做到精准滴灌、润物无声"①。在增强现实、虚拟现实、元宇宙、物联网等新技术的推动下，不少高校思政课借助技术优势，融合高校思政课特色，打造沉浸式思政课、共享式思政课和智慧思政课等，加上智慧校园、智慧学工等平台的配合，让思政课学习泛在化、精准化、数智化。信息技术的融入提高了新时代思政课的吸引力和针对性，形成了教育教学整体素质优良、学生收获感不断增强的良好局面。

二　教师乐教善教创新教学方法

办好思政课的关键在教师。高校思政课教师肩负着立德树人、培根铸魂的崇高使命。习近平曾说："思政课的本质是讲道理，要注重方式方法，把道理讲深、讲透、讲活，老师要用心教，学生要用心悟，达到沟通心灵、启智润心、激扬斗志。"②而要把道理讲深、讲透、讲活，就必须提升思政课教师的水平和素养。党的创新理论成果是否能入脑、入心，取决于思政课教师是否乐教善教，学生是否乐学善学。

（一）新模式练就新能力

随着互联网时代的到来，教育领域发生着深刻的变化，"没有教室的

---

① 吴凡：《让数字化激活思政教育新生态》，《光明日报》2023 年 4 月 13 日，第 2 版。
② 《坚持党的领导传承红色基因扎根中国大地 走出一条建设中国特色世界一流大学新路》，《人民日报》2022 年 4 月 26 日，第 1 版。

学校，无时不在的学习"等创新实践的出现，让教育领域面临着前所未有的挑战，同时也迎来了前所未有的机遇。在这个信息化时代，传统的教育方法面临着严峻的挑战，以前的教师是知识的传授者，主要在教室传递知识，而现在我们通过各种互联网的平台就可以随时随地听全国各地的名师讲课。固定的教师、教室都不再是学生获取知识的必要条件，纯知识取向的教学越来越难以适应新时代的需要，为此，思政课教师只有不断练就新的信息化教学技能，接地气地创新思政课教学方式方法，才能不被时代淘汰和遗弃。

互联网时代，信息的传播能力大家有目共睹，教师要善于利用网络或者其他的技术手段更早、更快、更全面地获取知识，并且将"发现知识、精选知识、运用知识的能力"传授给学生。同时，教师要善于运用信息技术手段，提高教学质量。例如，在课前，教师可以让学生提前通过微课进行学习材料的预习和讨论，学生可以根据自身理解程度和兴趣度更广泛地涉猎上课的教学内容，由此来提升课前预习的质量；在学习内容上，教师可以根据学生的学习状况给学生提供不同难度的微课，让学生自主选择适合自己的学习内容；在学习过程中，教师可以通过各种先进的技术手段，引导学生在实践的过程中学习相关的知识，同时，教师要善借优秀教育资源来拓展教育教学的深度和广度。过去，教材是学生的"世界"；而现在，"世界"是学生的教材。教师应该通过技术等手段，拓展思政课教学的场域，积极开展各类社会实践活动，让学生在实践中学真知、练才干、增信仰。

（二）新需求催生新载体

思政课作为立德树人的关键课程，必须要将知情意行贯穿于教学的全过程，教师要利用新的载体让学生在趣味化的氛围中沉浸式地学习，培养学生的道路自信、理论自信、制度自信、文化自信，达到情感升级。在数字化时代，思政课教师在虚拟仿真实践平台上根据自己的教学内容设计虚拟环境形成多种虚拟教学空间。在教学时，学生选择进入自己感兴趣的虚拟空间，在沉浸式学习中获得知识的熏陶、情感的陶冶。

思政课的理论性和政治性使学生觉得其内容相对比较枯燥，很难调动学生自主学习的积极性和主动性，教师要努力化解教育困境，丰富教育举措，拓展教育视野，创新教学方式。在新时代吸引年轻人最好的方式，是用年轻人的语言或方式和他们沟通。当前短视频等以新技术、新形式为教学内容赋予新的生命，使思政课教学不再是图片、文字等单维度的传播，而是视听的全方位触达；不再是枯燥高深的讲述，而是让知识活起来，与学生玩到一起；不再是教师传授，而是每个人都可以作为传播者、讲授者。随着互联网应用的多元化以及网上学习、虚拟模拟等方式逐渐被人们接受，网络等一系列新技术都有可能成为新时代思政课教学的新载体。

（三）新方法创造新动能

近年来，思政课教师不断运用议题式、体验式、案例式、情境式等多种教学方法，利用信息技术构建真实可信的情境，采用分组学习、问题探究等课堂形式，利用好学生喜闻乐见的事例，充分调动了学生参与思政课的积极性与主动性。还有的思政课教师发挥自身专业等优势，辅以自媒体等技术和平台，以独特的教学方法、鲜活的语言、质朴的情感，以直播、短视频等新手段建设思政课拓展课堂，以讲故事的途径把道理讲深、讲透、讲活，不断提高思政课教学实效，让思政课真正地成为一门对学生晓之以理、动之以情、导之以行的课程。

信息化的技术和载体不仅有助于我们解决教学模式化与个性化的矛盾，而且可以为学生提供个性化服务的平台。在课堂上，教师主动借助大数据等新技术，了解学生的认知状态，分析学生的学习特征，评估学生的优势潜力和最佳的学习方式，为学生设计出个性化的学习推送方案，真正实现以学生为中心的教学。例如，在时间的维度上，大胆地尝试重新构建教学流程，在课前、课中、课后都给予辅导，不断地创设丰富的学习情境，以任务驱动的方式组织学生自主学习，利用翻转课堂等教学模式让学生选择适合自己的学习情境，让学生在情境中对知识开展深层次探究，在多种多样的情境中形成和完善自己的思维模式。政策倾斜为提升思政课质量提供了保证，各高校的马克思主义学院也通过举办多层次的教学比赛，"以赛促优"，为提高思政课质量提供了途径。在技术基础上的教学方法创新是提升思政课教学质量的关键。

三　"数字原住民"催生信息化教学新需求

在互联网高度普及背景下出生的人被称为"数字原住民"，因为数字化的环境赋予了该环境下出生和成长的人群与生俱来的数字化思维和生活方式，他们在技术运用和数字语言方面具有显著的特征。现阶段的大学生大多数出生于 2000 年之后，在数字化环境的熏陶下，他们在年龄和生长年代、技术应用、数字环境、对互联网的态度四大维度①均有自身的特征。如在年龄和生长年代方面，往往指 2000 年之后出生；在技术应用方面，习惯运用网络信息技术获得最新消息和同时处理多种任务、喜欢文本前呈现图表和获得即时的反馈信息；在数字环境方面，是使用计算机、视频、游戏和互联网的数字语言的原住民；在对互联网的态度方面，互联网本身就是其生活的一部分。

由于数字时代的教育对象发生了巨大的变化，"数字原住民"的学习方式、学习习惯、学习资源等方面的新特征为当代教育者提出了新的要求。中共中央、国务院印发的《中国教育现代化 2035》指出，信息化是教育现代化的重要内容，也是推进教育现代化的关键途径。要适应信息化不断发展带来的知识获取方式和传授方式、教和学关系的革命性变化，推动信息技术在教学、管理、学习、评价等方面的应用，全面提升教育信息化水平和师生信息素养，推动教育组织形式和管理模式的变革创新，以教育信息化带动教育现代化。②

思政课要提升实效，就必须推动信息技术与教学深度融合，而融合的关键是加强对信息时代学习者认知和学习行为规律的认识，制定符合"数字原住民"需求的培养和教学方案，利用学生习惯的互联网手段筛选优质教学资源，用网络手段丰富、开展教学活动，成为学生学习的引领者、教育资源的筛选者和课程的开发者。一般认为，"数字原住民"适应和感兴趣的教育新形态应做到以下几点。

（一）线上和线下联动的教育

在数字化背景下，学习和生活之间的分享突破了过去学习、生活之间

---

① 华桦：《职业青年互联网使用：数字原住民特征与数字鸿沟》，《当代青年研究》2018 年第 5 期，第 17 页。
② 参见《中共中央、国务院印发〈中国教育现代化 2035〉》，2019 年 2 月 23 日，中华人民共和国教育部网站，http://www.moe.gov.cn/jyb_xwfb/s6052/moe_838/201902/t20190223_370857.html。

明显的界限。新的学习生态对新的教学提出了更高的要求。"数字原住民"在行为上倾向于用视频等电子资料学习，在心理上注重沟通效率和即时反馈，而大部分高校教师属于"数字移民"（即出生早于网络盛行的年代，经历互联网从无到有的转变），在行为上更加倾向纸质资料学习，在心理上更加注重隐私。教育对象发生了本质上的变化，要求作为学生学习引导者的教师随着教育对象的变化做出改变，学生习惯用网络交流，教师就要尽可能多地利用网络手段进行教学或者辅助教学，在线上开展交流、沟通与反馈。要用学生喜闻乐见的方式传递知识，让学生将知识内化于心、外化于行。

新需求倒逼提出新的教学方法。相比传统的面对面交流，"数字原住民"更愿意使用信息技术手段和教师进行及时沟通，因为网上交流可以打破沟通的壁垒，推动信息的无障碍交流。网上交流沟通大大降低了沟通的成本，提升了沟通的效率。"数字原住民"的特点使在线学习作为无缝式学习的重要组成部分可以很好地满足数字原住民的快速反馈需求。教育对象的沟通习惯和需求促使教师不断更新和改善教学的方式方法。用传统的沟通方式已经不能有效地获知学生学习的基本情况了，因此，教师必须要利用学生感兴趣的方式方法增强学生沟通交流的兴趣，满足学生的需求。线上学习交流沟通突破了实体课堂对时间空间的限制，学生可以随时给教师留言，提出问题，或者是与同学进行讨论，然后得到来自老师和同伴的及时反馈。线上交流可以在很大程度上减少交流者的时间浪费，提升交流效果，符合"数字原住民"的高效沟通要求。

新习惯要求创造教学新环境。"数字原住民"喜欢即时满足与奖励，他们习惯高效地沟通，用优化的方式提升信息传输的实时性、交流内容的实时性、反馈意见的实时性。显然，传统的面对面交流，以纸张为交流载体以及借助移动手机发消息或打电话等方式已经不能满足他们的需求。新时代"数字原住民"更加倾向借助信息化工具实现从实时通信到实时互动的习惯要求教师重塑沟通方式方法，为适应学生的交流习惯和提高沟通效率，教师必须利用线上交流平台，实现交流沟通无障碍。

教师要充分利用信息化交流工具，实现师生、生生即时互动，契合学生"喜欢即时满足与奖励"的特点。教师要利用信息技术不断改进教学交流沟通方式，利用互联网平台实现同屏互动、实时交互，营造让学生感兴趣的交流沟通环境。

（二）内容和形式双优的教育

新时代的大学生大多是伴随着"数字"成长起来的，他们在学习方式和沟通方式上与以前的学生有很大的不同。例如，"数字原住民"更倾向于用网络交流而不是面对面交流，习惯用网络获得知识而不是单纯地从课本或教师那里获取知识，他们喜欢"游戏"教学模式而非"严肃"教学模式。"数字原住民"运用网络去获得知识的行为打破了教师和教材是获取知识的唯一渠道这一原有认知，在一定程度上动摇了教师和课堂授课的不可替代性。大学生的新行为和新习惯要求教师必须改变原来的教学方式、方法，创造新的模式来提高教学效果。

这也就意味着教师准备的教学材料必须要比以前更为有趣、丰富，教学模式要从以前的"应试教育"转变为"在游戏中教，在游戏中学"，学习理论和教学实践等都要随着当前学生的认知行为模式的改变而变化。只有这样教师才可以用学习资源、学习模式增强学生的学习兴趣，提升教学效果。

思政课的时效性强、理论性强。教育对象倾向于"游戏"教学模式，现实原因和客观原因都在促使教师改变原来的教学模式、教学方法，教师要根据教育对象的实际情况和课程标准的相关要求，将教学内容和学生倾向的教学方式、模式等有机结合，创设出适应新学生的新教学模式。

除此之外，新偏好也需要新资源。当代大学生"依赖图像沟通"的认知偏好要求教师精心筛选教学材料，为学生提供图像、视频等多样化优质在线学习资源。思政课的理论性比较强，学习资源的政治性较强，而图片、视频、动画信息有助于促进学生对知识的理解，基于网络的线上线下教学可以让学生更加轻松地获取知识。

教师作为"数字原住民"学习的促进者，在挑选学习资源时要将思政课的特点与学生的认知偏好结合起来。根据思政课的特点和任务精选教学资源，尤其要注重将革命红色资源、社会伟大成就、英雄先进事迹等通过信息化、数字化、情境化的方式巧妙融入思政课教学之中，以学生喜闻乐见的表达方式提升思政课建设实效。要从思政课给人以价值引领、精神引领、审美启迪的目的出发，从思政课规律和学生成长规律出发，用图像或视频将家喻户晓的经典事例呈现给学生，增强课程教学的体验感，提升课程教学的代入感，使学生获得心灵上的震撼、情感上的共鸣和艺术的浸润。

（三）思维和素养兼容的教育

新对象造就新理念。教育数字化是"数字中国"战略的重要组成部分，也是当下我国高等教育改革的重要方向和创新路径。在数字化时代，教师要转变教学理念、观念，积极学习现代教育技术，深刻地意识到当代大学生作为"数字原住民"伴随技术成长的特点，不断提升自己的数字素养。教师要将信息技术与教育教学高度结合。坚持运用多种数字化技术，以数字专业知识为基础，学会选择、共享、运用数字资源。教师作为知识的"创新者""传递者"，要在专业知识的基础上根据时代、社会要求更新知识，利用数字技术整合资源，为学生提供高质量的学习内容。利用信息技术随时随地对学生学习、生活问题进行反馈，满足学生即时获得奖励的需求。

思政课教师要明确"教什么书，育什么人"的教学观念。面对作为"数字原住民"的学生，教师要不断强化自身的数字教学意识，将数字化贯穿于教学的全过程。在教学中，要熟练地运用数字软件、硬件，敢于突破原来的教学方式，创造满足学习者的教学内容、教学方式，让学生能够更加主动地学习新知识、运用新知识、回顾旧知识。

当然，信息技术的快速发展也对学生的信息素养提出了更高的要求，受教育者必须适应这一技术迭代升级的变化，朝着更加智慧的学习方式迈进，因而教师在教学过程中要引领学生学习理念和能力素养的双重提升。如教师要设计复杂的教学任务去应对学生的"生产型"多任务处理特征，要注重学习资源的趣味性、挑战性和交互性，在课堂上充分调动学生的认知资源，要通过教学集中学生的精力，抑制学生的分心行为。

思政课教师还要根据教学大纲将学生感兴趣的热点问题、困惑的难点问题以新的方式、新的知识呈现在教学过程中，并在分析问题和解决问题中锻炼学生思维，提升学生能力，增强学生认同。在课堂教学过程中，信息化的方式可以运用于小组讨论、情境展示、课题研讨、课堂辩论等多种教学活动中，从而提升教学活动的效率。课外，教师也可以以信息化、情境化的方式组织学生开展志愿服务、理论宣讲、社会调研等实践教学，要将学生在课堂学到的知识与社会实践相结合，让学生对社会实践充满兴趣，积极调动自己的知识去解决实际问题。课内课外教学教师都要精心设计，让学生处于头脑风暴状态，减少分心行为，提高教学质量。

另外，由于学生喜欢、习惯运用多任务处理模式，但是多任务处理模式会导致学生学习效率不高，教师作为学生学习的促进者和帮助者，必须从学生是学习的主体出发，结合学生的实际情况，利用课程内容和相关任务激活学生思维，让学生减少分心行为。基于这一现象，思政课教师还要精心设计任务驱动，在教学过程中将教师讲授与学生练习有机结合，学生在学习各知识点的过程中随机随时完成相关任务练习，练习的强度循序渐进，可以激发学生的胜负欲，提高学习兴趣，让思政课充分发挥出培养学生创新精神和实践能力的作用。

总之，伴随着数字化成长起来的"数字原住民"逐渐成为高等教育的主要对象，他们成长环境、行为方式和互联网思维的特殊性迫使教师不断更新转变自己的教学观念和教学方式。教师一方面要适应教育对象数字化运用和思维的特点，另一方面要注重学生的兴趣、教学满意度，使学生具有更高的信息素养和适应数字化快速发展的能力。

四 大思政课格局增强协同育人新效应

"大思政课"建设是"十四五"时期推动思政课高质量发展的重要抓手。2021年全国两会期间，习近平总书记提出"'大思政课'我们要善用之"①。2022年，教育部等十部门印发了《全面推进"大思政课"建设的工作方案》，提出要突出主渠道建设、强化实践育人效果、大力推进思政教育信息化、加强队伍建设等多条举措。② 要坚持开门见山办好思政课，要充分调动"大主体"、建设"大课堂"、搭建"大平台"、整合"大资

---

① 《"'大思政课'我们要善用之"（微镜头·习近平总书记两会"下团组"·两会现场观察）》，《人民日报》2021年3月7日，第1版。
② 《教育部等十部门关于印发〈全面推进"大思政课"建设的工作方案〉的通知》，2022年7月25日，中华人民共和国教育部网站，http://www.moe.gov.cn/srcsite/A13/moe_772/202208/t20220818_653672.html？eqid=a5d8d2820013c2c900000003643d4d09。

源"、建好"大师资"、形成"大活力"课堂。要真真切切地做到"人人育人、时时育人、事事育人、处处育人"，不断提升思政课育人效果。

（一）大师资的主体协同

开门办好思政课，必须充分调动社会力量与资源。办好"大思政课"，必须要建好"大师资"。大师资既包括思政课教师、其他专业课教师、学校党政领导干部，也包括科学家、老同志、先进模范以及革命博物馆、纪念馆、党史馆等的讲解员，或者专题讲座报告主讲人员等，他们可以作为思政课兼职教师、社会实践指导教师，参与或融入思政课教学之中，形成一体化育人、协同化育人的长效机制，助力新时代育人工作。

大师资的协同不仅包括各级主管部门的统筹协调和领导机制的建立，也包括各类主体自身的积极作为和自觉参与。思政课教师要不断提高自己的基本素质和能力，要做到有理想、有信念、有道德情操、有扎实知识，要争做把道理讲深、讲透、讲清的大思政课教育的牵引人。其他专业课教师要将专业课知识与思政教育元素充分融合，形成特色专业，将育人作为自己教学的首要目标。学校党政领导干部要积极推进大思政课建设，制定相关的规章制度引导全校教职工共建"大思政课"大主体格局。校内校外的人士要积极响应党的号召，将协同育人作为自己的义务和责任，积极参与到新时代育人工程之中。

另外，"大思政课"的引申之意，或者说理想化的状态是整个社会对培养社会主义建设者和接班人良好育人环境和氛围的营造。社会每一位成员，无论身处何种岗位都应该自觉担负起育人职责，主动参与到思政育人的过程之中，使任何一个角落、任何一个工作岗位都蕴含思政育人元素。每一位公民都要时刻关注和服务学生的德智德美劳全面发展，都在各自的岗位上为学生做榜样和示范，只有这样才能够实现全员力量的整合，才能真的实现"大思政课"铸魂育人的价值追求。

（二）多维大平台的搭建

多维大平台既指国家和各类区域的思政平台，也指理论学习、集体备课、实践研修等各种类型的大平台。首先是搭建思政课信息技术平台，即将现代教育技术与课程教学过程高度融合，通过前文所述的物联网、大数据和云平台等技术引导学生积极参与教学的全过程，师生之间的互动从

"指尖"到"心尖",实现了思政课双线融合、课内课外的有机结合等。思政课的双线教学模式、实虚教学形式打破了思想政治教育时空、场所等限制。

其次是建好用好实践教学基地,思政课教学的资源和平台不仅是由思政课教师所创设的,在"大思政课"格局和布局中,教育部已经与国家文物局等单位专题设立和公布了一批"大思政课"实践教学基地、"大思政课"优质资源项目和示范项目,并持续开展了"习近平新时代中国特色社会主义思想大学习领航计划"等系列活动,这些活动不仅进一步构建了"大思政课"的分享和共建平台,还把优秀实践教学成果作为课堂教学的有效补充。各个高校联合各类育人场馆,充分运用校外资源去弥补传统学校教育资源的短板,采用沉浸式教学法、情境式教学法、体验式教学法等让学生在现实或虚拟世界中走进纪念馆、博物馆等场所,让学生体会到思政课堂是知识传授和能力培养的综合性课堂,让学生在思政课的学习中领悟真理的魅力和实践的伟力。

最后是搭建思政课程和课程思政同向同行的育人平台。思政课程教学的关键在于以马克思主义中国化的最新成果帮助学生武装头脑、塑造灵魂,引导学生用马克思主义观点去解决问题。课程思政就是要将思想政治教育元素融入各门课程中,将马克思主义中国化的最新理论融入其他课程教学,将党的相关理论融入各个学段各门课程,使思政课程和课程思政紧跟时代变化,符合社会发展要求。思政课程和课程思政的同向同行打破了思想政治教育和其他专业教育的"孤岛效应",在整体上搭建了协同育人的大环境,融合了虚实、双线等多维空间,实现了思想政治教育的"一体化、多维化"育人格局。

(三)教育大资源的整合

"大思政课"担任着培育未来社会的建设者与接班者的重任,任务越繁重,教育资源就要越丰富,教育形式就要越多样。"大思政课"的建设必须立足大格局,整合教育大资源,既改革创新教学主渠道,又不断开拓思政课教学的广阔视野。

一方面,思政课教师越来越善于运用和充实课堂资源。他们结合时代背景,与时俱进地更新、创新教学内容,利用现代化技术实现优秀教育资源整合，以此丰富课堂教学内容，让学生在课堂中尽可能地获得各种各样的知识。比如，近年来思政课建立的各类教学案例库、重难点问题库、教学素材库、在线示范课程库等，多样的资源和经验的相互借鉴，使得思政课不再是没有生命、干巴巴的课程，而是有声有色、生动活泼、备受学生喜爱的课程。当然，课堂资源不仅仅是教材内容涉及的资源，还需要从整个中华文明史、世界社会主义史、中国近代斗争史以及"四史"等人类文明史的宝库中提取和运用相应的教学资源。使学生能够更深刻地辨析国际形势，在古今中外的对比中形成对时代、对中国特色社会主义更为全面、客观的认识，树立正确的政治立场等。

另一方面，思政课也在积极与课外资源、校外资源，乃至国外资源整合、融合，服务于育人工作。如不少高校和教师主动对接各类教育场馆，将思政小课堂和社会大课堂有机结合起来，把思政课堂向社会延伸，在实践中引导学生运用所学的知识去解决实际问题，实现思政教育内化于心、外化于行。同时，一些思政课教师不断扩展教育的历史视野和世界视野，充分利用网络空间有效资源、国外教育资源、家校资源等，让学生从历史与现实的时空维度中洞察社会发展规律，激发学生在个人理想与社会理想结合中勇担使命责任。有效实现了思政课线上线下联动，实现学校、家庭、社会、网络教育资源的全面结合，形成了"大思政课"的多维育人格局。

第三节　智能时代思政课教学的新探索

中共中央办公厅、国务院办公厅印发的《关于深化新时代学校思想政治理论课改革创新的若干意见》提出："大力推进思政课教学方法改革，提升思政课教师信息化能力素养，推动人工智能等现代信息技术在思政课教学中应用，建设一批国家级虚拟仿真思政课体验教学中心。"① 在这个互联网、物联网、人工智能等技术结合的时代，思政课智慧课堂便是智能时

---

① 《中共中央办公厅 国务院办公厅印发〈关于深化新时代学校思想政治理论课改革创新的若干意见〉》，中华人民共和国教育部网站，http://www.moe.gov.cn/jyb_xxgk/moe_1777/moe_1778/201908/t20190815_394663.html。

代教学理念、方式和方法改革创新的探索。

相对于传统的教学方式和理念，智慧课堂依托于新媒体和人工智能技术，可将教学的内容、形式与技术的呈现方式有机结合，打破了传统教学在时间和空间上的限制，使得课堂的信息容量得到拓展，教学手段得到丰富，教师与学生互动更加频繁和有效，学生自主学习和深度学习的主体地位更加凸显。因而，智慧课堂环境和技术系统一经产生，不少思政课教师就尝试将这一智能化的教学模式运用到高校思政课教学之中，并取得了不小的成效。

一　构建智慧教室的教学新环境

教学环境是影响教学成效的直接要素，在广义上，教学环境是影响教学活动的全部条件和因素，教学环境的优化既包括物理环境的优化，也包括人文环境的优化。在狭义上，思政课智慧课堂教学环境主要指信息技术水平高的实体教室环境，涉及班级规模、座位模式、班级氛围、师生关系等，高度信息化、空间灵活化、万物互联化和互动深度化是思政课智慧课堂新环境的重要特点。

（一）构建物联智能的教室环境

跟其他课程一样，智慧课堂给思政课造就了一个跨界整合、开放生态、万物互联的教学环境，同时也为新时代思政课教学效果和水平的提升进行了技术赋能。在一段时间里，学生思政课"抬头率""点头率"低的问题是客观存在的。这既有社会大环境要素的影响，也有思政课教学内容和方法的影响。智慧课堂作为一种教室环境和技术，一开始是为了适应智能技术发展的需要、适应学生的需要，同时提升思政课的"抬头率"和"点头率"，采取信息技术、多媒体技术等手段营造智能的课堂教学环境，并以案例式、探究式、启发式、互动式等教学方式，将学生吸引到思政课教学过程之中，在环境熏陶下积极主动学习，激发课堂活力。

比如在为思政课教学创造的物理环境方面，智慧课堂拥有良好的设施环境：良好的位置和小班教学给学生足够的空间，教室内良好的通风、采光、照明条件，舒适的温度，教室内外建筑物或物件色彩的搭配也十分得当，教室的外观造型具有一定的审美效果，教学用具和物件丰富多样，如新型课桌椅、各种实验设备、图书资料以及各种各样的媒体设施（录像机、录音机、平板电脑、电视机、计算机、多媒体等）等。从现有的智慧课堂（智慧教室）建设来看，大部分高校都尽力使智慧课堂在外观、设备、空间上保持独特性以及教学的舒适性。

同时，在思政课教师的应用和探索下，高校思政课教学的时空环境也出现了一些新的特点。首先，教学空间组织形式灵活、空间密度低。受限于师资规模，一些高校思政课长期以来都是 100 人以上的班级规模，而智慧课堂由于设备和互动环境设置需要，其教室规模大多设计为 30~50 人，属于小班教学，这更有利于教师和学生之间的互动。另外，智慧课堂的桌椅已经实现自由移动和组合，可根据思政课教学活动的需要灵活设计桌椅组合的方式，如讨论时运用分组式排列、辩论等活动时用圆形排列、学生展示时用马蹄形排列等，这方便了学生与学生之间的互动。其次，教学设备和工具的互联化。如智慧课堂一般配有声音传感器、光照强度传感器、温度传感器、湿度传感器、二氧化碳浓度传感器、空气质量传感器、超声波定位技术、六轴螺旋仪和动作识别装置等教学设备和工具，物联网将这些设备连接起来形成"智能感知环境"，智慧课堂系统"实时并自动地把教室中的噪声、光线、温度、湿度、CO_2 浓度等调节到最合适的状态，并实时感知学生的行为，包括学生的位置、姿态、操作等，从而方便教师分析学生的学习需求从而提供适应性支持"[1]。最后，教学过程的数据化。智慧课堂设计的初衷之一，就是将信息化的环境转化为教学大数据。思政课教学是一个复杂的系统，一般来说，数据越多，信息越丰富，越有助于教学的管理。智慧课堂的思政课数据一方面来自教师课堂的环境数据，既包括传感设备的数据，也包括课堂教学过程的各类数据；另一方面来自智慧课堂后台软件系统记录的课前和课后数据。智慧课程把教学全过程进行数据化，并以简单明晰的方式呈现在教学管理者面前，有助于思政课教学的实时调整和评价。

（二）构建高效互动的教学环境

教学环境不仅包括物理和客观的环境，也包括文化和心理环境、情感

---

[1] 傅骞：《从优化管理到促进创新——物联网教育应用目标发展概述》，《中国电化教育》2014 年第 11 期，第 70 页。

环境和师生关系与角色等。文化和心理环境如班风和课堂氛围，主要包括班级内聚力、班级价值导向、行为规范、纪律状况、学习氛围和竞争态势等；情感环境则主要指教师的期望、教学态度、奖惩、合作与竞争关系等；师生关系与角色主要指教师在学生眼中的角色和地位、教师知识结构、能力水平以及对于学生的关怀程度、教师的品格、学习者角色等。这些"软"环境亦是影响思政课教学实效的重要因素和条件。

高校思政课借助智慧课堂与教育云平台，为学生创造了高效、即时的互动环境。在智慧课堂环境下，测验、抢答、签到、发送资料、学生展示、同屏、弹幕等几乎所有教学需要的载体和形式都能成为师生互动的工具。在互动形式多样，且全员可参与的环境下，思政课教师与学生之间的交流变得更加频繁，教学的效率不断提升，同时通过借助科学技术手段，还可以不断激发学生潜在的学习需求，让师生的互动交流不仅有频度，还有深度。

如在"中国近现代史纲要"课堂前五分钟，设计"每周说历史"活动，学生利用终端设备（如手机、电脑等）中的智慧课堂教学工具，在线查找资料、形成讲稿、制作课件（甚至智能化生成课件），然后在课堂上进行讲解或用多媒体方式进行展示，在展示中还可以开通点评、弹幕、点赞、调查评价等功能，真正实现课堂教学互动的高频次和全体参与，推动思政课的深层互动。再如"思想道德与法治"课中讲授"爱国主义"专题时，可设计"我爱我的家乡"直播互动活动，即在课堂上分小组制作"以家乡话介绍家乡"的直播短视频，然后选择优秀小组进行展示，既达到培养学生家园情怀的教育目的，又使得思政课教学方式接地气、有温度。再如讲授法治相关专题时，可以借助信息技术现场连线法院法官，或者观摩某一法院审判过程，使学生在教室就能近距离地接触法律、了解法律，感受真实的司法过程，提升法治意识和法治素养。

总之，随着大数据、云计算、智能终端、云平台等信息技术的手段不断进步，既产生了技术渗透到教育系统的推动力，也产生了思政课提质增效的主观需要，这推动了高校思政课教学环境智能化、互动化和个性化的变革与创新。这种教学环境的变革体现为拓展了教学的物理时空，但更主要的是体现为课堂互动和教学管理环境的重要转变，无论是课程设置，还是资源建设，抑或课程教学中的通知、作业、论坛、测验等都更具有高效性、即时性和共享性，同时智慧课堂所能实现的课堂教学过程中的签到、答题、互动交流等功能，增强了思政课学生的课程体验，也有助于实现高校思政课教学从"以教为主"向"以学为主"的转变，将思政课的教学管理带入更加智能化、个性化和深度学习的阶段。

二　探索基于云平台的协同教研

智能化技术的进步使得教育物理空间和虚拟现实空间日益融合，云平台、云资源等应运而生，促使了高校思政课在教学资源和教研活动的"云端"协同化。高校思政课通过智慧课堂扩展到课前的集体教研，利用云平台传播的即时性、容量大、存储方便和互动性强等特点，各个高校开展了大量的思政课协同教研活动，共同打造了以"同备一堂课、同上一堂课、同评一堂课、共享一片云"为重点的智慧思政课。加上全国思政课课程和教材的同一性和思政课教师的普遍需求，这种云端共享式集体备课等教研活动影响范围大，受到了广大思政课教师欢迎。

（一）思政课智慧教研云平台的搭建

云平台的开放式、高效性和共享性，打破了地域、学校、师资以及时空的限制，既促进了高校思政课优质资源的普及，提升了思政课教师的整体教学水平，也帮助学生树立了持续学习、深度学习、终身学习的观念。借助云技术和互联网，各个高校和不同地区之间思政课教学教研活动协同化、共享化的趋势日益明显，优质资源的供给和交流更加频繁，大量优质的高校思政课教学资源不断被推上各类平台，实现了跨区域、跨学校的资源开放和流动。

在全国影响较大的思政课智慧教研云平台主要包括全国高校思想政治理论课教师网络集体备课平台、大思政课云平台、北京高校思想政治理论课高精尖创新中心、教育部支持的各类思政课虚拟教研室、中国大学MOOC和慕课堂、"同课异构　协同共研"集体备课研讨会等。

教育部社会科学司建设的全国高校思想政治理论课教师网络集体备课平台，包括资讯平台、文献研究、教学资源库、教育质量评估、实践育人等模板，集在线备课、集体备课会、基地研修系统、骨干教师研修系统、教学展示系统和思政课教师信息库等于一体，提供 300 多万条文献资源、4 万多册电子书、3000 多个微视频等思政课教学资源，同时在这一系统内，能开展大纲管理、在线课件制作、课堂交互内容制作等，充分发挥了思政课教学资源整合和教研协同的功能。

人民网与中国青年报社等单位主办的大思政课云平台是面向全国青少年群体打造的思政工作平台，该平台集思想性、交互性和沉浸式体验于一体，主要面向青少年群体开展全方位、立体化、精准式的大思政课教学。该平台设置了习近平总书记系列重要讲话数据库、青年感悟、红色梦想、在线课堂、思政实践等板块，涵盖线上与线下、理论与实践、展览与培训等多形态的内容、产品与服务，并且专设了"青年大学习""青年团课""思政慕课""思政实践""思政云课堂""思政讲理"等栏目，这些青年类栏目和课程总参与人次累计 87 亿，总点击量达 149 亿次（截至 2022 年 12 月）[1]，实现了优质思政课教育资源在云端的汇聚，既有助于高校思政课教师的交流和教学水平提升，也有助于借助各级团组织渠道直通广大的青少年学习群体。

北京高校思想政治理论课高精尖创新中心是依托中国人民大学建设的大型思政课云平台，它充分发挥北京高校在思政课教育教学上的人才优势、资源优势、技术优势，集思想政治理论课资讯平台、马克思主义理论研究和文献支撑平台、思想政治理论课教学资源共享平台、思想政治理论课数字化教学平台、思想政治理论课实践育人平台和大学生思想政治教育质量评估平台等六大平台于一体，为全国高校思政课教学提供全方位、立体化的云服务。该平台拥有资源丰富、门类齐全的思政课资源数据库，包括文件文献、资料、图片、案例、课件、难点解析、示范教学、实践案例、研究成果等，可实现全国范围内资源共享和网络备课。

虚拟教研室是"智能+"时代背景下，利用信息化智慧教学手段开展线上线下、虚实结合的教学研究活动及课堂教学实践的新型基层教学组织，是信息化时代新型基层教学组织建设的重要探索。自教育部高等教育

---

① 《中青报·中青网全面推进"大思政课"建设 携手青年走向星辰大海》，2022 年 12 月 9 日，人民网，http://m.people.cn/n4/2022/1209/c305716-20382365.html。

司开展虚拟教研室试点建设工作以来，已公布了首批和第二批虚拟教研室建设试点名单，并开发了专门的"虚拟教研室"软件平台，北京大学、中国人民大学、南开大学、华中师范大学、郑州大学、北京化工大学、河北大学等 30 余所高校获批"马克思主义基本原理课程虚拟教研室""马克思主义理论专业虚拟教研室""马克思主义理论专业文化类课程虚拟教研室""思想政治理论课社会实践虚拟教研室""思政课程引领课程思政协同育人改革虚拟教研室"等思政课教学类虚拟教研室。这些虚拟教研室以建设高质量的思政课为目标，重点在于聚力解决思政课课程目标、内容、教材和教法中存在的问题，围绕思政金课建设、课程知识图谱构建、教材建设、校际协同备课、协同教研、教师培训等板块开展合作和共享，并在思政课教学课件、案例、教学视频、习题库、问题库等方面实现了教学资源的共建共享，助推了高校思政课教学新范式和新机制的形成。

除了全国性的思政课云平台外，各地各高校也在积极建设思政课智慧教研平台，浙江省以数智赋能推动高校智慧思政高质量发展，统筹布局一体化高校智慧思政系统，将"一网""一脑""一台"三者合而为一。"一网"即浙江省高校网络思政中心网，实现高校智慧思政的统一界面、统一入口、统一身份认证；"一脑"即"思政大脑"，赋能全局化精准管理和个性化预警；"一台"即智慧思政工作台，是集成的高校思政工作业务办理中心、数据汇集中心、工作督查督办中心。①

另外，天津市也建设了覆盖大中小学思政教育的天津思政云平台，建成思政课智慧课堂管理系统，将虚拟现实、增强现实、人工智能等技术深度融入思政课教育教学，不断增强课堂体验性和沉浸感。同时，利用平台组织全市大中小学思政课教师开展线上集体备课，为推动大中小学思政课一体化高质量发展提供有力支持。重庆市南岸区上线了南岸区"大思政课"云平台，面向全国思政课教师、青少年群体而设，可实现广大师生免费共享思政金课、思政影片、思政故事等优质教育资源。南京市江北新区上线"江北云思政"学习平台，通过平台中的时政要闻、新资讯、好声音、党史教室、微课堂等板块，让思政课堂从教室迈上"云端"。

---

① 参见蒋亦丰《浙江上线高校智慧思政系统》，《中国教育报》2022 年 7 月 5 日，第 3 版。

（二）思政课云端教学活动的开展

云平台为高校思政课协同共享机制的形成奠定了基础，而通过云平台开展教、学、研等活动则是提升思政课教学质量的重要方式。教师通过思政课云平台交流课堂内外思政资源的挖掘与使用情况，分享思政课真实课堂的设计案例，探索混合式教学的融合创新，推动高校思政课课程建设与教学变革；学生通过思政课云端活动深化对思政课教学内容的认识和思考，特别是校际、跨学段的共同学习和研究，以及一同参与思政课社会实践，有助于从朋辈学习中感悟思政课理论魅力，增进对习近平新时代中国特色社会主义思想的政治认同、思想认同、理论认同、情感认同，坚定"四个自信"。思政课云平台为教师共研、学生共学、师生共进提供了良好的活动条件和技术支持，有助于提升思政课的针对性和吸引力。

教育部持续开展"习近平新时代中国特色社会主义思想大学习领航计划"主题教育活动，包含全国高校大学生讲思政课公开课展示活动、全国高校大学生微电影展示活动等，相关活动会在"青梨派"等网络平台进行及时更新、互动、投票，优秀的作品也会在各平台进行宣传展示。这类思政课朋辈学习活动，让大学生能通过平台的方式视频相见、声音相闻，随时可学、随处可学，不仅学思政课，还尝试讲思政课；不仅在课堂学、云端学，还在大思政课实践基地学；不仅学理论，而且通过活动锻炼才干和担当。一系列云平台的思政课朋辈共学活动，极大地提升了学生对思政课的参与度和积极性。

同时，一些高校也在积极策划和组织教师与教师、教师与学生的云端思政课教学和研究活动。如中国人民大学将信息技术和智慧课堂环境引入思政课教学，打造了包括课程精讲、经典教学案例库和知识点集萃在内的"习近平新时代中国特色社会主义思想概论"课程一体化教学资源，可供北京60余所高校学生在线使用；疫情防控系列公开课"在经历中学习""在比较中学习""在反思中学习"，在线浏览量超过2000万人次……使思政课堂既有教室内的"面对面"教学，也有区域或者全国性的"云对云"的教学互动，显著提升了教学互动的频次和效果。

再如华中师范大学自2019年开始举办"同课异构　协同共研"集体备课研讨会，以每门思政课的章节内容为备课单元，通过汇聚全国思政课教学名师、青年骨干教师，进行专家指导磨课研课、名师教学示范展示、自由研讨攻难题、专家答疑消疑惑等互动性极强的备课活动或名师指导面对面活动，现已开展大规模集体备课会 50 余期，全国思政课教师 70000 余人次参加，全国近 1/10 的马克思主义学院将该平台的集体备课活动纳入本单位集体教研活动。① 各平台已经细化到每门课章节教学的答疑释惑、教法交流和资源共享，以及保证了活动运行管理的务实性和高效性，这受到了一线思政课教师的广泛好评和积极支持，促进了思政课教学内容和方法的创新，也推进了思政课教师队伍的均衡化发展。而在学生联动和大中小学思政课一体化建设方面，华中师范大学也利用智慧思政课云平台开展了一些有益的探索，如面向全国大学生开展"同上一堂经典导读课"、"我们爱上思政课"全国高校大学生思想政治理论课分众式优秀学习成果评选活动，营造"校际横向主题共学"的学习生态；面向乡村中小学生开展"大中小学手拉手·思政云课堂"等系列活动，营造"大中小学结对共学"的学习生态。在云端学习共同体中培养了学生的合作精神，激发了学生的成就感，增强了学生学习思政课的内生动力。

除此之外，各个高校也不断探索大中小学思政课一体化云端教研、思政课教师与专业课教师、辅导员队伍等云端协同育人机制。如不少学校成立大中小学思政课一体化研究中心，通过云端的集体备课、教学研讨、专题培训、示范教学、资源共享等方式，帮助全国范围内的思政课教师更好地把握各学段教学重点，构建不同学段"协同作战"的思政课教育体系。一些学校也利用云平台等技术手段推动思政课教师与专业课教师、辅导员队伍的融合共研，实现思政课程与课程思政的协同育人。另外通过组织校际，乃至全国范围内的思政课教师定期与各专业课优秀教师以及辅导员队伍进行云端的专题集体备课，并通过研讨、答疑、互动、案例分享等活动，使思政课教师更好地了解不同专业学生的知识背景、思维方式和思想动态等情况，与专业课教师共同挖掘专业课程的思政元素，开发思政资

---

① 《【2022 年终特稿】落实好立德树人这一根本任务，不断开辟马克思主义中国化时代化新境界》，2023 年 1 月 22 日，华中师范大学马克思主义学院网站，https://marx.ccnu.edu.cn/info/1024/14620.htm。

源，提升育人能力，使各类专业课程与思政课程同频共振、同向同行。

思政课智慧课堂教学环境的营造，主要依托互联网、云计算、大数据等信息工具，并将技术的特点运用到思政课课前、课中、课后教学全过程之中，以实现思政教育过程的信息化、智能化、个性化，同时促进高校思政课师生交流合作、共建共享、互动共研，从而推动新时代高校思政课在课程教学体系、教学方法、教学平台、教学环境等方面的不断创新，最终提升思政课立德树人的实效。

三 开展互动情境式的实践教学

实践性是马克思主义理论的鲜明特征，理论性与实践性相结合是思政课教学的重要原则。实践教学是思政课的重要环节和课堂延伸，智慧课堂等技术方式为实现思政课虚实结合的实践情境建构、线上线下协作互动学习提供了条件和基础。借助智慧平台实现的情境式学习、合作式学习、探索式学习、游戏化学习有助于充分激发学生学习思政课的主动性，提升思政课的参与度，教师在实践参与中更好地把抽象的思政课道理讲新、讲活，学生在主动探索和实践互动中认识国情、了解社会、接受教育、增长才干。

（一）创设虚实结合的实践情境

思政课是一门知情意行相统一的课程，教师不仅要帮助学生获得知识，更需要引导学生利用所学的知识去解决现实问题，要让学生将知识内化于心、外化于行。而情境则是思政课教学的文化、心理和交往场域，实践活动是培养学生核心素养的具体载体和路径。基于虚拟现实等现代信息技术创设符合教学内容的情境的教学方法可被称为"情境式教学"，在思政课堂上就能到数字模拟的社会情境中去感受、去体验。情境式教学改变了单纯灌输知识和概念的做法，促使学生在复杂的、现实的问题情境中对思政课所学内容进行主动性建构，从而深化认知和认同，提升解决问题的能力。由于智能技术和虚拟现实技术的发展，教师可以结合思政课教学内容，借助已有的技术手段创造虚拟实践情境，让学生在课堂便能感同身受，营造出和谐、开放、交互、动态的合作学习氛围。不仅如此，教师还可以利用情境式教学教育引导学生把人生抱负落实到脚踏实地的实际行动中来，把学习奋斗的具体目标同民族复兴的伟大目标结合起来。

在智慧课堂建设浪潮下，很多高校紧跟时代步伐，不断利用现代化信息技术助力思政课实践教学改革创新，不断打造虚实结合的实践课堂和实践教学情境。VR 智慧教室是其产物之一。在 VR 智慧教室中，思政课教师可以根据课程内容、教学主题，在课程中引入虚拟漫游、模拟讲解等环节，虚拟仿真技术可以用情境化的方式，丰富学生感受，让学生更深刻地理解课程内容与精神。"全国高校思政课虚拟仿真体验教学中心（北京理工大学）"便是北京理工大学马克思主义学院打造的思政课特色信息技术教学实践平台。该平台研发出了"重走长征路""延安十三年"等基于思政课程内容的 VR 体验式教学情境或元宇宙教学课程，形成融合新媒体、新技术的智慧课堂。在思政课智慧教室，学生只需戴上虚拟现实头戴式显示设备，就可以体验翻越陡峭的雪山，跟随红军战士重走长征路，与马克思一起朗读《共产党宣言》，还可以在虚拟时空中回顾中华文明历史等。将虚拟现实技术、人工智能技术融入思政课教学中，打造多感官冲击的沉浸式思政课程，"将教学内容编入历史事件的展示过程之中，深刻改变了传统叙事教学模式。'智慧'起来的思政课，让学生们在'沉浸'中触发思想的开关"①。

再如深圳职业技术大学充分借助职业院校与技术应用的优势，不断深化思政课信息化教学的创新，尤其侧重使教学场域"活"起来。运用"虚+实"的教学方式，实现思政课沉浸式的精准体验，如以抗美援朝老兵口述史、榜样的力量、历史人物对话等内容和形式搭建系统化的红色思政课虚拟体验平台，在思政课教学中综合运用项目式学习法、虚拟仿真体验法、问题教学法、时空对比法等，引导学生在与历史人物、英雄人物、榜样人物的虚拟对话中，感受历史境遇、感悟时代变革、胸怀理想抱负，"将理论课堂与虚拟仿真实验教学、实践教学、体验教学有机融合，既契合赓续红色基因内涵，又消除了年代隔阂感，有利于增强青年学生的情感认同"②。

---

① 《"智慧"育人的"北理工实践"》，《中国教育报》2022 年 9 月 14 日，第 1 版。
② 胡延华：《探索教学新模式 打造新型思政课堂》，《中国教育报》2023 年 3 月 20 日，第 8 版。

另外，湘潭大学也在积极探索依托数据化和智能化技术打造沉浸式思政课智慧课堂。运用虚拟现实和数字媒体技术，"创新开发了《恰同学少年》线上虚拟仿真教学系统、打造了以'四史'为特色的360度全沉浸式虚拟仿真实验室……推出13集《恰同学少年》、50集《湘"谈"四史》、100集《百年百地大学生思政微讲述》等特色微课，构建起立体化的线上与线下教学资源互动体系"①。还有"在天津大学，学生们可以佩戴虚拟现实眼镜设备，'走进'中共一大纪念馆等红色场馆深入学习伟大建党精神；在西南财经大学，同学们可以头戴VR头盔变身为'红军战士'，进入'飞夺泸定桥'的虚拟战场，在枪林弹雨中冲锋陷阵；兰州大学制作'《论中国共产党历史》有问必答'短视频100部、甘肃红色故事100讲……"②，等等。

可以看出，借助虚拟现实技术实现的虚实仿真打造的沉浸式思政智慧课堂，往往都具有现代感、科技感和趣味性，实现了虚拟仿真实验教学、实践教学和体验教学的有机融合。这种实践教学方式可以突破时间与空间的限制，学生佩戴相关虚拟设备（有些情境亦可以通过裸眼3D等技术完成），就能身临其境地参观相关场馆或沉浸体验教学情境，提升学生的链接感和共鸣感，激发他们学习思政课（尤其是红色文化）的兴趣，让学生在切身体验中了解中国特色社会主义道路的艰辛不易，同时从相关教学资源中汲取奋进的精神力量。

（二）建立线上线下联动的实践机制

线上线下联动的实践机制是指通过智慧课堂等智能化的教学平台，构建高校思政小课堂与社会大课堂有效对接的教学组织形式，借助云平台等信息联动功能，高校在各种社会力量、各类社会资源的支持下，综合运用信息化等各种要素构建的，以实现思政课与实践课、不同学段思政课、思政课与专业课、校内思政育人与社会力量育人等相互贯通、有机结合的实践教学机制。虽然没有信息技术的加持，高校思政课也可以与社会力量进

① 杨小军、翦丹、李伏清：《"四个贯通"推进"大思政课"高质量发展》《光明日报》2022年12月29日，第8版。
② 邓晖：《用数字化技术激活思政课新生态》，《光明日报》2023年5月9日，第13版。

行协同育人，但是将信息化、大数据和智慧化技术引入高校思政课与社会力量的协同育人过程，能够使"大思政课"及实践活动开展得更生动、更有趣、更高效，影响的受益面也更大。

线上线下联动的思政课实践教学机制，从主体上看，分为学段协同（即高校与中小学思政课的实践教学协同）机制和校内外协同（即高校思政课与校外社会资源的协同育人）机制。从内容层面，可分为思政课社会实践网络资源平台与"大思政课"实践教学协同管理平台。前者聚焦于校际联盟，实现优质社会资源的共享和不同学校学生之间的互动，特别是校际思政课实践成果的交流展示、汇报评比、合作学习等；后者聚焦于学校与党史馆、纪念场馆、政府机构、企事业单位、乡村社区等在信息沟通、活动联合、师资共享、资源链接、协同联动方面的信息化管理平台，以形成"大平台、大格局"的大思政课实践机制。

如北京高校思想政治理论课高精尖创新中心开发的"思想政治理论课实践育人平台"集思政课政理念与实践活动结合、统筹实践育人研究工作、梳理实践育人理论和经验、形成实践育人能力素质模型等功能于一体，可以收集高校学生实践教育的参与数据和成果数据，也能供给和分享实践教育的资源与经验，还能绘制学生实践能力素养画像，提升不同高校学生互动交流的频次，提高学生思政课实践的获得感。通过这一信息化平台，能够形成关于参与思政课社会实践学生的数据（如实践足迹、日志、才能锻炼程度、实践成果等数据），让各个高校、实践团队、实践成员对思政课实践的总体状况和个体情况一目了然。

再如郑州轻工业大学开发的"i轻工大"软件，为思政课开展"翻转课堂"和"混合式"教学提供了支持和保障。安徽大学开展思政课"网络化、自主化、专题化"教学，推动了线上线下教学互动融合，同时将思政课教学内容与学生所在地的风土人情、地域特色结合起来，在线进行思政课社会实践的交流汇报，改变传统教育中的学生被动状态，提高了思政课教育效果。江汉大学利用现代技术打造的"智慧课堂"，在某些课堂进行改革尝试，在授课过程中全程连线其他高校的思政课堂，探索了思政网络共享课、多校联动课等，不同高校学生同步上课、同步讨论、同步作业或测试。另外，教育部社科司和人民网还开展了"全国大学生同上一堂疫情防控思政大课"等活动，使全国各地不同学校、不同学生、不同空间、不同地点同上一堂思政课成为现实，这既是线上线下共享课堂的新尝试，也是"大思政课"机制的生动实践。

综上所述，人工智能等信息技术的应用，大大革新了新时代思政课的课堂形式、实践形式和育人方式。一是创建了智能互联的教学环境，教学环境的舒适度大大提升，同时教学大数据大量产生，为智能化、个性化的教学管理奠定了基础。二是数字技术助力思政课建设智能化、互动性和高效互联的思政课云平台，教师与教师之间、学生与学生之间、教师与学生之间均能通过智能设备和网络平台随时随地产生互动，突破了原有教学方式的时空限制。三是思政课借助云端平台突破了场域边界，开始创设虚实结合的实践教学情境和机制，学生的学习形式也因虚拟现实、沉浸式学习产生改变，不仅思政课教师和其他育人力量能有效进行整合和协同育人，学生之间也能通过虚拟现实技术在"思政小课堂"内进行社会大实践，通过数字技术沉浸式地感受泛在的知识，在模拟实践中更好地体认和认同中国特色社会主义共同理想和伟大实践。

第二章　理论基础：高校思政课智慧课堂教学创新的内涵与要求

　　智慧课堂是信息技术与课堂教学深度融合产生的新形态和新方式，它在物联网、大数据和云计算等技术和平台的加持下，支持高校思政课创设虚实结合的教学情境、进行富有智慧的教学方法创新和进行大思政课的多主体协同合作，为打造课前、课中、课后全过程高效化、精准化、个性化的思政课堂提供技术和环境支持。在智慧的教与学过程中，智能化技术的加入有助于提升思政课教学的亲和力和吸引力，促进学生实现全面发展。

第一节　思政课智慧课堂的内涵与特征

　　智慧课堂是教育信息化发展的产物，思政课智慧课堂则是信息技术向深度发展与思政课向信息化创新"双向融合"的结果。智慧课堂等信息技术主要提升的是思政课教学的吸引力和实效性，在物联网和云平台支撑下，思政课师生可以在课前、课中、课后随时互动，突破了传统思政课堂的时空限制，也打破了传统课堂使用单个或少量工具进行教学的局面，既丰富了教学的资源，也拓展了思政课的教学方法。而对教师来说，人工智能等技术的运用，还能实现对思政课教学过程的智能检测、智能分析和智能决策，大大提升了思政课管理和评价的效率。

　　当然，智慧课堂技术在思政课的应用，也将大大拓展、提高人工智能技术应用的规模和频次。因为思政课是高校全体学生的必修课，思政课教学运用智慧课堂技术相当于有了巨大的"试验场"，形成了规模庞大的技术"检验师"。另外，通过思政课过程产生的海量教学数据也反过来推动智慧课堂背后的人工智能、大数据、区块链等技术的更新和发展。因而，随着前沿信息技术融入教育教学系统，思政课教学的形态正在发生变化和转型，智慧教学的理念与模式正逐步形成。

一 智慧课堂的提出与发展

智慧课堂的提出要从"智慧地球"等概念说起，大数据技术和传感技术的日益成熟，使未来地球上所有的物品都有可能使用传感和智能技术。2008 年，国际商业机器公司（IBM）最早提出"智慧地球"（Smart Planet）概念，即通过物联化、互联化和智能化三要素在全世界范围内加强各行各业、各类数据、各种设备的物联互通和智慧管理，最终形成"互联网+物联网＝智慧地球"的样态。[①] 后来，国内外出现智慧城市、智慧金融、智慧医疗、智慧物流、智慧教育、智慧学习等一系列概念，并广泛运用于各行各业，但大部分都参照了"智慧地球"的概念。如智慧城市是"通过综合运用现代科学技术、整合信息资源、统筹业务应用系统，加强城市规划、建设和管理的新模式"[②]。在城市规划、设计、建设、管理与运营等领域中，通过大数据、智能化、移动化、云端和区块链等技术的运用，围绕城市综合管理、城乡一体化建设、城市运行安全、生态环境改善、城乡住房发展等重点领域，建设城市大数据运行平台，构建多元异构数据融合的城市运行管理体系，达到城市管理和服务的科学化、精细化和智能化，从而为市民提供更美好的生活和工作服务、为企业创造更有利的商业发展环境、为政府赋能更高效的运营与管理机制。将这些理念和技术运用到教育教学领域，便出现了智慧教育和智慧课堂等概念。

（一）智慧课堂的概念

要想更准确地把握智慧课堂的内涵，还应该对"智慧""课堂"等概

---

① 参见 IBM 官网对"Smart Planet"的解释，https://www.ibm.com/ibm/history/ibm100/us/en/icons/smarterplanet/? mhq＝smarter%20planet&mhsrc＝ibmsearch_a。

② 《住房城乡建设部下发通知开展国家智慧城市试点》，2012 年 12 月 10 日，中华人民共和国中央人民政府网站，https://www.gov.cn/gzdt/2012-12/10/content_2286787.htm。

念进行简要分析，并对之前已有的"智慧课堂"概念进行一番梳理。

1. 智慧与课堂

何谓"智慧"？在汉语中，一般解释为"聪明才智，有远见和谋识"等。如《孟子·公孙丑》有云："虽有智慧，不如乘势；虽有镃基，不如待时。"《墨子·尚贤》有云："若使之治国家，则此使不智慧者治国家也，国家之乱，既可得而知已。"可见，在中文语境中，智慧一般都是指人的聪明，尤其是指在处事方面或德行方面。

而在西文中，智慧（sophia）"包含有理论和实践两个方面的意思……智慧不是知识，也不是技术，而是比两者都高的东西……它是全面的、最高的知识，而不是具体层面的知识；因而它不是解决眼前的问题，而是解决整个宇宙人生的根本问题"①。也就是说，西方社会对"智慧"一词的解释上升到形而上学的高度，包括道德的、审美的世界观和人生观等。如"哲学"（philosophy）一词源于希腊语"爱"（philos）和智（sophia），即"爱智慧"。无论在何种社会，智慧都是人追求的东西。正因如此，在教学过程中，人们便把追求和生成智慧作为目标。

随着信息技术，尤其是人工智能技术的发展，教学工具和教学管理变得越来越智能化，人们开始把这种高度信息化的教学环境、教学互动和教学效果称为"智慧的"，这里的"智慧"不再单纯指人本身的活动，而主要指人工智能等技术"模拟"人的"智慧"。从现有的研究资料和命名方式看，大部分"智慧课堂"中的"智慧"均指向这一层面的含义。但是从"智慧"本身包含的丰富内涵看，在教育教学上谈"智慧"至少包含了三大视角：一是由知识的传输向智慧的生成转变，两者在程度和深度方面有所不同，但都属于认识层面的问题；二是由知识的灌输向能力的培养转变，即智慧课堂主要培养学生的创造性思维和解决问题的能力；三是由技术的匮乏向技术的智能运用转变，即相对于传统课堂，智慧课堂体现了利用物联网、人工智能等技术打造的教学全过程的智能化和高效化。从思政课教学育人目标的综合性来看，教育学、心理学和信息化视角的"智慧

---

① 邓晓芒：《"爱智慧"辨义——〈西方形而上学史〉导言》，《湖北大学学报》（哲学社会科学版）1999 年第 6 期。

性"等都应该体现在高校思政课智慧课堂的教学创新实践中。

"课堂"是教育工作者最熟悉的地方，但是研究者对"课堂"的理解却是多维的。关于"课堂"的解释包含三大递进的层次："一是把课堂理解为教室（classroom），是指学校教学活动发生的主要场所，传统教学论是把它作为教学环境来研究的；二是把课堂理解为学校的课堂教学活动……三是把课堂理解为课程与教学活动的综合体，包括课堂实施、课程资源开发、教学活动、师生关系、教学环境等多种教育要素及其相互关系。"① 本书中的"智慧课堂"中的"课堂"更接近第三种理解，不仅指思政课教学的物理环境和空间，还包括思政课课前、课中、课后等多个场景和全过程。

2. 智慧课堂与思政课智慧课堂

近些年，国内一些学者对"智慧课堂"的概念及其教学模式进行了有益的探讨，如陈卫东等人在 2011 年便收集到"智能教室"（亦可翻译为"智慧课堂"）相关的界定 20 余种，并提出"所谓智能教室，就是一个能够方便对教室所装备的视听、计算机、投影、交互白板等声、光、电设备进行控制和操作，有利于师生无缝地接入资源及从事教与学活动，并能适应包括远程教学在内的多种学习方式，以自然的人机交互为特征的，依靠智能空间技术实现的增强型教室"② 。再如黄荣怀等人认为"智慧教室的'智慧性'涉及教学内容的优化呈现、学习资源的便利性获取、课堂教学的深度互动、情境感知与检测、教室布局与电器管理等多个方面的内容，可概括为内容呈现（Showing）、环境管理（Manageable）、资源获取（Accessible）、及时互动（Real-time Interactive）、情境感知（Testing）五大维度，简写为'S. M. A. R. T'，这五个维度正好体现了智慧教室（Smart Classroom）的特征"③ 。这些对智慧课堂的界定主要聚焦于智慧课堂的实体环境和信息化过程。

也有研究者从教学育人的目标入手对智慧课堂的内涵进行了拓展，如

---

① 王鉴：《课堂研究引论》，《教育研究》2003 年第 6 期。
② 陈卫东、叶新东、张际平：《智能教室研究现状与未来展望》，《远程教育杂志》2011 年第 4 期。
③ 黄荣怀等：《智慧教室的概念及特征》，《开放教育研究》2012 年第 2 期。

顾建芳认为"智慧课堂是以学生为主体，以能力为重点，以素养为目标的课堂"①。吴晓静等认为"智慧课堂中的教学内容、教学方式和教学策略等以学生的智慧发展为价值追求"②。晋欣泉等认为"智慧课堂是指在大数据技术和信息化教学媒体的支持下，以促进师生全向互动为抓手，以'低耗高效、轻负高质'为直接目标，以促进学生智慧发展为终极目标，为每位学生带来最大获得感的课堂形态"③。这些概念已经体现了将信息技术与育人目标相融合的趋势。

从学界对智慧课堂的界定可看出，这些概念主要基于"启发学生智慧"和"借助智慧教学技术"两大视角。正如国内智慧课堂研究专家刘邦奇指出："一种是基于教育视角的，认为课堂教学不是简单的'知识传授'的过程，智慧课堂的根本任务是'开发学生的智慧'……另一种是基于信息化视角的，指利用先进的信息技术手段实现课堂教学的信息化、智能化，构建富有智慧的课堂教学环境。"④ 前者主要针对纯粹知识传输的课堂，后者主要针对无信息技术加入的"传统课堂"。

从通用的信息技术视角看，智慧课堂确实是指整合物联网、云计算、大数据、移动通信、虚拟现实等现代信息技术的教学形态，既包括实体高度信息化的教室空间教学，也包括基于这类技术实现的线上教学、线上线下混合式教学及智能化的教学工具的运用。但是从技术运用的深度和广度看，智慧课堂还可以分为狭义的和广义的。狭义的智慧课堂是指运用智能化技术装备的实体教学课堂，而广义的智慧课堂则体现了智能技术带来的课堂环境的智慧性和教学过程的智慧性。这两大智慧性又体现在教学方式、学习方式、教研方式和管理方式等方面：在教学方式上，以学生为中心，体现个性化和精准化，如大规模在线开放教学、深度互动教学、智能教学（智能备课、智能作业批改、智能教学评价等）；在学习方式上，包括泛在学习、云学习、无缝学习、终身学习等；在教研方式上，越来越体

① 顾建芳：《小学智慧课堂的内涵及实践策略》，《上海教育科研》2017年第10期。
② 吴晓静、傅岩：《智慧课堂教学的基本理念》，《教育探索》2009年第9期。
③ 晋欣泉等：《大数据支持下的智慧课堂构建与课例分析》，《现代教育技术》2018年第6期。
④ 刘邦奇：《"互联网+"时代智慧课堂教学设计与实施策略研究》，《中国电化教育》2016年第10期。

现跨地域性和课程之间的全国教师协同共研、数据挖掘和实时共享等；在管理方式上，更多地体现为标准化、数据化、协同化和智能化。正是基于这些视角，有学者提出智慧课堂的"本质"和"形式"的统一——"智慧课堂本质上是充分激荡智慧的育人课堂""智慧课堂形式上是智能化运用信息技术的课堂"[①]。

但是高校思政课课堂教学有其自身的独特性，知识性和学理性（即"智慧"的生成）只是思政课的目的和特点之一。习近平总书记在学校思想政治理论课教师座谈会上曾提出思政课改革创新的"八个相统一"，除了知识性和学理性外，还包括价值性、政治性等维度。从中可看出，思政课的育人功能还包括培育学生生成符合社会主流价值的思想观念、信仰和价值观，培养社会主义建设者和接班人等，这属于广义的且更高层面的"智慧"范畴。

因而对于高校思政课智慧课堂的界定，我们既要吸收"智慧课堂"已有的概念内涵和技术维度，也要结合思政课育人的"智慧性"要求，把机器、设备和环境的智慧化作为教学的手段和工具，而把学生的智慧化发展作为目的。同时，还应该对"智慧"的内涵进行拓展性的理解，不仅侧重于理论、知识和思想的层面（即"转识成智"），还要拓展到价值观、理想信念的培育等方面，即立德树人。

高校思政课智慧课堂应该既产生教育的智慧，也促进智慧的教育，包含教学过程技术的智能性和教育目的的智慧性两大维度。这一课堂应该既是对思政课知识型教学的变革，注重更高层次的"智慧"的输出与生成，比如追求学生的智慧发展和价值观培育，把促进学生全面发展作为评价维度等；而在传统课堂信息技术受限的教学环境下，思政课智慧课堂的"智慧性"又体现在运用人工智能等技术进行教学环境再造和师生高效互动系统的打造等方面，比如通过信息技术帮助教师更好地认识个体的差异和不同的需求，智能化地提供适合不同个体需要的方案。因此，我们可以进一步界定：高校思政课智慧课堂，是借助和利用智能化的信息技术和系统，在教学环境、教学管理、教学评价、教研协同、学生学习等方面均体现内

---

① 王天平、闫君子：《智慧课堂的概念诠释与本质属性》，《电化教育研究》2019年第11期。

容的智慧性和形式高度智能化等特征，最终以学生的智慧发展和价值观生成为目的的思政课教学过程。

（二）智慧课堂的发展历程

现代信息技术在教育领域的运用，经历了以幻灯片和投影为工具的"电化教育"阶段、以无线电和电视为主的远程教育阶段、以计算机和互联网为媒介的计算机辅助教学阶段等。进入智能时代后，便出现了与人工智能技术密切相关的智慧教育和智慧课堂等概念及其应用。但是短短十余年时间，信息技术维度的智慧课堂已经经历了多次迭代升级，且在产品研发、理论探索、技术应用和模式创新等方面形成了较为完整的理论和实践体系。如"2011 年行业内首次使用信息技术支持的智慧课堂概念，2015 年提出智慧课堂的正式定义，2017 年在教育部文件中首次提出智慧课堂构建与应用，2022 年教育部工作要点明确提出'加快推进教育数字转型和智能升级''探索大中小学智慧课堂建设'"①。虽然不同的学者对智慧课堂迭代升级的划分标准有所不同，但是现有的研究基本上都将智慧课堂的发展分为三个阶段。

1. 智慧课堂 1.0 版

智慧课堂 1.0 版，主要是基于技术层面的运用，特别是教学大数据的生成、分析、诊断、决策等，以数据赋能教学变革。"利用大数据、物联网、移动互联等新一代信息技术打造的智能、高效的课堂；其实质是基于大数据学习分析和移动学习终端的运用。"② 在这一时期，物联网的运用主要是为了产生更多的教育数据，数据又在课堂各要素之间流通，提供课前、课中、课后全过程的数据资源和数据分析，从而体现教学数字化的转型。高校思政课智慧课堂 1.0 版的运用主要是以"电子书包+翻转课堂"的组合方式（如建设思政课网络平台等），它"以学生为主体、以信息终端与网络学习资源为载体，是基于网络学习资源的覆盖备课、上课、辅

---

① 刘邦奇：《智慧课堂引领教学数字化转型：趋势、特征与实践策略》，《课程与教学》2023 年第 8 期。
② 刘邦奇：《智慧课堂的发展、平台架构与应用设计——从智慧课堂 1.0 到智慧课堂 3.0》，《现代教育技术》2019 年第 3 期。

导、测试和作业五大教学环节的教育系统平台"①。它改变了传统思政课堂偏重教室内授课的做法，而把思政课教学扩展到课前、课中、课后。课前，学生借助电子书包可观看微课视频等各类预习材料，还可以完成自测等，以便教师更多地了解学情。课中，学生也可以通过移动终端进行分组、分享和展示等互动。课后，学生还可以进行多样的拓展学习和在线协作，这些都有助于学生对思政课的深度学习和能力素养的提升。

2. 智慧课堂 2.0 版

智慧课堂 2.0，主要指技术服务于学科教学创新和核心素养提升阶段，这一方面得益于技术的发展和国家政策的加持，另一方面源于信息技术在各学科教学方面的广泛应用。如 2016 年我国教育界正式发布《中国学生发展核心素养》，同时，我国出台了有关云计算、大数据、移动互联网等的信息化产业政策，教育信息化迎来新的发展契机。加上新一代信息技术在大型慕课、虚拟实验、数据挖掘、算法以及智能管理中的应用和发展，智慧课堂进入快速发展阶段。这一时期的智慧课堂从关注技术投入转变为关注教与学的过程，侧重不同学科如何运用智能化信息技术进行改革创新，并从不同学科的实践案例中相互借鉴，以更好地促进学生核心素养的提升。这一时期智慧课堂"是智能化环境中，融数据、资源、活动为一体，支持精准化教学与个性化学习，聚焦学生核心素养提升与全面发展的教与学生态系统"②。当然，这一阶段的技术比 1.0 版更加丰富、多元和集成。如学习支持资源上，学习工具、交互工具、协作工具、评价工具越来越多样化、个性化，而在教学支持资源上，资源开发工具、协同教研工具、学科教学工具、分析评价工具也不断涌现，为教与学的改进提供了技术和平台支持。

当前大部分高校的智慧课堂（教室）的环境创设和技术应用都处于这一阶段。如华中师范大学自 2016 年起开始建设高清晰型、深体验型、强交互型三种类型的智慧课堂：高清晰型智慧课堂以"传递—接受"模式为主，整个教室的桌椅布局类似于"秧苗式"，教学内容由多屏显示、无线

---

① 李逢庆、王政、尹苗：《智慧课堂的嬗变与趋向》，《现代教育技术》2021 年第 9 期。
② 李逢庆、尹苗、史洁：《智慧课堂生态系统的构建》，《中国电化教育》2020 年第 6 期。

投影方式呈现；深体验型智慧课堂以探究式教学模式为主，教室的桌椅可以按照需求灵活布置，教学内容直接在学生终端呈现，具有丰富的资源和教学工具，支持各种终端接入；强交互型智慧课堂以"小组协作"模式为主，教室课桌大多呈"圆形"，学习内容在小组终端呈现。

再如，西北农林科技大学在 2021 年建设了研讨型、PBL（problem-based learning）型、远程互动型等智慧教室。研讨型智慧教室是基于教学环境和简易融合的建设思想构建的新型教室，它支撑探究学习、课题导向学习、合作学习、混合式学习等多种新型学习模式。在研讨型智慧教室中，学生可以利用电脑、手机的投屏功能将知识、任务、问题等投到教室的大屏幕上，以便于交互讨论、合作分享学习。PBL 型智慧教室能够更好地促进完成以学生为中心的教学任务，完成以问题为导向提高学生的实践和创新能力的任务，同时也能够为少量教师或学生提供课题研讨空间。远程互动型智慧教室主要是利用远程视频系统，实现跨地区的远程实时音频或视频互动教学、远程观摩教学、异地同步教学等，可以为学习者提供更加真实的体验。目前，几乎所有建设了智慧教室的高校都进行了思政课智慧课堂教学实践，这种新的技术和环境，再加上思政课教师的"精工艺"和"巧包装"，更能使思政课育人工作入情入味、入脑入心。不仅提升了思政课的到课率和抬头率，也使学生对思政课的获得感越来越强，育人效果日益凸显。

3. 智慧课堂 3.0 版

智慧课堂 3.0，是在新一代人工智能技术支持下对教育系统的重构，源于人工智能的更加"智能化"以及脑科学、深度学习等技术的突飞猛进，教育更侧重于也更能实现大规模的个性化教学和促进人的全面发展。新一代智慧课堂"在基本理念上，从'教学信息化'向'信息化教学'转变；在体系架构上，从信息化教学平台向智能化服务平台转型；在数据处理上，从传统数据管理转向课堂大数据的挖掘与分析；在应用场景上，从课内应用为主向全场景教学应用转变"[①]。它主要体现了教育全领域、全

---

① 刘邦奇：《智慧课堂的发展、平台架构与应用设计——从智慧课堂 1.0 到智慧课堂 3.0》，《现代教育技术》2019 年第 3 期。

场景、全过程的智能化特征，而它的出现必然得益于人工智能发展到人机互动越来越顺畅的技术阶段。比如，第一层面，是在知识体系下实现课下机器辅导，即有关教学内容的所有问题，学生均能通过云平台和智能化学习系统自主寻找答案，机器充当课外辅导的角色。除此之外，在情感价值观等方面，机器也能完成大部分的辅助工作，如与学生进行情感沟通、心理测评、职业规划指导，甚至是价值观的引导等。可以设想，新一代的智慧课堂最重要的功能是真正的、深层的智能化和全面化，在互动形式上，人机沟通几乎或者完全无障碍；在场景上，越来越趋向于"五育并举"的智能化教学体系；在教学生态上，越来越侧重构建线上线下、课内课外、虚拟现实、校内校外多维一体的教学新生态。

当然，由于教学的复杂性，以及脑科学和神经系统等研究还有待突破，现在人工智能运用于教育已经开始向智慧课堂3.0迈进，但还没有达到理想的效果，甚至这一样态在课堂教学的运用还处于初步阶段，思政课对这一形态的探索很可能还处于"从无到有"的摸索阶段。这不仅是因为教育系统的复杂性，还因为实现这一形态要借助高速网络和物联网的全面化普及化、自适应系统的完善和发展、大数据算法和深度学习技术的升级、区块链技术的整合以及生成型人工智能技术的不断运用和创新等。但可以设想的是，今后智慧课堂必然会产生新的范式，这将推动教育形态在课程上实现社会化供给与个性化选择的统一、学习形态上实现正式学习与非正式学习的统一。虚实结合的泛在学习空间、自组织学习、社群化学习、全场景学习、个性化评价、精准化管理等将成为智慧课堂的重要特征。

二　思政课智慧课堂的多维特征

在传统的思政课教学中，教师往往是知识的传输者、灌输者，课堂教学中因为班级规模大、课时受限等，师生的互动是短暂的、个别的，学生大部分时间是在被动地接受知识，课堂环境是较为单调的，课后师生的互动交流方式较为匮乏，教师批改作业耗费的时间和精力过多，同样，教师对学生的评价也是极为浩大的工程（需要大量的机械劳动投入其中）。而智慧课堂引入思政课教学极大地改变了这些状况，它为思政课师生提供了更为便捷、多样、立体和智能的交流互动平台，为学生学习和实践创设了更多样、逼真和节省成本的教学情境，大大增加了学生参与思政课的方式和频次，增强了思政课教学的交互性，提升了思政课育人的个性化特征，从而促进了思政课教学的改革创新。

（一）教学环境智能化

智能而多样的教学环境是思政课智慧课堂的重要特征，也是信息技术与思政课高度融合的必然产物。高校思政课信息化、智能化、虚拟化、多样化教学环境的创设为学校管理、教师教学、学生学习提供了更多的平台与方式，丰富了资源供给，创新了教学模式，开辟了新的教学时空。

教学环境的智能化最直接的体现就是思政课实体智慧教室，物联网、大数据和人工智能技术的融入，使思政课显得更加智能、高效、灵活和生动。如前所述，智慧教室中，教学的整体氛围是可控的，不仅包括建筑物内外环境参数和设备运行状态，还包括根据教学活动需要提供不同的环境模式，如温度、湿度、亮度、色彩感知、窗帘控制等系统感知学习环境根据教学内容而进行模式切换；视听、投影、纳米黑板等声、光、电设备在互联互通和一体化平台中实现高速切换，根据学习者的学习内容和学习任务，为学生提供所需的虚拟情境环境；等等。首先，这些高度信息化的教学情境有助于改变学生对思政课存在的"刻板化"印象。其次，由于物联网的加入，思政课课堂师生的教学行为大部分是可以实现智慧识别、智慧感知、智慧干预和智慧评价的，再通过大数据算法等技术，可以瞬时在课堂以及课后以表格、图像等形式进行直观反馈或展示，不仅为思政课教学提供了全面客观的数据，也为学生自身的评价和管理提供了参考和依据。最后，课堂的环境和数据可以通过信息技术和管理实现与课前和课后的衔接和互通，形成更大规模的教育大数据，不仅营造了数字化学习的氛围，还能创设虚拟化教学情境，让思政课学生沉浸于特定的育人环境中，增强学生的学习体验感，从而提高和保持学生的学习动机和积极性。此外，智慧课堂还可以通过信息技术把全国或者地域内的思政课教师、学生联通起来，构建一个同步学习、资源共享、即时互动的虚拟共同体教学环境，更好地促进教师教学水平的提升和学生学习思政课兴趣和积极性的增强。智慧课堂的技术系统为思政课创设的智能化环境包括校内外、课内外、线上线下各种类型，不仅有利于学习者的知识学习，还能助力学生学习能力和素质的提升。

（二）教学资源立体化

教学资源的多样化、立体化是高校思政课智慧课堂的重要特征。教学资源是为开展有效教学而提供的各种可被利用的条件和形式，主要包括教学环境、教学材料和教学支持系统，如教学多媒体等设备、电子黑板等教学用具、教材课件等教学材料以及云平台等管理系统。高校思政课智慧课堂教学资源的立体化体现在资源来源主体的立体化、资源利用形式的多样化和资源类型的立体化等多个方面。

资源来源主体的立体化主要指通过智慧课堂等平台，思政课相关的育人队伍，甚至个人都可以为高校思政课教学提供教学素材等资源，如思政课课堂专任教师、课堂学生、同校师生、校外教师同人、校外学生、思政课以外的其他教师、纪念场馆工作人员、道德模范人物、行业领军人物等，他们通过网络平台都可以为思政课教学创造或者提供相应的教学资源。资源利用形式的多样化主要指智慧课堂平台的兼容性和共享性，使高校思政课资源越来越丰富和多样，如思政课示范教学视频、教学案例、图片、音频、动漫、文献资料、作业题库等形式都可以通过慕课平台、备课平台、虚拟教研室等实现共建和共享。资源类型的立体化主要指思政课教学资源既可以是单个的，也可以是成套的；既可以是知识模块的，也可以是价值观或能力模块的；既可以是数据化的（如各类教学资源数据库），也可以是图书等实体化的。更为重要的是，借助大数据分析和人工智能等技术，很多教学资源可以完成自动关联、知识图谱绘制、智能分类和智能检索，大大提高了思政课教师参考和应用教学资源的便利性。

（三）教学互动高效化

教学互动是教学过程中，在教师的指导和引领下，教师和学生之间，以及学生与学生之间对教学内容进行交流、对话、研讨等教学形式。教学互动的发生时机既可以在课堂，也可以在课前或课后；互动的形式不仅包括语言交流、肢体动作和神态变化，也包括思想、心灵、情感方面的碰撞、融合和浸染；互动的内容不仅包括教学的知识点，也包括日常生活和社会热点问题等。甚至可以说，思政课要达到教学内容"入脑""入心"的目的，教学互动发挥着至关重要的作用。

　　智慧课堂的重要特征是人机的自然互动，"所有互动设备及界面具有操作简单、功能全面、导航清晰，符合人的操作习惯等特点……在流畅互动方面，智慧教室中的硬件能够满足多终端、大数据量的互动需求"①。高校思政课智慧课堂无疑可以借助信息技术的即时性和直观性等特点助力教学互动的高效化。直观性智能搜索引擎、智能化的消息推送、数据化的评价结果反馈等智慧学习工具为思政课智慧课堂教学提供了全面支持，实现了教师和学生、学生与学生等各个主体之间实时和跨时的多维互动。

　　即时性是指通过智慧课堂的互动功能（如签到、答疑、讨论、点名、弹幕等），一位教师可以同时与教室内多名学生（甚至全体学生）进行沟通、交流等，即使不在课堂上，教师与学生也可以在非教学时间实现线上的即时交流。师生还可以通过这些云平台与校外师资、校外教学资源进行即时的互动等。如思政课教师可以在线与国内知名专家、教学名师进行研讨，学生可以在线与校外教师、行业先进人物和模范典型进行交流沟通，也可以与校外学生进行多维互动，共同组建虚拟学习共同体，有利于培养学生的批判性思维、合作意识等，锻炼学生的实践能力。智慧课堂的智慧性其中一个重要的技术突破就是将教学数据（特别是互动数据），不是以专业难懂的数据形态呈现，而是以最清晰简明的图片等方式即时呈现在师生面前。如一堂思政课结束或者进行中，只需要教师点一下终端界面，本节课所有参与互动的数据就立刻以柱状图、折线图等常用图形或者在已设定赋值的情况下进行排名等方式展示出来，让师生对教学过程和结果的评价一目了然。

　　突破传统课堂教学场地的限制，实行沉浸式互动教学是高校智慧课堂可实现的互动方式。通过虚拟背景的无缝切换（虚拟背景也可以是远程传输的实景），学生可以在沉浸式互动体验课中演绎不同角色，体验不同的思政场景。如在讲授党的初心使命时，可以选取十几位学生换装倾情演绎，在虚拟的动态背景中，学生在一节课中就可以体验上海市黄浦区兴业路76号（中共一大会址纪念馆所在地）和浙江嘉兴南湖等两处不同场景，加上学生模拟中共"一大"参会代表发言、入党宣誓等，可以更加逼真地

――――――――――

① 黄怀荣等：《智慧教室的概念及特征》，《开放教育研究》2012年第2期。

走进历史、感悟历史、读懂历史，更加深入地体验中国共产党为中国人民谋幸福、为中华民族谋复兴的初心和使命。

（四）教学方法的个性化

个性化教学，是尊重学生个性的教学，特别是根据学生的个性、兴趣、知识结构、特点和需求进行差异化的施教，达到使学生全面而自由发展的目的。思政课智慧课堂能利用互联网、人工智能等技术手段，在教学内容、方法、手段和组织等各个方面进行深刻的变革，改变统一化和单一化教学模式，真正实现个性化的学习。

智慧课堂教学具有教学活动"痕迹"记忆、及时反馈和数据统计分析等功能和优势，这些优势为实现教学个性化提供了评价基础。思政课智慧课堂的个性化教学主要通过大数据和学习分析等技术，在情境化、数字化、互联网的课堂学习环境中，实现学生在学习任务制定、学习路径选择、学习效果评测等方面的个性化，实施差异化和精准化的教学方法，促进学生个性发展和学习效果的提升。

课前，教师可以通过智慧课堂互动平台把精心设计和准备的个性化教学资源包、检测题、问卷、学习任务对照表等推送给学生，学生可以由教师指引或者由计算机智能识别（通过预设的一些测试）后推荐预习任务和学习路径。现在人工智能已经可以根据学习者的需要、兴趣和学习效果，为每一位学习者进行"画像"，也可以实现以自然语言、图像、语音等素材建构模型，帮助学生理解知识、利用知识。教师利用这些技术，可以智能化为学生定制个性化的学习计划。思政课智慧课堂，一方面让学生了解自身学习状况，在效果评测下提高自身的参与度和学习效果，师生之间针对学习"画像"进行有针对性的交流和答疑活动，让学生得到"一对一"的反馈，这使得个性化学习成为可能。另一方面，教师也可以根据学生预习情况进行二次精准备课，更体现出教学内容和方法的个性化，也可以利用技术手段设定机器辅助学习系统，让计算机来为每一位学习者提供一些精准辅导和解疑释惑，为学生提供个性化的指导和服务。

课中，由于智慧教室拥有各种各样分享、赋能的硬软件平台，不仅能打造出引人入胜的思政课教学环境，还能完整记录整个课堂互动过程和其他学习行为，即时展现学生的参与程度。教师可以根据预学习和测验等情况，进行新课的专题化、精细化、有重点的教学，并进行交流、答疑、互评、点评等活动，开展项目式教学、讨论式教学、情境式教学等不同形式的教学活动。教师还可以根据教学进度和个体学习状况，通过智慧平台向每位学生推送不同的研讨任务和随堂检测题等。同样，智能化的系统也能根据学生课堂表现，给出直观化的大数据展示。

课后，计算机可从学生的课前预习及课中的复盘等教学数据中进行深度的学情分析，使思政课教师精准了解每位学生的学习状态、学习兴趣、学习态度和学习效果，从而为每位学生定制个性化的课后巩固方案，如推送个性化的课后作业，发布专属性的学习资料，开展个性化的辅导服务，而整个过程，大部分都能通过移动终端的智慧系统实现，现有的智慧课堂技术已经能基本实现"一生一案"，从而为每个学生提供适合的教育方式和内容，促进学生的个人成长与发展。

总之，高校思政课智慧课堂以建构主义等学习理论为指导，以促进学生自由全面发展为宗旨，以物联网、云计算、大数据、人工智能等信息技术为依托，综合打造网络化、数据化、交互化、高效化的智能教学活动和教学情境，从而不断提升思政课的吸引力和针对性。高校思政课智慧课堂教学这一创新形态依托的是人工智能等信息技术的发展，凸显的是信息化条件下教学理念、教学方式和教学场景的变革创新，体现教学在内容和技术形式上的智慧性，要实现的是个性化的教学，促进学习者转识为智，培育学生形成正确的价值观。

第二节　高校思政课智慧课堂教学创新的题中应有之义

思想政治教育是培养人的活动，思政课是落实立德树人根本任务的关键课程。思政课的培养目标除了知识层面的，还有帮助学生树立正确的世界观、人生观和价值观等，如提升学生的思想道德素养、政治认同和精神境界等。其实，教育培养的目标自古以来就不仅仅是知识性的，还包括能力和价值观等多个维度。正如有学者提出的，教育培养目标至少包括知识、技能、品格和元学习四大维度，分别指"我们所知所懂的东西""我们如何运用知识""我们如何表现和广泛参与""我们如何反思并调节"①。人工智能等技术在知识传输和传播方面已经取得了巨大的进步，但是思政课的智慧课堂培养人的目标是全面而复杂的，因而一方面要挖掘技术在技能培养、行为品格和价值观内化等方面的功能和作用，另一方面还需要教师在教学内容上不断引申，把思政课讲深、讲透、讲活，注重学生心理素养和道德品质的培养。

如前所述，教学的智慧不仅体现在人工智能技术应用方面的"智慧性"上，还体现在促进学生智慧成长的过程中，也体现在教师教育智慧生成以及价值观引领和分享之中。因而，高校思政课要处理好以下几个方面的关系。

一是处理好现代技术与传统教学的关系。开展思政课智慧课堂，不是抛弃传统的课堂和教学，而是在传统课堂和良好教学方法的基础上，将更新更潮的技术与传统思政课教学结合起来。如技术层面，可基于知识图谱和智能推荐技术，为学生的知识状态"建模"，为学生提供个性化的学习路径、学习方法和学习资源推荐等，提高学习成效，让高校思政课智慧课堂变得更"智慧"。

二是处理好知识智慧性与价值智慧性的关系。人工智能等信息技术的运用，确实在改变思政课教学的生态、方式、师生关系等，但是思政课立德树人的本质不会变，要让学生在技术融入条件下掌握思政课要求的知识和提高实践能力，还要通过技术的方式让学生懂得尊重他人、遵守规则、提高素养、提升认同等。技术只是载体，而价值观的塑造才是思政课教学的目的。

三是处理好虚拟和现实的关系，智慧课堂在知识的智能化处理、学生的智能化评价以及虚拟教学情境的创设等方面与传统课堂相比，具有明显的优势和特征。但是虚拟世界和技术的智能化处理不能代替现实世界以及师生直接的交流与沟通，不能把所有的教学工作都交给人工智能，而要在

---

① 关于教育目标四个维度，参见〔美〕韦恩·霍姆斯、〔美〕玛雅·比利亚克、〔美〕查尔斯·菲德尔《教育中的人工智能：前景与启示》，冯建超等译，华东师范大学出版社，2021，第 8 页。

条件允许的情况下更好地实现师生的直接互动以及去现实的大自然、社区、场馆等开展实践实景教学，让学生去亲身体悟、发现思政课的奥妙。

习近平总书记在学校思想政治理论课教师座谈会上指出："改革创新是时代精神，青少年是最活跃的群体，思政课建设要向改革创新要活力。"[①] 在这次座谈会上，习近平总书记不仅肯定了思政课智慧课堂教学取得的积极成效，还进一步提出要推动思政课改革创新的"八个相统一"。这为高校思政课智慧课堂的教学创新指明了方向。

一　技术智慧性：互联化和智能化

技术智慧性是智慧课堂的题中应有之义，高校思政课智慧课堂的教学创新要将智慧课堂的技术性智慧充分融入教学之中，把技术的赋能充分展现出来，把学生喜爱的技术形态挖掘出来，借助信息技术的智能化推动思政课的高效互动和管理。

如前文所述，智慧课堂以技术的方式实现了教学环境、教学平台和教学主体的高效互联。技术方面主要借助的是物联网、云计算和人工智能等信息技术，同时加上5G高速网络（尤其是移动终端）的设备支持，使人与物的互动和三维感知的过程均能在互联网上实现全程共享，打造虚实互动的网络化集成环境。

（一）智慧识别、智慧感知和智慧干预

在智慧课堂实体教学中，这一智慧化的思政课教学环境主要通过智慧识别、智慧感知和智慧干预等技术和方式来塑造。智慧识别，是指思政课智慧课堂可以利用智能化平台采集整个教学过程中的数据。如基于教室全方位的摄像头和人脸识别系统为学生提供门禁服务和签到功能。这一实时化、自动化的签到功能，有效解决了传统教室签到和点名效率低、无法全程了解学生情况的弊端。另外，终端操作记录系统等对学生的课堂表现和行为进行智能录入和分析，以便思政课教师及时全面了解学生的学习状况。

智慧感知，是指智慧课堂终端系统通过对大数据和辅助学习系统的精准评估，自动感知学生的认知基础、行为状态、兴趣爱好，准确识别学生

---

① 习近平：《思政课是落实立德树人根本任务的关键课程》，人民出版社，2020，第17页。

的学习需求，智能地为学生分配学习任务，并基于全过程监控，根据学生的状态和表现及时调整学习情境和任务。在思政课智能化教学过程中，教师利用数字媒体营造学习氛围，利用智能技术构建学习模式，让学生沉浸在学习中，增强学生的学习体验感，从而激发学生的学习动机和积极性。

智能干预，是指智慧课堂利用大数据技术捕获并存储大量在线数据，使课堂管理智能化，实现对学生成长变化记录的智能化管理，对学生的错误认知进行提醒和更正，对学生不符合学习要求的行为进行预警，对学生的学习生活起到监督和管理的作用，更好地促进学生自主、自觉性学习，同时有助于思政课的过程评价和动态评价。

（二）平台互联、资源互联和主体互联

思政课要做到理念互补、内容互鉴、资源共享、育人同行，没有大数据的智能整合平台是很难想象的，仅仅通过人工的办法难以将各类思政课平台、各种思政课资源和各个思政育人主体联结在一起。而智慧课堂因为大数据、物联网技术和人工智能的加持，如前所述，在平台互联、资源互联和主体互联方面具有强大的优势和鲜明的特点，思政课智慧课堂的创新应充分利用这些互联优势，以技术化互联的方式实现全国思政课教师、优秀思政课教学资源和各类思政课平台互联互通。

思政课的平台互联，从层次上，应包括校域平台、校际平台、区域平台和全国性思政课平台功能的兼容、高速快捷互相链接、各类端口的合理合法接入等，如国家高等教育智慧教育平台"思政课"专题就整合了爱课程、智慧树、学习通等其他平台已有的思政金课，可实现不同平台的快速访问。从学段上，应包括小学、初中、高中、大学等多学段的思政课各类平台，以实现大中小学思政平台的一体化。从内容上看，思政课平台互联不仅应包括全国统编教材的教学资源平台，还应该把劳动教育、美育、红色文化、传统文化、创新创业等板块的内容整合到思政课平台之中，以建构"大思政课"建设格局。当然，思政课智慧课堂平台互联需要计算机互联网、移动互联网以及物联网等在技术上的融合和兼容，还需要在平台的设计、建设过程、内容载体、展示过程、体验过程和管理过程都实现互联化，才能实现思政课教学的互联化。

思政课智慧课堂资源的互联首先建立在各类平台互联互通的基础上，

以平台的互联实现教学资源的互通和共享。这种互联和共享对于整体提升全国思政课教师教学水平有重大意义，因为高校思政课教学所依据的教材是全国统编教材，因而优质教育资源往往具有辐射性和一定的普适性。当然，要实现资源的互联和共享，还需要平台主管部门协调合作机制的建立，更需要各类教学在内容上具有衔接性、纵深性、创新性和操作性，只有具有这些特性的资源，才能传播得更广，为更多的思政课教师所欢迎和借鉴使用。

思政课智慧课堂主体的互联，一方面是指各学段思政课教师相互之间、教师与学生之间、学生与学生之间形成教学共同体，思政课教师能够通过备课平台、答疑机制和协作程序，针对思政课的重难点问题，随时随地获得更加专业、更加丰富、更加具有说服力的教学资源——来自其他思政课教师和相关领域专家。学生能够通过智慧平台与思政课教师（包括辅教机器人等）实现即时沟通、研讨和互动，学生和学生之间也能通过智能技术实现合作学习。另一方面是思政课的育人队伍与其他专业师资队伍以及校外育人队伍之间的互联互通，特别是思政课教师与各类场馆专业讲解员、革命前辈、改革先锋、行业精英、杰出校友等协同育人信息化平台的建立，通过"人人育人、时时育人、事事育人、处处育人"信息化的高效互联平台，构建思政课主体协同融合、全员育人的格局。

二 管理智慧性：过程化和精准化

教学环境的万物互联和教育大数据的收集，为思政课智慧教学创造了技术条件，但是要实现智慧教育还需要教学的全过程管理和智能化评价。管理的智慧性，既有赖于信息技术（特别是教育管理技术）的迭代升级，也有赖于思政课教师综合信息素养的提升。

（一）过程数据化：思政课智慧课堂的管理起点

大数据是智能化管理和评价的基础。教学大数据主要指教学活动过程产生的，并根据教学需要采集且能够被相关技术所捕捉的，用来促进教学模式创新和教学质量提升的数据集合。从类型看，教育大数据既包括结构化的数据，也包括非结构化和半结构化的数据；从过程看，教育大数据既包括课堂教学数据，也包括在线学习数据。课堂教学数据又包括师生行为类数据、教学评价类数据、师生情感类数据和课堂管理类数据等。在线学习数据包括学生学习行为数据、在线讨论与合作学习数据、师生互动行为数据、资源管理数据、测试行为数据和评价反思类数据等。

理想的思政课智慧课堂的数据集成是打破课堂教学数据和线上教学数据的壁垒，实现全过程数据链的汇集、开放、共享与智能化分析管理。首先，在技术上，需要的是设备的互联和教育过程的信息化、系统化。即将接入思政课智慧教学平台的 PC 端、移动端、云端、教学端、学习端、管理端融为一体，形成课程资源、线上线下、教研备课、教学管理等环节和要素高度数据化的智能教学系统。这一系统的优势既体现为技术化地实现思政课师生在知情意行方面的数据转化，也体现为各类技术能及时识别和转化全过程的教学信息，还体现为全过程数据快速分析、智能处理与可视化展示。除此教学活动外，如果思政课教育大数据能够具有全员、全程、全方位等特点，将数据来源向前延伸（即还涵盖大学生在中小学阶段的思政课行为数据）和向深拓展（即还包括与思政课教学育人相关的学生健康、心理、家庭、社会活动等非敏感、非隐私类的背景数据），为思政课教学的个性化、精准化管理和服务提供数据支撑。

其次，教育大数据也需要为思政课教学内容的量化分析提供技术支撑。使现有的教材、重难点解读、理论的权威诠释等教学资源包成为强大的数据库，并通过大数据分析技术为教师开展思政课教学进行文本统计、文本挖掘、文本搜索，以及教师与在数据库基础上形成的人工智能设备进行对话，以帮助思政课老师（特别是年轻教师）更好、更快地理解思政课教学的几乎所有内容。当然，这一技术手段的实现将对机器学习、自然语言处理和数据挖掘等技术提出更高的要求，同时也要求语义数据库的强大以及情感分析等技术的更加成熟。

最后，教育大数据还需要通过思政课专业数据库的建立提升人机互动的深度和广度，或者说数据库的建立能使学生在课外思政课学习中将知识和理论转化为自身的认知。课前和课后是思政课教学的重要阵地，但是大部分现有的教学平台互动性不强，教学资源不丰富，人机互动较为刻板，难以达到学生课外学习的智能化效果。这既需要不断丰富思政课教学内容的数据库和资源包，还需要将海量的资料进行数据化的处理，使其可搜索、可分析等，同时更需要借助人工智能技术的接入，使机器助力学生的快速访问、搜索或者直接对话获得相应的答案。

正如有学者提出的，"人工智能赋能教育最核心的技术是教育数据挖掘和教育数据分析，对学习过程进行采集，对学生的学习过程与学习行为进行量化分析，涉及诸如学习时间、答题或阅读停留时间、测试准确率等"[①]。对思政课学生学习过程数据的挖掘分析和建模画像，不仅可以让教师及时了解和研判学生的学习状态，也为制定个性化的学习方案提供了基础，且这些分析和管理往往不需要思政课教师具有专业化的大数据教育和技术背景，而是简便化地操作运用即可，即直接通过"一键点击"教育智慧云平台相关板块，这一智慧平台的大数据技术和人工智能技术在后台就完成了大量的运算任务，呈现在师生面前的是可视化、具有可读性的教育数据或者图表。

（二）评价精准化：思政课智慧课堂的管理要点

"精准教学中的最大'精准'在于教学评价，而衡量教学是否达到目标、学生是否真正掌握知识或技能，关键在于检测学生学习的行为过程及其反应。"[②] 对于思政课教学而言，精准化的评价不仅体现在知识性的把握上，还体现在意志、信念、行为等各个方面，因而思政课的教学评价一直是理论界期望突破的难点问题。从现有的技术手段来看，大部分教育平台的测评方式就是针对思政课教学内容（某些知识点）的练习或测验，这只是教学评价精准化的某一维度，而非全部。这一方面是因为教学上长期结果驱动的理念所限，教师往往能关注到的是学生学习知识性的结果；另一方面是因为精准化评价缺乏技术支撑，如数据记录采集、分析和图表化的工作效率太低。

教育大数据和人工智能技术为思政课的精准化评价创造了条件和机遇。大数据使精准教学测量的数据更为可行和丰富，尤其是信息技术融入教育领域之后，教学管理系统和软件的升级，慕课、微课的使用以及智慧课堂教学平台的应用，思政课教学数据出现爆发式增长，使学生的学习行

---

① 叶波等：《人工智能+5G 与教育变革》，华东师范大学出版社，2022，第 4 页。
② 付达杰、唐琳：《基于大数据的精准教学模式探究》，《现代教育技术》2017 年第 7 期。

为、学习状态、学习结果等各类信息成为可捕捉、可量化、可传递的数字信息，而智能手机、各种传感器、可穿戴设备等又运用于教学过程的各个采集环节，既提高了信息采集的频率，也可以减少人工计算和统计的工作量。

为实现思政课教学评价的精准化，需要制定一些程序，优化对大数据库的运用。首先，精准制定思政课的教学目标，因为整个思政课教学目标的复杂性，可以为一节课乃至一节课的一个问题的教学内容制定一个教学目标，再将这个小的教学目标进行分解和细化，特别是采取量化的描述方法，既包括对知识和能力的掌握程度，还包括对知识和能力的反应速度等。其次，建立大数据教学资源库，并实现个性化资源推荐。通过程序化和数据算法等工具，把知识难易程度、认知掌握程度、价值观达成程度等细化到问题和情境，根据学生的学习特点配置不同的优质教学资源，以实现个性化的教学设计。再次，优化教学过程，突出过程性数据记录和教学测验，通过智慧课堂平台记录学生学习的行为数据，包括互动数据、测验数据、合作数据等，既丰富了教学大数据，更为学生的精准化评价提供数据来源。最后，大数据驱动下的精准化评价与预测。即思政课的教学评价借助大数据采集、教育数据挖掘、学习分析和数据可视化技术，并通过各类智能教学系统自动检测、智能分析学生的学习情况，并实时反馈给师生，并结合教师评价诊断和系统评价，对学生进行个性化的辅导和学习任务推荐。

三　生态智慧性：融合化和系统化

由于技术所限以及教育技术运用的程度不高等，现有的思政课智慧课堂教学创新更多地体现在技术、手段和方式上，但随着人工智能、虚拟现实等技术向深度和广度迈进，以及思政课向讲深讲透讲活维度发展，智慧课堂的智慧性就不仅局限于纯粹技术层面，而是体现在内容与形式的有机融合，以及全过程、全领域、全方位育人格局和系统的构建方面。因而，思政课智慧教学生态的概念呼之欲出。这一概念的显著特点是：理念上的深度融合、环境上的虚实结合、评价上的个性智能、系统上的高度协同，即要求将思政课的内容与技术创新的形式高度融合，实现信息化环境下思政课教学模式、教学方法、教学工具、教学内容和教学环境等方面的全面创新。将系统性理论和"大思政课"机制相结合，重构课程育人系统，把信息技术融入思政课全场景、全时空、全过程的育人生态之中，使学生获得对思政课的深度体验，增强全员育人的协同效益。

（一）深度融合：思政课智慧课堂的深层智慧

思政课教学既要立足于现代信息技术的发展，又要打破现实技术的限制，达到一般人工智能技术所不能达到的领域和功效，即"人类需要明确问题、选择数据、决定如何将这些加以组合，和他人沟通其价值，根据价值做出判断"[①]。也就是说，思政课借助信息化方式，不仅要实现知识性的传输和转化，还要以智慧化的方式实现价值的引领和政治的认同等。这在智慧课堂教学创新方面至少体现为两大方面：技术的深度融合和教学理念的智慧重塑。

技术上的深度融合，主要是借助智慧课堂的优势和特点，助力思政课的智能高效。即通过技术赋能创新教学工具和手段，构建智能化学习环境，实现课堂互动高效。这是智慧课堂的特色，解决的是思政课教学中存在的低质低效的问题，主要聚焦于思政课程结构优化和过程评价。如在智慧课堂环境下，思政课可采取的教学形式更加多样，如自主学习、合作学习、探究学习、接受学习、体验学习、移动学习等基本方式都可以综合运用。在管理上，还可以在物联网进行数据信息采集、交流、互动、创新和存储的基础上，对思政课进行大数据的诊断。在评价方面，还可以进行"学习者画像"。"学习者画像所面向的对象是学习者个人或群体，通过对学习者群体的数据进行挖掘与分析等一系列操作后，对其进行多维分类，也就是贴标签，之后再基于不同类型的学习者群体进行学习者画像建模，从而反映不同学习者的个性特征与情况，并为其在问题解决、自我反思等方面提供个性化支持和反馈服务。"[②] 这些技术的创新已经促进了思政课教学的新颖性和吸引力的提升，也是智慧课堂技术给思政课带来的新变革和

① 〔美〕韦恩·霍姆斯、〔美〕玛雅·比利亚克、〔美〕查尔斯·菲德尔：《教育中的人工智能：前景与启示》，冯建超等译，华东师范大学出版社，2021，第22页。
② 胡艺龄：《学习者画像》，教育科学出版社，2022，第18页。

新态势。

教学理念的智慧重塑既包括思政课不能形成技术性的依赖或者"技术成瘾"，也不能对信息技术发展"熟视无睹"，而应该借助人工智能技术的发展更好地实现思政课教学的提质增效。即思政课要回归育人的本质，技术以育人为重，促进学生的智慧发展和成长成才。如信息技术的发展有助于思政课从建构主义、个性化教学等方面着力。

个性化教育，就是要为受教育者量身定制教育目标、教育计划、教育培训方法、辅导方案并加以执行，以实现学生的自我成长、自我实现和自我超越。在这方面，利用智慧课堂的大数据技术、联合教研平台、智能分析技术、自适应系统等，既可以有效整合海量教学资源、进行分层分类管理，还能智能化进行学习推荐，这些都能为思政课教学目标、教学内容、教学方法、教学评价等方面的个性化提供技术支撑。再加上在这些技术的支持下，思政课堂向课外、校外的拓展，使教育资源更加丰富、教学师资更加多元、教学方法更加灵活，也更能实现思政课教学向"以学生为中心"转变。

在智慧课堂平台中，个性化教学贯穿于思政课教学的全过程。在课前进行个性化资源推送、学生进行预习，在课中采用分屏分层教学，并且对学生的学习状况进行及时反馈，在课后布置个性化作业，并且对学生进行多元化评价，实现学生的泛在化学习。如安徽大学通过"精准滴灌"的智慧思政大数据系统和算法，精准把握学情，构建了集课程教学、资源共享、网络研讨、数据采集、分析研判、推送反馈于一体的课内课外、线上线下融合的智慧泛在教学模式，为学习者提供了灵活的课前预习、多样化的课中学习、精准的课后个性化学习评价与计划推送服务。其中最关键的就是通过云端智慧思政课堂搭建起个性化知识框架，在学习目标和学习任务方面进行精准化、个性化管理，以提升思政课学习的效率。

智慧的深度融合可以借鉴建构主义理论，这一理论应用于思政课教学主要指在学习过程中，帮助学生对学习内容反映出的事物的本质、属性、规律和内在联系实现更加深刻的理解和把握，即聚焦于"意义建构"。这就要求思政课教师要成为学生"建构意义"的帮助者和引领者，教学过程侧重以技术的手段增强学生学习思政课的内在动力，激发其不断参与的积极性和主动性；同时通过思维导图、知识链等方式，引导学生探求新旧知识的联系，帮助学生建构当前所学内容的意义；充分利用各类协作学习的工具、手段，引导学生培养团结互助、协同发展的价值观和理念等。

深度融合的思政课智慧课堂教学可以借鉴钱学森先生曾提出的"大成智慧学"理念。钱学森提出要以马克思主义的辩证唯物论为指导，利用现代信息网络、人机结合的辅助方式（以人为主），集古今中外有关经验、知识、智慧之大成。在这里，思政课教学的终极目标是学生"成人成才"，但是信息技术的方法也深度运用到育人的过程之中，产生了智慧性的效果。

（二）智慧生态：思政课智慧课堂的系统工程

随着智能时代的到来，教育已逐渐实现从追求数量到追求质量、从统一标准到追求个性、从单一主体向混合式教学、从基于经验向科学精准、从单向输出到双向互动、从无限责任到责任共担、从知识识记到能力为重的转变。新时代、新环境以及受教育者的新需求要求思政课不仅技术运用得娴熟，还需要打造智能化育人的系统工程，构建一整套有助于教学的生态智慧体系，以实现育人过程智慧化、教育管理智能化、教育服务个性化和教育机会公平化等目标。

技术与思政课教学的深度融合，最关键的路径是构建思政课智慧课堂生态系统，从而实现思政课在内容上的智慧化和技术上的智能化。这是一项系统性工作，在目前的技术条件和思政课格局中，重点就是通过大数据、物联网和生成式人工智能等技术，构建线上线下教研一体化、课堂课外教学一体化、实景教学与虚拟学习一体化、学校教学和社会教育一体化的生态系统。

1. 线上线下教研一体化

智慧课堂平台的出现使思政课线上线下教研一体化的生态系统得以形成。组织教研一体化的主体包括高等学校思想政治理论课教学指导委员会、教育部大中小学思政课一体化共同体、全国高校思政课"手拉手"集体备课中心以及各级主管部门、各所高校、各门课程；教研一体化的平台有北京高校思想政治理论课高精尖创新中心、教育部虚拟教研室，以及腾讯会议等商业化的智慧课堂平台；参与的主体不仅包括高校的思政课教师，也包括其他学段思政课教师。目前，这些形式和活动都通过智慧课堂等平台得以实现、开展，未来的发展方向是从内容和形式上强化教研一体化，提升思政课教研生态的智慧性。

要实现思政课智慧课堂"资源共享、优势互补、协同研究、共同提高"的目标，首先，要把思政课教学改革创新的资源、优秀师资、科研教研平台、教学实践基地等各个方面以信息化、智能化的方式互联起来。其次，在教研活动开展时，要真正体现可操作、可复制、可推广的经验和资源，构建从名家指导答疑到名师示范展示，再到集体教研碰撞的多维度教研生态，以更好地满足一线思政课教师的需要。再次，要充分发挥智慧平台的记录、监测和智能评价优势，构建合理动态的监测机制，尤其是监测教研活动的频率、效果和满意度等，以实实在在提升思政课教师的整体教学水平。最后，还要实现不同学段思政课教师教研的一体化。通过智慧化的教学平台，构建大中小学思政课一体化格局，开展同备一堂课、同讲一堂课、同评一堂课等活动，将小学阶段的"故事链"、中学阶段的"问题链"、大学阶段的"逻辑链"有效衔接，通过互学互鉴，提升不同学段思政课教师的教学水平和教学能力，体现智慧平台促进大中小学思政课一体化教研的智慧性。

2. 课堂课外教学一体化

思政课智慧课堂应该成为一个动态的、开放的、全过程的教学生态系统。即通过智慧课堂贯穿课堂的教学与课外的学习，为师生打造高效优质的思政课堂，同时搭建"云"头脑风暴平台，实现即时"云"沟通、全程"云"融合、智能"云"管理，将智慧性贯穿思政课课前、课中、课后的各个环节和场景之中。

智慧课堂将课堂课外教与学的方式和活动进行有机整合并运用于不同的教学环境。课前，教师推送线上资源（教学案例、视频、教学讨论主题、问卷调查等）组织学生开展课前预习，利用平台进行学情分析，做到先学后教、以学定教；课中，教师创设教学情境（包括现实情境和虚拟情境），开展精准化教学、多样化互动，激励学生进行合作探究和协作交流，促进学生思想认同和价值观生成；课后，针对智慧平台生成的过程性评价结果（智慧教学的自动化评价与教师定性化评价相结合）以及学生认知等状况，布置分层次、针对性强的作业和任务，进行个性化辅导或智能答疑，促进学生进行课外交流互助和合作研学，进行巩固拓展训练等，进一步促进学生的智慧生成。如教师把实体课堂作为教学主阵地，同时创造即时沟通、作品作业展示的线上教学平台，学生可以借助智慧课堂平台空间、资源和互动工具开展"微课程"自制、"微平台"展播和"微作品"培育等课堂课外相结合的活动。

3. 实景教学与虚拟学习一体化

实景教学顾名思义就是在现实的情境中开展思政课教学活动，高校思政课通过实践课堂、校外课堂，让学生在真实的生产生活背景中进行的学习。而虚拟教学是利用虚拟现实、增强现实等技术把教学情境设计为互动性强和趋近真实性的动画等形式，增强学生学习的兴趣和体验感。随着人工智能、虚拟现实与5G等技术的组合创新，虚实结合成为智慧课堂一大优势。借助智慧教学平台中增强现实、人工智能、全息影像等技术，弥补文字材料等在教学中听觉、视觉等方面的不足，探索思政课虚实融合的多样态智慧课堂教学模式，体现思政课智慧教学的智慧性。

实景教学与虚拟教学的一体化，一方面扩大了实景教学的受众面，充分发挥了智慧课堂即时互动、远程互动的特点，既可以使思政课教师置身于教学内容的场景之中，通过网络视频、现场直播、云上课堂等形式给学生进行授课，也可以使教师组织部分学生到现实场景中开展体验式、参与式、沉浸式教学与实践活动，而整个过程可以与更多非现场的学生进行视频连线和及时互动。当然，师生也可以在课堂上通过云平台的视频连线等功能与教学内容场景中的其他人进行互动，这些都需要5G网络的高速运转和云平台的流畅性功能。另一方面，在课堂教学过程中，利用增强现实、虚拟现实等技术的交互性、体验感强的优势，构建适合思政课教学需要的虚拟场景，使学生置身于"真实情境"之中，产生"身临其境"的沉浸式体验，让思政课"活"起来，不断提升思政课的互动性和认同度。

4. 学校教学和社会教育一体化

学校与社会一体化协同育人并非新概念和新做法，但是借助智慧课堂的技术和环境，能够推动思政课学校教学与社会教育一体化高效机制的运行。智慧课堂互联互通、资源整合、智能管理的强大功能，有助于实现思政课教育资源的共享、教育过程的协作和教育管理的高效，以为学生提供全面多样、优质和谐的教育生态。

要做到学校教学和社会教育一体化，其中"育人"是核心、"协同"是关键、"机制"是保障。智慧课堂技术和环境平台助力思政课协同育人机制的着眼点包括如下方面。一是为各部门的组织管理提供高效的信息化平台，有一体化的平台，才能为主管部门的组织协调、部门联动，发展管理、过程统筹、协调保障等方面提供技术性保障。二是为思政课全过程管理提供专业建议和资源，一体化平台把有关高等院校、科研机构、专业团体的师资等其他资源有机整合在一起，不仅有助于加强思政课人才培养，提升思政课教师队伍水平，也有助于从多样性的视角提升学生学习思政课的深度和广度。三是助力构建"政府、高校、社区、家庭"四位一体的思政教育大协作网络，通过把思政课有机融入生产生活、学科教学、节庆文化、校园活动等领域，加强顶层设计，以网格化管理落实各主体责任，再以智慧课堂平台的方式贯通起来，彰显了协同育人、智慧教育的理念。

思政课生态化智慧教学系统，集教师协同智慧教研、学生自主智慧学习、高效智能课堂教学和课后智能管理和评价于一体（见图2-1），充分体现思政课教学资源的立体化、课堂教学的互动性、学习目标的个性化、学习方式的定制化、教学的交互协同化等诸多新特征、新优势，从而构建思政课智慧教学创新的新模式和新路径——生成性智能教学模式。这一模式可简化为促进学生个性化发展的智慧教学"五部曲"：第一步，智能推介。教师通过智慧教学平台预设个性化的学习目标，根据学生的学习情况对教学目标、内容、过程等进行弹性、灵活的资源推送。第二步，智慧教学。教师通过增强现实等技术设置真实的、贴近生活的教学情境，通过高效互动的智慧教学平台，采取个性化教学、探究式教学、生成式教学等方式，引导学生提出问题、采用小组讨论等多种形式，促进师生、生生之间的沟通交流与互动提升。第三步，智慧管理。教师对学生的学习进行全过程的大数据监测和评价，并通过人工智能技术和教学规律的运用，及时对学生进行反馈和引导并调整教学行为，实现"应对—构建"的智慧化教学。第四步，智慧联通。思政课教师为学生提供课外学习、深化拓展和实践交互的平台，突破教学班级的时空局限，创造横向贯通（与全国大学生）、纵向衔接（与中小学生）、共同学习、共同实践、共同研讨、共同提升的"大思政课"格局，实现"生成—创造"的转变。第五步，智慧评价。思政课教师利用教学大数据进行智能化的教学评价，同时组织学生对教学过程、教学效果进行即时评价，也对学生自身教学状况进行评价，以更精准地了解每一名学生学习思政课的状态和实效，为后期的教学方案和教学计划提供数据支撑和学情参考。

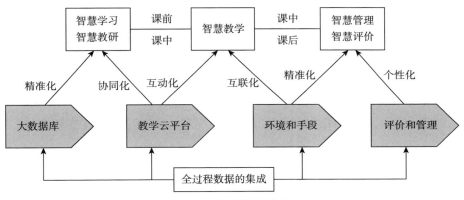

图 2-1　思政课智慧教学的过程

　　当然，智慧课堂的智慧性不仅体现在技术上，还体现在教学方式和教学内容上，尤其是思政课教学，"为党育人，为国育才"的目标要求我们要坚持在"内容为王"的基础上进行技术和形式的创新。智能化技术在回顾历史、展现情境、增强互动、提升兴趣等方面具有感染力和亲和力。而要在教学中使学生认识和认同中国共产党能、马克思主义行、中国特色社会主义好等深层理论逻辑，教师本身的理论素养、教学理念创新和信息运用能力起到关键性的作用。首先，教师必须有坚定的信仰追求、较高的科学文化素养。思政课要让有信仰的人来讲信仰，思政课教师须坚信只有在中国共产党的带领下走中国特色社会主义道路才能实现共产主义，并且将这一信念通过智慧教学方式传递给学生，学生的理想信念才不会出现偏差。思政课教师应该具备家国情怀、仁爱情怀，自觉凝练高尚情操并且内化于心、外化于行，传递给学生正确的世界观、人生观和价值观。其次，教师要乐教、善教、愿教，要充分发挥教师的积极性、主动性和创造性，不断创新教学方式方法，积极打造有效度、有深度、有温度的课堂。最后，教师要努力提高信息化的教学技巧，不断推进教学方法改革创新，将融入式、嵌入式、渗透式等教育模式与现代科学技术相融合，切实做到因材施教、教学相长，把思政课"讲透、讲透、讲活"。

总之，思政课教学的终极目标是使学生"成人成才"，让学生形成良好的思想品德，养成良好的行为习惯，树立起对国家、社会的责任感，成为社会主义的建设者和接班人。智慧课堂集智能化平台、数据收集和分析、管理和评价于一体，不仅为学生的自主学习提供个性化、智能化的指导，也为思政课课堂教学的多样性提供信息化条件，还为整个思政课教学的评价管理提供精准化、高效化的服务，同时也为思政课教学全过程、全学段的互联互通提供技术支持，这些技术和环境经过思政课教师的创新性运用，必将促进思政课教学质量的提高，培养学生的科学思维和创新能力，增强学生的政治认同和爱国情怀等，更好地促进学生的发展和成长。

第三章 实证分析：高校思政课智慧课堂教学创新的必要性

　　智慧课堂，从信息技术的视角提出已经有十余年的时间，其发展也经历了从 1.0 版到 3.0 版的更新升级，无论是在技术推广还是在教学运用等方面都取得了不少的成绩，获得了大量的经验。高校思政课也一直在紧跟时代需要和处于信息技术发展的前沿，从电子资源包的使用，到互动课堂、翻转课堂和混合课堂的教学探索，再到智慧教学系统的打造以及协同育人平台的升级，思政课智慧课堂教学创新从未停止。

　　课题组①组织的调查发现，一些高校已开展多年的思政课智慧课堂教学改革，逐步实现教学过程的信息化、教学主体的多元化、教学场景的灵活化、教学评价的数据化以及教学管理的智能化，在提升思政课的"抬头率"、互动性、吸引力和实效性等方面卓有成效，当然，在与人工智能等智慧技术深度融合以及更好地发挥思政课立德树人作用方面仍然存在一些问题，这是我们呼吁高校思政课智慧课堂进一步教学创新的缘由。

第一节　高校思政课智慧课堂教学调查的基本信息

　　实践是检验真理的唯一标准。高校思政课智慧课堂是否真正适应了教

---

① 即教育部高校示范马克思主义学院和优秀教学科研团队建设项目（优秀中青年思想政治理论课教师择优资助计划）"高校思想政治理论课智慧课堂教学创新研究"课题组，本书未作特别说明，均指该课题组。

育现代化的要求，增强了学生学习思政课的动力和实效，还需要将其应用到课堂教学实践中，并对其做进一步实证检验。考虑到研究的时效性、调研的样本量以及高校学生评价的可行性等问题，课题组主要从学生对高校思政课智慧课堂教学体验的视角，基于前文所构建的较为理想化的智慧课堂教学模式，设计了专项调查问卷，选取湖北省、湖南省、广东省3个省6所不同层次高校进行实证调研。从调研数据视角来分析高校智慧课堂教学现状，总结教学应用的成绩，探究教学创新有待解决的问题、原因以及学生期望，为思政课智慧课堂进一步教学创新提供参考依据。

一 问卷设计与基本假设

（一）问卷设计

1. 设计依据

智慧课堂教学作为"互联网＋教育"持续发展的必然趋势，为传统教学形态的变革带来了新的契机。目前，在以大数据为支撑的教学手段与思政课进行深度融合的过程中仍存在着改进的空间。为了解当下我国高校思政课智慧课堂教学实施的现状，更好地利用信息技术服务于思政课，解决其应用过程中存在的问题，提高智慧课堂的创新性，故针对高校学生的智慧课堂经历与体验展开调查。

调查的侧重点在于学生的满意度和收获感，因为学生对于教学实施现状及教学满意度的感知，是思政课教学效果测评的重要维度。同时，学生也是思政课智慧课堂的中心和受益者。只有学生认可这种教学模式，才表明其具有一定成效。因此，本章涉及的实证分析数据未作特别说明的均来自对学生的调查及其反馈。当然，高校学生对思政课智慧课堂教学的反馈又包括满意度、收获感、投入度等维度，而这些维度又受到智慧课堂教学工具、教学方法、教师应用的娴熟度和技巧性等的影响，这些维度和指标为问卷设计以及效果评价提供依据。

2. 问卷内容

由于目前与本研究相关的文献较少（尤其是相关的实证调研极少），因此研究选择经验准则法作为问卷的设计方法。为了保证问卷的内容效度，课题组征求相关专家建议及根据教师的教学经验自制调查问卷并展开预调查，对问卷进行修改、调整和完善，形成问卷终稿。问卷内容由选择题和填空题构成，共计 45 个题项，由三部分组成。第一部分 1～16 题主要收集调查对象的基本信息，包括对性别、学校、专业、年级、政治面貌等个人基本信息及是否参与过智慧课堂、参与的原因、在智慧课堂教学模式下学习的时长、有哪些技术或设备在智慧课堂中应用等的调查；第二部分 17～29 题主要收集学生对智慧课堂的教学评价，包括对思政课智慧课堂教学效果、满意度、创新性、优势、教学手段和形式的丰富程度、学生的适应度，以及其给学生带来的影响的调查。其中对于满意度的调查采用李克特五级量表，用 1～5 表示认同程度，其中 1 表示"非常不同意"，5 表示"非常同意"，衡量学生对思政课智慧课堂教学模式满意程度的强弱。第三部分 30～45 题为问题与期望，包括对学生在智慧课堂学习中碰到的最大的问题、课程内容讲授时存在的最主要的问题、课后是否会和老师进行课程内容的交流、智慧课堂在教学形式等方面存在的问题及是否有必要利用智慧课堂教学形式的调查。同时，对于思政课的创新程度、满意程度、学生的参与程度、教师对各种软件设备等利用的程度、最理想的班级人数规模等 7 道题采用填空题的形式。这三部分的内容将有助于我们更好地了解高校思政课智慧课堂教学实施的现状，并为其未来的发展提出具有可行性的对策。

（二）基本假设

构建思政课智慧课堂教学模式是实现教育现代化的必然要求，是转变传统教学理念的有效路径，亦是推进新时代思政课改革创新的重要举措。智慧课堂这一新型教学模式能够以信息化方式辐射思政课教学全过程，对新时代思政课建设具有重要的作用。在充分借鉴学界已有研究成果的基础上，课题组针对高校思政课智慧课堂教学模式和方法提出以下基本假设。

H1：智慧课堂的引入有助于提高教学管理的智能化程度

智慧课堂是课堂管理模式中的一个创新型学习环境，这一环境从网络管理、教学管理、课程管理多方位加强对网络技术的应用，创新了前沿信息技术和"互联网+"思维模式深度融入课堂教学管理的方式，创造了智能高效的智慧课堂管理环境。同时，刘邦奇在与传统课堂教学流程进行比较研究的基础上，提出了智慧课堂"三段十步"的结构模型。^① 这一研究成果在一定程度上可以证明智慧课堂的引入可以提高教学管理的智能化程度。

H2：智慧课堂教学模式有助于增强教学交互性

高校思政课教学是一个教师主导性与学生主体性相互作用的过程。智慧课堂教学模式改变了传统教学模式下教师"一言堂"的教学形式，促进了高效互动、全员互动、全过程互动思政课教学环境的产生。例如通过信息化的方式可以将课后的讨论与课堂讨论结合起来，在课堂上展示主题讨论、抢答、云词汇等形式和功能，将教学互动的优化贯穿于教学活动始终。这些互动变得更加便捷、更加多样、更加高效，使得教学互动涵盖课前的预设性互动、课中的即时性互动和课后的延伸性互动全过程，拓展了教学互动的新时空。

H3：智慧课堂教学模式有助于提升教学体验的沉浸性

黄荣怀教授等指出可把教室建成高清晰型、深体验型和强交互型三种典型的智慧教室。^② 其中，深体验型智慧教室更多被用于探究式教学，学生在教师指导下，以及在教师创设的虚实结合情境体验中，以"自主、探究、合作"为特征的学习方式对教学内容中的重难点进行自主学习、深入探究和小组合作交流，从而增强学生在课堂中的参与感与体验感。同时，这种体验式学习的核心就是要建立仿真化的学习环境^③，主要包括真实情境与虚拟情境仿真，以此提升教学体验的沉浸性。

二 数据来源与样本描述

（一）数据来源

为了获得有效的调研数据，课题组先期对一些已开展思政课智慧课堂教学的高校进行了解，选取了部分高校作为调查点。2019年上半年课题组

① 刘邦奇：《"互联网+"时代智慧课堂教学设计与实施策略研究》，《中国电化教育》2016年第10期。
② 黄荣怀等：《智慧教室的概念及特征》，《开放教育研究》2012年第2期。
③ 钟正、陈卫东：《基于VR技术的体验式学习环境设计策略与案例实现》，《中国电化教育》2018年第2期。

在华中师范大学思政课堂进行了预调查（发放 200 余份问卷，调查数据不纳入最终问卷分析）。课题组再根据预调查结果和学生反馈情况进行问卷修改和完善，形成正式调查问卷，并于 2019 年 12 月至 2020 年 1 月以实地调查的形式在华中师范大学、中国地质大学（武汉）、华南师范大学、湖南工业大学、广州商学院、广东理工职业学院等六所高校展开问卷调查，共发放问卷 1400 份，回收有效问卷 1384 份，相关数据由 SPSS 27 软件统计分析而来。2020 年 10 月至 2021 年 1 月，课题组借助问卷星平台以网络调查的形式展开调研，调研对象同样为上述六所高校的学生，由于网络问卷的公开性，出现少量其他高校学生填写问卷的情况，经问卷分析处理，得到有效问卷 1040 份，相关数据并入 SPSS 27 软件，两次调研共获得有效问卷2424 份。后文未进一步说明的，数据分析结果均基于两次调研的问卷汇总。

（二）信效度检验

问卷调查的科学性和合理性体现在多个维度，而客观的、可操作化的信度和效度评价是重要指标。由于本课题组的调查问卷主要是基于文献研究和教学经验总结而自制的，更有必要对问卷的信度和效度进行检验。课题组对样本的检验采取比较有可靠度和公认度的信度和效度两个指标来进行。

信度通常是指利用问卷或测量工具所测量的数据结果的稳定性、一致性和可靠性。一般可采用内部一致性信度评价法检验测量结果的信度。本课题样本检测采用克隆巴赫系数（Cronbach's Alpha）检测。根据克隆巴赫系数计算公式计算出的克隆巴赫系数大于 0.7，则表明内部一致性较好。为了检验问卷的信度，将 2424 份问卷导入 SPSS 27 软件进行问卷可靠性分析，最终克隆巴赫系数为 0.771，大于 0.7，表明问卷信度良好，结果如表3-1 所示。

表 3-1 问卷信度检验结果

可靠性统计	
克隆巴赫系数	0.771
基于标准化项的克隆巴赫系数	0.839

效度是指测量工具或手段能够准确测出所需测量事物的程度。一般而

言，效度包括内容效度、结构效度及相关效度。内容效度是指所设计的题项能否代表所要测量的内容或主题。本研究的 45 个题项在正式确定之前已用于在华中师范大学开展预调查，并多次征询专家以及思政课一线老师的意见和建议，进行过两轮的修改与完善。因此，可以认定本问卷的内容效度较好。

为了检验问卷的结构效度，课题组对问卷数据进行了 KMO 检验和巴特利特球形检验。具体而言，当 KMO 值在 0.6 以下，不适合做因子分析；当 KMO 值在 0.6 和 0.7 之间，可做因子分析；当 KMO 值在 0.7 至 0.8 之间，适合做因子分析；当 KMO 值在 0.8 和 0.9 之间，很适合做因子分析；当 KMO 值在 0.9 以上，非常适合做因子分析。将 2424 份问卷导入 SPSS 27 软件进行分析，KMO 值为 0.862，大于 0.6，且巴特利特球形检验显著性小于 0.05，为 0.000，两个条件同时满足，本次研究适合做因子分析，结果如表 3-2 所示。

表 3-2　问卷效度检验结果

KMO 和巴特利特球形检验		
KMO 取样适切性量数	0.862	
巴特利特球形检验	近似卡方	59771.762
	自由度	8128
	显著性	0.000

（三）样本描述

紧扣调查目的，为让选取的研究样本具有代表性，课题组对已开展过思政课智慧课堂教学的高校进行了了解，并选取湖北省、广东省和湖南省 3 个省份 6 所高校学生作为调查对象。受各个学校思政课开展智慧课堂教学探索的班级、规模等所限，因而课题组并非依据这些学校学生规模生成的比例选择样本，而是选择开展了这类教学模式的特定班级。

在有效问卷中，来自中国地质大学（武汉）的样本占比最高，比例为 23.39%，女性占比高于男性近 27 个百分点，理工类专业学生占比最高，共青团员占比近九成，大一、大二学生样本共占比 87.58%，这些基本数据均较好地反映所调查高校的基本情况。总体而言，问卷各部分样本比例合理，满足研究的要求，具体见表 3-3。

表3-3 调查样本特征

单位：人，%

变量	特征	数量	占比
性别	男	891	36.76
	女	1533	63.24
学校	中国地质大学（武汉）	567	23.39
	华中师范大学	350	14.44
	华南师范大学	168	6.93
	湖南工业大学	362	14.93
	广东理工职业学院	352	14.52
	广州商学院	563	23.23
	其他	62	2.56
专业	理工类	1001	41.30
	文史类	467	19.27
	艺体类	417	17.20
	其他	539	22.24
年级	大一年级	1107	45.67
	大二年级	1016	41.91
	大三年级	276	11.39
	大四年级	22	0.91
	其他年级	3	0.12
政治面貌	中共党员	20	0.83
	共青团员	2181	89.98
	其他	223	9.20

第二节 高校思政课智慧课堂教学的数据分析

为了掌握目前高校思政课智慧课堂在实施过程中已取得的成效及存在的问题，本课题组充分利用问卷调查结果，对思政课智慧课堂教学模式、教学满意度、教学效果及教学活动创新性展开分析，由此为高校思政课智慧课堂进一步创新提供思路参考。

一 思政课智慧课堂教学模式分析

智慧课堂在信息技术领域，主要是指集智能化、动态化、信息化于一体并结合"云、网、端"应用的新型课堂教学服务平台以及以此形成的新模式。其力图运用数字技术重塑教育教学环境，突破传统情形下学习时间、内容、环境及方式等的各种限制。虽智慧课堂的教学模式与传统教学模式有所不同，但其构成要素仍离不开教学理念、教学主体、教学目标、教学环境、教学资源及教学评价等。基于此，课题组对高校思政课智慧课堂教学模式的环境、评价及教学中的个性服务进行分析。

（一）教学环境智能化

智能化教学是相对于传统教学而言的，是一种以数字化系统为媒介，以在线互动为基本形式进行的教学活动。教师借助虚拟的线上交互工具传导教学任务、实现教学目标。调查结果显示，当被问及"你的思政课运用智慧课堂平台或相应技术环境的频次是多少"这一问题时，有超过半数的被调查者选择了每次课都使用或经常使用，占比为 67.5%；仅有 5.5% 的被调查者选择了很少使用（如图 3-1 所示）。同时，在问卷中显示的 15 种教学形式均被调查者认为是思政课智慧课堂的教学形式。其中签到、测验及作业、主题讨论三种占比均超过 60%，最高为 84.4%（如图 3-2 所示）。这些教学形式的实现所借助的设备也是多种多样的，当问到"在你的思政课智慧课堂上，教师将哪些技术或设备运用于教学过程中"时，根据反

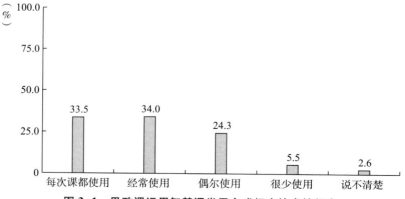

图 3-1 思政课运用智慧课堂平台或相应技术的频次

馈，问卷中提及的 13 种技术或设备均有使用，其中手机使用最多，占比高达 75.4%；多屏互动次之，占比为 32.2%；但感应设备、VR 技术等占比低于 10%（如图 3-3 所示）。因此，思政课智慧课堂教学环境智能化程度较高，但是其沉浸性仍需增强。可见，设备和技术的丰富供给与思政课智慧课堂实际综合运用的效能并不成正比，这降低了智慧课堂在教学过程中智慧性的发挥。

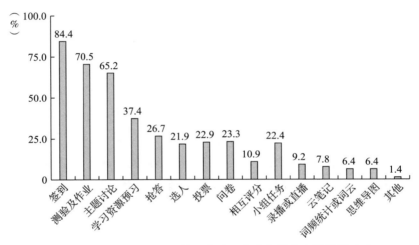

图 3-2 思政课中通过智慧课堂的平台或条件实现的教学形式

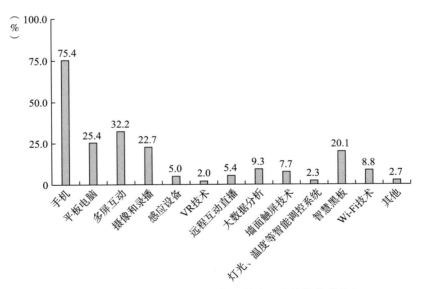

图 3-3 运用于思政课智慧课堂教学过程中的技术或设备

（二）教学评价动态化

动态分析观点认为，教学模式是指在一定教学理念和教学目标的指引下，进行课程规划、教学内容策划、教学计划实施以及进行教学评价等一系列教学活动的动态过程。一方面从教学计划实施的角度来看，在思政课智慧课堂教学模式下，教师在相应平台发布课前预习资源、发布课中课堂讨论任务、设置抢答，并基于学生在不同环节的反馈与相互评价，优化课堂教学、布置课后作业，使学生处于动态化的学习环境中。这一"以学生为中心"把课堂的三个阶段融为一体的模式，将学习的主动权交给学生，以充分发挥他们的积极性、主动性和创造性。

另一方面从教学评价的角度来看，在思政课智慧课堂教学模式下，尤其是动态性的"课前、课中、课后"的"以学生为中心"的教学模式下要求评价由重终结性评价转为重形成性评价。调查结果显示，目前学习资源预习、主题讨论、抢答、选人、相互评分、测验及作业等教学形式均借助智慧教学平台，并且在智慧课堂模式下将课堂考勤、线上资源学习时长、课堂（或网络）讨论/发言次数及质量、小组活动、社会实践等要素纳入了平时成绩评价的指标中。其中，课堂考勤、课堂（或网络）讨论/发言次数及质量、课堂或线上作业已经纳入多数学校的课堂考核，占比分别为84.7%、56.1%、64.1%（如图3-4所示）。

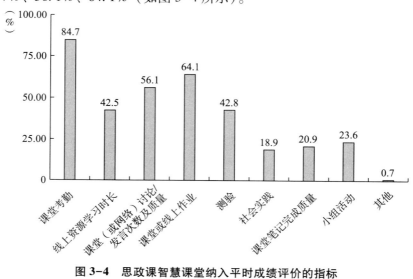

图3-4 思政课智慧课堂纳入平时成绩评价的指标

表面上看借助网络平台进行教学减少了师生之间面对面的交流互动，实际上可以利用其数据统计对学生的学习行为进行精细的监测与评估。智慧课堂的动态化教学模式，有助于更深入地挖掘学生的学习过程，利用平台跟踪学习动态，评估学习态度与效果，为实施过程性评价提供了数据依据。

但是，课题组在访谈时也发现，一方面部分教师疲于寻找和掌握各种智慧课堂的技能和手段来刺激学生学习的兴趣点，有时甚至忽视思政课本身教学目标的达成；另一方面学生刚开始对这些花样翻新的教学形式兴趣盎然，但是随着部分思政课教师生硬运用信息技术频次的提高，学生容易形成"审美疲劳"。这些现象都反映出我们离思政课与信息技术的深度融合还有不小的差距。

（三）教学服务个性化

《中国教育现代化2035》提出，要"利用现代技术加快推动人才培养模式改革，实现规模化教育与个性化培养的有机结合"[①]。云端一体化的出现，为高校个性化教学空间的建设带来了新的契机。同时，由于学生的学习速度和知识掌握程度各有差异，教师应利用智能终端开展个性化服务，优化学生的课堂体验。

然而，根据智慧课堂已有教学形式可知，在教学设计理念上，教师对个性化的重视程度不够；而在教学管理中，又往往忽视智能化平台提供的动态教学数据。特别是因为受到人工智能技术在教学中的智能化程度和思政课教师信息素养水平的限制，以及学生思想道德层面的难评估性，智慧课堂倡导的根据学生需求、学习偏好以及认知水平智能推荐的个性化学习模式在大部分高校思政课堂并没有得到运用。在缺乏个性化的数据支撑条件下，思政课的测验和评价管理等往往更加注重通用性，大部分学生收到的测验、作业或活动任务都相同，再加上测评和资源分级的难度，就导致现实中很难实现资源的个性化精准推荐与保证教学的针对性。

二　思政课智慧课堂教学满意度分析

教学满意度主要取决于学生满意度，是主体对教学过程运行的整体感

---

① 《中共中央、国务院印发〈中国教育现代化2035〉》，中华人民共和国教育部网站，http://www.moe.gov.cn/jyb_xwfb/s6052/moe_838/201902/t20190223_370857.html。

知，及教学实际是否满足其心理预期的一种态度判断。它是衡量教学质量的重要指标。因此，通过对思政课智慧课堂教学满意度的调查，可以倒逼高校创新智慧课堂教学，更好地为学生服务，从而提高教学质量。基于此，本研究主要从学生投入度和感知度两个方面分析思政课智慧课堂教学满意度。

（一）指标满意度现状分析

本研究将指标满意度划分为三个一级指标和四个二级指标，使用 SPSS 27 软件进行描述性统计分析，通过计算四个二级指标的平均值，测量思政课智慧课堂满意度在各个指标上的现状（如表 3-4 所示）。据统计结果可知，学生对于思政课智慧课堂教学满意程度、自己的参与程度、教学创新程度，以及教师对各种软件、设备、方式利用程度的打分平均值均超过 80 分，这表明被调查者对当前思政课智慧课堂教学模式的满意度较高，对智慧课堂整体呈认可态度。

表 3-4　思政课智慧课堂满意度分析

一级指标	二级指标	平均值	标准差
整体感知	思政课智慧课堂教学满意程度	83.43	21.28
学生参与	思政课智慧课堂中自己的参与程度	84.86	181.46
学习评价	思政课智慧课堂教学创新程度	82.38	13.48
	思政课智慧课堂教师对各种软件、设备、方式利用程度	83.67	21.74

（二）教学满意度与学生投入度呈正相关

相关性分析是一种度量两个连续变量之间线性关系的方法。统计学上用来衡量数据之间相关性的有三大相关系数，分别是皮尔逊（Pearson）、斯皮尔曼（Spearman）、肯德尔（Kendall）相关系数。[1]本研究采用皮尔逊相关系数来表示教学满意度与学生投入度相关性的强弱和方向，其相关范围为-1 到 1，相关系数大于零则表示正相关，反之则表示负相关，0 则表示二者之间无相关关系。在进行相关性分析前，需先判定显著性（双尾）

---

[1]　程娟娟：《高校科研与教学关系实证研究——基于皮尔逊相关系数的分析》，《中国高校科技》2022 年第 10 期。

的值，其小于 0.05 方可进行相关性分析。

从学生投入度方面分析智慧课堂教学满意度，对此有学者研究发现可以用技能投入、情感投入、参与投入及表现投入来衡量学生在课堂上的投入度。学生的学习投入度对其学习是至关重要的，它可以反映他们对学习活动的参与程度及课程的满意度，是影响学生学习成就和坚持度的重要学习特征变量。本课题主要通过被调查者的参与投入看其对思政课智慧课堂教学模式的满意度，通过选择思政课智慧课堂的原因、在思政课智慧课堂中的互动频次、课后是否会和老师交流、在思政课智慧课堂中的走神频次四个题项分析学生投入度这一维度，并将其与对思政课智慧课堂的满意度这一题项之间进行相关性分析。利用 SPSS 27 对其关系进行分析，得知选择思政课智慧课堂的原因、在思政课智慧课堂中的互动频次、课后是否会和老师交流、在思政课智慧课堂中的走神频次四个题项与"你对思政课智慧课堂教学模式感到满意吗"这一题项之间的显著性（双尾）均小于 0.05，证明其与思政课智慧课堂教学模式的满意度之间存在相关关系。同时，分析显示皮尔逊相关系数均大于 0，分别为 0.157、0.291、0.278 和 0.252（见表 3-5）。因此，教学满意度与学生投入度呈正相关。

表 3-5　教学满意度与学生投入度相关关系

		选择思政课智慧课堂的原因	在思政课智慧课堂中的互动频次	课后是否会和老师交流	在思政课智慧课堂中的走神频次
对思政课的满意度	皮尔逊相关系数	0.157	0.291	0.278	0.252
	显著性（双尾）	<0.01	<0.01	<0.01	<0.01
	个案数	2420	2419	2419	2417

（三）教学满意度与学生感知度呈正相关

教学满意度在很大程度上取决于学生的满意度。它是指学生将所接受的教学实践服务及收获与其期望相比较而产生的高兴或失望、积极或消极的心理感受。[①] 学生的期望以及学生对教学质量的评价影响着教学总体满

———————

① 胡子祥：《高等教育顾客感知服务质量的实证研究》，《西南大学学报》（人文社会科学版）2006 年第 1 期。

意度。国内有学者提出的关于实践教学感知质量的构成要素基本一致，一般都包括教学环境（校内外实践教学场所）、教学内容、教学组织（教学过程或训练过程）三个方面。由此，本研究将学生感知度用教学环境氛围感知、教学内容质量感知、教学组织状况感知三个变量来衡量。

在教学过程中，学生既是教育的主体又是教育的客体。其作为教育的客体，在教师的组织与引导下积极参与教学活动，对于教学实施是否顺利、教学方法利用是否得当以及教学过程中优缺点等都有主观感知。因此，从学生感知视角以问卷的方式调查其对于思政课智慧课堂教学模式的主观感受，是了解他们对智慧课堂满意度的重要方法。

本研究用"对思政课智慧课堂教学模式的适应程度""思政课智慧课堂中师生互动效果""思政课智慧课堂教学手段和形式的丰富程度""思政课利用智慧课堂进行教学是否有必要"四个题项来调查学生感知度，并将其与对思政课智慧课堂教学模式的满意度这一题项之间进行相关性分析。利用 SPSS 27 对其相关性进行分析，得知对思政课智慧课堂教学模式的适应程度及思政课利用智慧课堂进行教学是否有必要等的显著性（双尾）均小于 0.05，证明其与思政课智慧课堂的满意度之间存在相关关系。同时，分析显示皮尔逊相关系数大于 0，分别为 0.617、0.401、0.508 和 0.256。因此，教学满意度与学生感知度呈正相关（见表 3-6）。

表 3-6   教学满意度与学生感知度相关关系

		对思政课智慧课堂教学模式的适应程度	思政课智慧课堂中师生互动效果	思政课智慧课堂教学手段和形式的丰富程度	思政课利用智慧课堂进行教学是否有必要
对思政课的满意度	皮尔逊相关系数	0.617	0.401	0.508	0.256
	显著性（双尾）	<0.01	<0.01	<0.01	<0.01
	个案数	2423	2420	2417	2403

同时，通过调查可以了解到被调查者亦认为思政课智慧课堂相比传统课堂有资料更加丰富、形式多样、互动性强、学习自主性强、学习效率高、考核合理等多种优势。在教学过程中，教师要充分利用智慧课堂的优势，激发学生在智慧课堂教学模式中学习的热情，不断提升学生对思政课

教学的整体满意度。

三　思政课智慧课堂教学效果分析

教学效果即教学取得的成效，也是评估教学质量的重要指标，一般通过教学目标达成程度、学生的收获以及课堂训练检测的结果三重维度衡量。同时，随着平等的观念深入人心，师生之间的交互关系也备受关注。师生关系在教学过程中起着中介作用，和谐融洽的师生关系就像催化剂，能营造良好的教学氛围，提升教学效率。基于此，本研究将通过课堂的交互性和学生的学习成效反映思政课智慧课堂的教学效果。

（一）教学目标达成度较高

教学目标通常指教师期望学生在学习上所达到的预期效果。而目标的达成则是指"个体或群体学生参与课堂学习后，在知识与技能上与之前相比表现出进步，达到了预期目标"。因此，目标达成度不是指学习结果，而是指学生在教师的指导下产生的进步度。根据"思政课智慧课堂的学习，对你以下哪些方面的帮助和影响较为显著"这一题项的调查结果可知，思政课智慧课堂对被调查者知识、能力和情感态度价值观三方面均产生较大影响。同时，据"在思政课智慧课堂的学习中，自己提升最多和收获最大的是哪方面的能力"这一题项的调查结果可知，被调查者的分析问题能力、合作能力、自主学习能力等都得到了提升。因此，思政课智慧课堂的教学目标达成度相较传统教学模式而言较高。

（二）课堂互动感不断提升

随着信息技术的发展，大数据改变着人们的生存方式与思维模式，也深刻影响着学生的学习习惯与学习方式，"教"与"学"过程的交互性受到了各大高校的重视。建构主义学习理论认为学习是群体性活动，理应具备交互性，其既涉及学生之间的相互交流沟通，亦涉及师生之间的交互关系。师生关系是指教师和学生在学校这一特定的环境中，以"教"和"学"为中介而形成的一种特殊的社会关系。其作为教育教学中最基本、最重要的人际关系，对学生学习的积极性与主动性及教学效果都有重要的影响。

首先，在被问到"总体而言，你觉得思政课智慧课堂教学效果如何"时，超过半数的学生认为其效果比较好，占比为 51.1%，仅有不足 2% 的学生认为该模式的教学效果不是很好甚至是教学效果很差（见图3-5）。因此，整体而言学生对该教学模式是满意的。

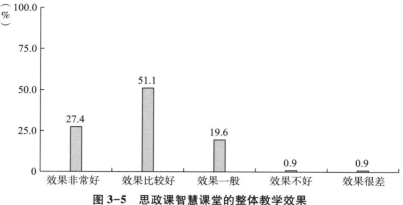

图3-5 思政课智慧课堂的整体教学效果

其次，调查结果显示，47.4%的学生认为智慧课堂教学模式的互动比其他课堂更频繁，认为"比其他课堂互动少"的学生占比仅为5.8%（见图3-6）。同时，对于互动效果有44.5%的学生认为智慧课堂的互动效果比其他课堂好，有47.3%的学生认为智慧课堂互动效果和其他课堂差不多，但其仅比前者高2.8个百分点，所以整体而言智慧课堂教学效果在不断改善（见图3-7）。通过对上述三个题项的调查结果进行分析，得知当前在思政课智慧课堂教学模式下课堂的互动感不断提升，但是在问到当前思政课智慧课堂教学模式最需改进的方面时，仍然有25.1%的学生选择了互动参与积极性并且占比最高（见图3-8）。

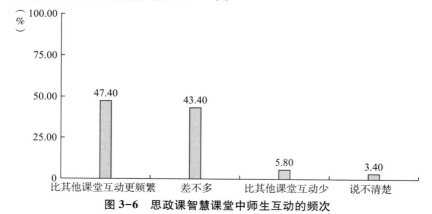

图3-6 思政课智慧课堂中师生互动的频次

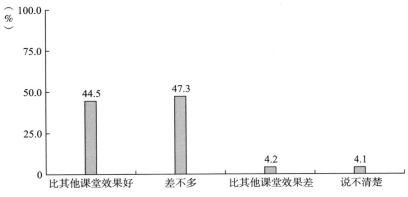

图 3-7　思政课智慧课堂师生互动效果

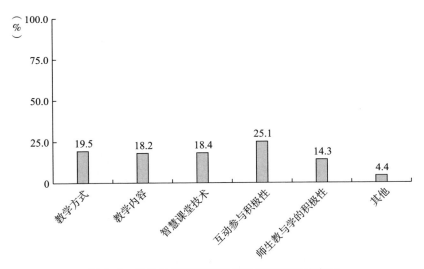

图 3-8　当前思政课智慧课堂最需要改进的方面

因此，未来思政课智慧课堂教学应该借助智慧平台丰富互动形式与内容，形成积极的互动氛围，坚持以学生为本，让每一位学生都参与到课堂互动中，提升学生课堂互动体验感。

（三）学生获得感不断增加

在高校思政课中应用智慧课堂教学模式最终目的是提高学生学习成效。学生的学习成效其实就是学习成果，涉及学习成绩、自我评估和学习收获等，包括知识、技能和情感态度价值观方面的提高或转变。总体而言，学生对自身在智慧课堂教学模式中的收获呈现出积极的评价。

一方面，可以通过分析智慧课堂给学生带来的帮助和影响来了解学习成效。调查结果表明，超过一半的被调查者认为智慧课堂对其帮助和影响较显著的方面为把握知识点和内容、扩展思维能力、提升学习兴趣，除此之外，认为对增强理想信念、价值观的养成、行为习惯的培养、掌握先进教育技术和理念等方面的帮助和影响较显著的占比为40.2%、37.5%、33.9%、34.7%（见图3-9），由此可以得知学生在智慧课堂教学模式下学习思政课将促进其多方面发展。

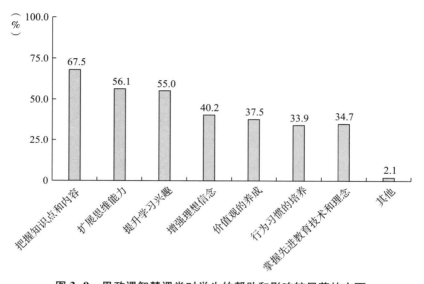

图3-9　思政课智慧课堂对学生的帮助和影响较显著的方面

另一方面，则可以通过分析在智慧课堂学习中学生提升最多和收获最大的能力方面来了解学习成效。调查结果表明，在分析问题能力方面提升最多和收获最大的学生占比34.1%；在自主学习能力方面提升最多和收获最大的次之，占比为24.5%；在沟通能力方面提升最多和收获最大的学生较少，占比低至4.2%；仅有1.4%的学生选择了其他（见图3-10）。因此，智慧课堂教学模式会影响学生各方面的能力。

四　思政课智慧课堂教学活动创新性分析

在教学过程中，不存在最好的教学活动，只有最适合的教学活动。智

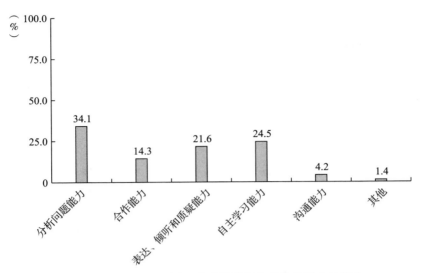

图 3-10　在思政课智慧课堂中提升最多和收获最大的能力

慧课堂教学活动的有效开展是智慧教育落到实处的关键。[①] 与传统课堂教学活动相比，智慧课堂教学并不是传授型的教学，而是借助网络平台为学生提供的学习服务，其更加强调学生的主体地位及开展活动所营造的氛围。在强调学生课堂参与的同时，也更加突出教学活动的丰富性。基于此，从教学活动设计、活动形式及内容三个方面对思政课智慧课堂教学活动的创新性进行分析。

（一）设计系统化，但灵活性不高

教学活动要经历从设计到落实的过程，因此一个好的活动设计至关重要。教学活动设计是教师在进行教学之前，依据学情从学生视角进行的准备工作，对教学活动的开展和教学目标的实现具有导向作用。同时，教学活动的预期效果往往受学生配合程度的影响。因此，教学活动的设计需在系统化的前提下，配合教材知识，保障活动本身的趣味性与有效性。在问到"你认为目前思政课智慧课堂在教学形式上存在哪些问题"时，虽有30.8%的被调查者没感觉到形式上存在问题，但仍有38.8%的被调查者表示智慧课堂的"评价指标太多，学习任务重"，且占比最高；同时，也有

---

① 王兴宇：《活动理论视角下的智慧课堂教学模式研究》，《中国电化教育》2020 年第 4 期。

23.5%的学生认为其"形式太多，偏离内容"（如图 3-11 所示）。这些都表明目前智慧课堂仍囿于固定的体系，缺乏灵活性。

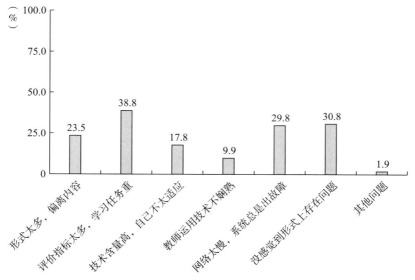

图 3-11　目前思政课智慧课堂教学形式上存在的问题

（二）形式多样化，但活跃度不足

在教学过程中，不论我们以什么形式开展课堂活动，都是为教学而服务。教学活动的形式反映其创新的活跃程度。活动形式的新颖度、创新的活跃度将会影响学生参与活动的积极性及对智慧课堂教学模式的兴趣。教学活动开展的效果如何也将直接决定课堂教学的质量。在对思政课智慧课堂教学模式新意的调查中，超过 40%的调查者认为其比较有新意。在这样的课堂教学模式中，除了理论授课之外，借助网络平台进行读书汇报、学习作品展示、小组交流讨论、课外实践、影视观赏等各种教学活动有序开展，其中以小组交流讨论和学习作品展示居多，占比分别为 46.3%、40.5%（如图 3-12 所示），但这些活动在传统课堂中也较为常见。因此，在被问及"你比较喜欢思政课智慧课堂上哪些教学活动"时，有 44.2%的学生选择了理论授课，占比最高（如图 3-13 所示）。基于上述分析，可知智慧课堂教学模式中教学活动形式的活跃度低，创新性有待提高。

（三）内容全面化，但纵深度不够

在教学实践过程中，各个要素往往通过教与学的活动串联在一起。而

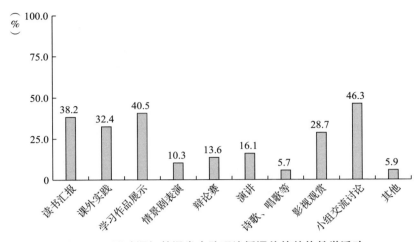

图 3-12　思政课智慧课堂中除理论授课外的其他教学活动

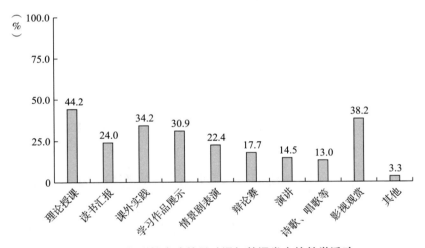

图 3-13　你比较喜欢的思政课智慧课堂中的教学活动

课堂活动设计是形式与内容的统一，二者互为表里。相同的内容可以通过多种形式来表现，内容是形式存在的基础。活动内容承载着一堂课的教学任务，是课堂教学的核心。对于思政课智慧课堂中所开展的教学活动，超过 40% 的被调查者喜欢理论授课，喜欢影视观赏的次之，而对于情景剧表演、演讲等形式的喜爱程度偏低，这可能受长期以来思政课以理论讲授为主的习惯思维影响。对于讲授内容方面存在的主要问题，部分学生认为其内容方面不存在问题，占比为 33%；但是仍有被调查者表示其存在"内容宏观，深度不够"，或"内容陈旧，脱离现实生活"，抑或是"内容枯燥、晦涩难懂"等问题，占比分别为 26.1%、10.6%、26.8%（如图 3-14 所示）。这表明智慧课堂在教学活动内容方面依旧有很大的提升空间，应尽可能反映思政课课程内容的前沿性和时代性，增加内容深度，使学习过程更具探究性。

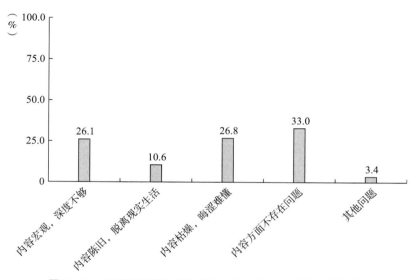

图 3-14　思政课智慧课堂在讲授内容方面存在的最主要问题

第三节　高校思政课智慧课堂教学创新的基本思路

调查结果显示，智慧课堂教学模式在高校思政课教学中应用的频率在不断增加。通过对高校思政课智慧课堂教学模式、教学满意度、教学效果及教学活动的创新性分析，发现其已经取得了较大的成效，如智慧课堂的引入可以提高教学管理的智能化程度，为实施过程性评价提供了数据依据，强化了学生的主体地位等，但是智慧课堂教学模式中学生学习的自主性、教学的互动效果、教学的满意度等都有待提升。基于上述结论，本研究就未来高校思政课智慧课堂教学创新提出以下思路。

一　转变教学理念，提升学习主动性

随着教育信息化水平的提升，中国教育现代化也进入全面转型的新阶段，实现了从跟跑、并跑到领跑的跨越，信息技术与学科教学也从"整合"走向"深度融合"。教育教学理念和观念的变革与转型更加强调教学效果，更加追求课堂教学的智慧性、创造性与学生学习的主动性。因此，教师应转变教学理念，将师生情感交流贯穿教育教学的全过程，以知识建构主义教学理论为指导，以追求学生智慧发展为目的来顺应教育信息化2.0时代发展的趋势，适应经济社会对创新型人才培养的需求。

（一）以追求学生智慧发展为目的

思政课智慧课堂结合各种智慧要素与方法，营造思政课教学新形态，其根本宗旨是培养学生的智慧，也就是促进教学从"教知识"向"教好知识"转变，打造知识与智慧并存的教学生态。一方面，要增强学生对智慧的了解。从汉字的结构来理解，培养"智慧"即是在每日学习知识、不断积累的同时，丰富自己内心的过程。智慧无非体现在知识、方法、能力及美德四个方面，总的来说包括智力因素和非智力因素。在思政课智慧课堂的教学过程中既要注重智力因素，在获得知识的同时感受知识的美和价值，培养学生解决问题的能力，又要注重非智力因素，使智慧充满灵气。思政课教师有责任和义务关心学生的生活，尊重理解学生的人格并捕捉其闪光点，这样才能让更多的学生以更高的热情和更积极的状态参与课堂并生成智慧。另一方面，要讲授正确知识和价值观。思想政治教学过程实际上是科学与艺术相互交织、彼此交融的过程，要切实发挥思政课的教育作用并取得最佳的效果，就离不开教育的艺术性，因此必须要增强教学的语言感染力。瑞士心理学家皮亚杰说过："所有智力方面的工作都要依赖于兴趣。"[1] 教师的语言是接通师生心灵的桥梁，是激发学生学习兴趣的一种手段。每一节思政课所要向学生传递的情感态度价值观各有不同，这就需要教师依据不同的教学内容在"标准化"的语言中适时地加入一些幽默的语言，提升声音的画面感以此作为课堂教学的"调味剂"，来提高学生的注意力，增强学生对思政课的兴趣。

（二）将师生情感交流贯穿全过程

人际关系从本质上说是一种情感交换。人是情感动物，需要通过和他

---

① 〔瑞士〕皮亚杰：《教育科学与儿童心理学》，傅统先译，文化教育出版社，1981，第161页。

人的情感交流得到心理慰藉，并从交流过程中获得精神动力。情感交流作为师生互动的重要组成部分在教学过程中发挥着重要的作用，因为只有当双方有足够的深度交互时，教师才能够融入学生的学习实践中，引导和引领学生的身心成长。首先，教师要密切关注学生的情感变化。只有当教师深入了解学生的情感变化时，才能更好地把握其思想动态并促进情感发展。但受传统教学观念的影响，当教师处于主导地位时往往会夸大自己的主观感受，而忽略学生的情感变化。在智慧课堂教学过程中，教师应努力营造和谐融洽的教学氛围，允许学生流露自己的真情实感，给予学生情感表达的机会，以此进行平等的交流。其次，要借助技术优势，使情感沟通细致化。虽然大数据、互联网在教育教学过程中的应用给师生之间的交流带来了一定的隔阂，但在一定程度上也提供了便利条件。教师可以借助数据分析察觉学生细微的变化，除了面向全体学生进行集体交互之外，也要适时与学生进行单独交流，或就某方面的问题和特定的群体进行针对性交流。同时，针对调查过程中被调查者表示的 VR 技术较少应用于思政课智慧课堂中的问题，教师在教学过程中可以充分利用其虚实结合及可实现异时空场景共存等的特征，利用学习者通过手势、体感及触摸等方式与虚拟或现实对象进行交互提供的反馈结果，打开师生情感交流互动的新渠道。

（三）以知识建构教学理论为指导

建构主义理论包括个人建构主义和社会建构主义，前者重视新旧知识之间的相互作用，而后者则更重视知识背后的文化机制。建构主义的学习观认为在任何一种教学模式中，学生的学习都不是在白板上任意涂鸦，而是建立新旧知识之间的联系，最终实现平衡。并且学生不是被动地接受知识，而是发挥个体的主观能动性，不断进行信息加工、分类、重组和应用，他们不仅需要共性的标准化知识习得，更追求个性化知识与创造性知识的自我建构与生成。[①] 基于此，教师在智慧课堂教学模式中要建构生成性课堂，追求预设性和生成性相统一。一方面预设要留足空间。如果学生对教师提出的问题超出了预设，教师不能置之不理，而应该机智地驾驭课

---

① 冯晓英、孙雨薇、曹洁婷：《"互联网+"时代的混合式学习：学习理论与教法学基础》，《中国远程教育》2019 年第 2 期。

堂，耐心去倾听并给予学生指导，注重在体验中让学生生成智慧，使课堂呈现出别样的精彩。另一方面在教学资源上，师生交流互动中随机产生的教育现象与问题、学生在社会实践中遇到的问题、各思政课之间的融合点及时政热点等都可以作为课堂教学资源进行利用，从而有效促进学习者的知识建构，为学习者实现高质量和个性化的学习打下基础。同时，在智慧课堂模式中教师更要注重培养学生的问题意识和自主能力，同时加强价值引领和情感共鸣。教师应该摆脱传统教学模式的束缚，营造平等和谐融洽的教学氛围，让学生敢于质疑并精心创设有关问题情境，激发学生提问的兴趣，引导学生敢问、想问和善问，给他们进行主动提问留下时间和空间，处理好"提问"与"释疑"的关系，为学生生成智慧服务。

二　坚持过程管理，提高评价准确性

过程化管理在管理学中是旨在提高质量的一种管理方式，通过对教学过程进行要素化的跟踪、管理、优化和引领，以达到更好的教学效果。根据调查结果可知，过程性评价在当前高校思政课智慧课堂教学模式中的应用已取得较大的成效。基于此，在未来高校思政课智慧课堂教学模式中应坚持过程管理精细化、科学化与差异化，切实提高评价的准确性。

（一）过程管理精细化

管理的精细化是规范化的延伸和深入，"精"是一种态度，而"细"是其过程。促进智慧教学过程管理的精细化是全面提升教育教学质量，使教学管理具有持续创造性的重要举措。一方面，教师要有精细化意识。即使目前教师已认识到运用数据指导教学对学生的发展具有更强的指导性，可以根据教学过程中产生的数据针对性地调整教学进度，捕捉教学的重难点，但由于课堂时间有限，教师对于教学过程的管理集中呈现在课堂运行过程中，并没有形成课前—课中—课后管理的区块链条。意识作为行动的先导，对教育教学具有重要的指导作用。教师通过对教学过程管理进行细分，及时地关注和获取数据并对其作出准确的分析和及时有效的应用，从而作出精准的教育决策，让教学目标能有效贯彻到每个环节并发挥作用。另一方面，从整体上建立数据库。教学过程管理的精细化不能是单纯的数据采集，而是要通过数据采集为教育教学服务。教师要将教学信息尽可能地化静为动，将隐藏的教学数据可视化、系统化，从而直观地了解学生的学习投入度、学习进度、学习效果等数据。同时，对于数据要进行深层次的挖掘，不能仅止于系统本身提供的简单的描述量，而忽略数据所提供的一些宝贵信息。对于数据分析所得结果建立相应的资源库，并且满足对信息分类的需求，将量化的信息与质性分析相结合，促进思想政治教育的科学化。数据库的建立有助于任课教师随时了解学生的学习情况，并为后期对学生进行公正、客观、全面的评价奠定基础，也为过程管理的差异化提供了数据支撑。

（二）过程管理科学化

教学管理作为一门科学，有着自身的运行规律。其过程管理的科学有效性也将影响智慧课堂教学模式的质量和效果。要使教学过程管理科学化，首先必须要做到规范化、做到有章可循。教师可以根据智慧课堂教学模式的实践经验，并结合教育教学、社会及科学技术总结符合学校和学生发展运行的规律，实现以客观规律为前提的动态管理过程，使得教师在面对同一类问题时，有基本的方法和模式作为参考，从而科学合理、及时准确地解决问题。但是教学过程管理的规律并不是一成不变的，其也不能成为束缚教师手脚的框架，而要根据教学的实际情况应时而变，从而更好地提高教学管理科学化水平，更好地指导学生学习。其次，教师要依托信息技术保持学生学习数据库的稳定性，将每一个阶段的学习结果都纳入资源库，为后续任课教师了解学生的学习情况提供便利，从而实现对学生的纵向跟踪。在智慧课堂教学模式下，要在学生学习过程中融入智能化的分析跟踪技术，不断实现教学效果评价思维的创新转变。将评价的价值取向从"考核"转向"促进发展"，从而形成"监测过程—实施评价—引导改进—促进发展"的良性循环发展机制，逐步建立多角度、宽领域、多层次的评价标准和评价体系。这样集纵向的跟踪评价与德智体美劳全要素横向评价于一体的立体化评价，将会扭转唯分数等不科学的评价导向，前后联动，聚焦学生，确立全面发展的科学育人导向，共同服务于学生的发展。过程管理科学化既注重教育的差异性，又注重教育的整体性和关联性，突出了立体评价的联结贯通作用，有利于对思政课进行更客观、更科学的评价。

（三）过程管理差异化

两千多年前，孔子所倡导的"有教无类""因材施教"的教育理念，至今仍闪烁着智慧的光芒。"智慧课堂"从本质上来说是教育者在现代信息技术与教育融合的背景下，实施的智能高效的教学方法，尊重学生的差异，让受教育者获得适宜的个性化学习服务和良好的发展体验。

首先，思政课的教育目标是落实立德树人根本任务，在这一根本任务的指引下，教师要抓住学生的共性与个性特点，设定分级分类目标，激发不同受教育者参与课堂学习的积极性，给每个学生均等的机会，促进其优势潜能的开发。做到"认清差异、面对差异、适应差异、利用差异"，立足学生的差异和特性，满足学生个性化成长的需求，使学生在其"最近发展区"内得到较为充分的发展，获得良好的体验。其次，随着对学生学习数据采集量的逐年增加，会形成学生发展相关的大量有效且有价值的数据库。在网络数字化学习情境中，受教育者对主流期刊媒介产品的点击、对思想政治教育资源的浏览及图书馆借阅等一系列行为，都可以成为教师分析和研判其思想动态和精神状况的依据。要充分利用数据库分析学情，借助智能技术赋能教学资源差异化供给，对不同的学生群体发布不同的学习任务，进行针对性的教学设计和作业设计，实现精准高效的教学。通过分层推送和定制化推送相应的作业及差异化的学习方案，为学生学习提供个性化的指导，让教学活动更具针对性和时效性。借助智能技术的差异化的教学过程管理是教师进行差异化评价的基础，同时智能技术为思政课教师实施差异化反馈和个性化提供了技术支持。

三　以数据为驱动，增加教学新供给

供给侧结构性改革理念引入思想政治教育领域，要求在思政课教师队伍、教学方法及教学资源等领域加快实现转型升级，优化教学要素的配置，不断增加教学的有效和高端供给，以期实现精准思政，更好地满足学生成长和发展的需要。面对教学供给质量不高、知识匹配度低、方式单一等师生供需矛盾的主要问题，深化思政课教学中的供给侧结构性改革已箭在弦上。基于此，未来高校思政课智慧课堂教学要以数据为驱动，打造一支现代化教师队伍、坚持教学资源共享化、教学方式主动化。

（一）教师队伍现代化

教师队伍建设是教育事业发展的基础性工作，现代化教师是现代化教育的中坚力量，是教育教学工作有效实施的根本保证。适应教育现代化和教育强国的要求，构建新时代思政课智慧课堂，教师任重而道远。

教师队伍现代化要以现代化师德师风为基础，将师德作为教师队伍素质的第一标准。高校可以根据教师职业生涯各阶段的特点，完善师德教育全程培养体系，通过集中学习、研讨、座谈等形式加强教师的理想信念教育，引导教师带头践行社会主义核心价值观，认真领会党的方针政策，增强政治认同，坚定信仰，确保让有信仰的人讲信仰，共同凝聚发展合力。同时，要创新师德师风考核评价的体系和途径，给予学生一定的监督权，使他们也可以借助网络平台等渠道反映师德师风建设存在的问题，以此实现考评的常态化和长效性，真正做到以德施教、以德育德。紧紧围绕立德树人的根本任务，抓住教师队伍建设这一关键，努力打造新时代高素质教师队伍，为培养担当民族复兴大任的时代新人提供坚强政治保证和可靠质量保障。

同时，也要不断提高教师创新能力。教师的创新能力是指教师在长期教学过程中逐步积累形成的创造力，是学校发展的核心竞争力之一。一方面，学校可以统筹社会资源，借助信息技术搭建教研协同创新平台，实现高新科技的教育转化以及教师创新成果跨时空的展示、交流与评价，整体提升教师教学创新水平与创新能力。另一方面，营造有利于创新的团队环境。教师团队的整体氛围是否积极进取、是否活跃对教师个体的行为也有促进或抑制作用，轻松活跃的团队氛围，以及教师合作研教、共享教学经验等都有利于提高教师工作的积极性，更能够激发教师的创造力。

（二）教学资源共享化

信息化背景下高校教学资源的共享建设已成为必然趋势。开放性的资源是缩小教育鸿沟、提升教学品质、激发教育创新的重要驱动力。其不仅有利于教育数据的信息化，增加教学资源的可利用性，还极大地满足了不同学段教师对数据资源的需求，加强了教师与学生、教师与教师等不同主体之间的交流共享。

对于思政课教学资源共建共享与服务，一方面，教师应优化和调整思政课教学方式，打造立体化的教学资源体系。思政课的内容蕴含了大量的历史逻辑与历史规律，它们是对实践经验的高度概括和总结，具有很强的抽象性。但是思政课教师不应该仅给予学生一些抽象概念，更应该教会学生科学的思维和实践的精神。因此，教师必须提高思政理论与学生实际生活的联系性，进一步增强思政课的亲和力。例如，突破按章讲授进行专题式教学，积极探索混合式教学模式，更好地将最新的形势政策和热点难点问题引入课堂。从而，切实解决教学内容过于抽象的问题，最大化提升学生学习的积极性和主动性，为学生提供立体化与生活化思政教学，让思政教育全面渗透学生的学习生活。另一方面，思政课教师之间以及思政课教师与社会育人力量之间加强协同合作，增加优质教学资源供给。思政课教学所需要运用的资源是多种类型的，任何一种形态的资源之间都不是相互孤立的，它们在相互交融的过程中获得更大的价值。新时代高校思政课的内涵式发展，对教学资源的开发与利用提出了更高的要求。在形式上教学资源要更加数字化、体系化、共享化，用系统的思维打破资源分散的壁垒，有效探索不同形态的教学平台整合模式，充分发挥资源的整体效应（包括教学内容资源和教学师资力量等）。在内容上增强资源的可适用性，根据特定的内容选择适合的资源，并对同一资源进行深入挖掘，聚焦不同维度，尽可能将其应用到多课教学，以此提高资源的利用率。

（三）教学方式主动化

课堂教学是学生接受教育的主要方式，其模式也多种多样，不同的模式可能会产生截然不同的教学效果。将主动教学模式应用于思政课，即在课堂上运用各种教学手段尽可能增加师生之间的互动机会，引导学生积极参与思想政治教育问题探讨，思考所学内容并进行总结，最终树立辩证统一的观念。推行主动教学可以积极在课前课中课后各个环节付诸实践，从而形成"互动—联动—主动"的课堂教学形态。

第一，课前主动调研。例如，在一门课程开始之前让学生利用假期围绕下学期开设课程的相关内容，对身边的人、事及社会热点问题开展各种形式的社会调研并提交调研报告至相关教学平台，实现调研结果的共享化，让学生了解更多的社会现实，带着问题走进课堂进行学习，以此提高学生学习的主动性，以课前调研为首要环节带动其他教学环节的创新。

第二，课中主动分享。根据学生课前调研的结果，教师可以根据课程内容、教学目标及学生的认知规律对其进行分类整理，将它们有机结合设计出专题教学形式，实现教材体系向教学体系的有机转化和融合。在实施过程中，每一专题选出相应的小组借助多媒体等信息技术进行汇报答辩，并组织主题讨论针对其他同学的疑问展开网上交流与答疑，调动学生的参与热情。

第三，课后主动实践。理论联系实际作为思政课教育的根本方针，要求其必须加强实践教学环节，以此提升课程的针对性和实效性。对于实践教学教师不能仅仅局限于课内教学实践，必须深入社会大课堂，了解基层，正确认识国情和社会发展的客观规律，明确自身肩负的历史使命。社会实践是大学生思想政治教育的重要环节，加强实践教学是培养学生成长成才的有效途径，如果脱离现实，就失去了它的价值。

四　以技术为支撑，增强教学互动性

互动又称相互作用，是数字化背景下的特点，在教育学中多指人与人或群体之间发生的相互影响作用。教学作为一种本身具有很强的内在互动逻辑与互动趋势的活动，教学互动自然成为课堂教学中不可或缺的一个环节，主要思想即以学生为主体，将课堂的主动权交给学生，通过引导学生积极思考，促进课堂教学的动态生成。当以大数据、人工智能为代表的新兴技术与教育教学融合，学生的学习环境也变得更加灵活。基于此，高校思政课教师应继续坚持以技术为支撑，不断增强教学的趣味性、沉浸性与延展性，以此优化课堂互动效果。

（一）增加教学趣味性

教育家陶行知认为，教育需要在学生的认知基础上，运用环境的影响并采用特殊的方法，培养他们的创造力。利用信息技术，增加课堂的趣味性。互联网、大数据等的介入，让学生的学习不再只是传统的课本知识的消化，给学生打开了广阔的学习交流空间，图文声像并茂，多角度调动学生的情绪、注意力和兴趣。教学过程本身是有趣的，对于思政课中的许多理论，如果教师对其多加思索与探讨是可以讲解得更有趣的。信息技术作为一种既可以辅助、支持教学，又可以改变教学方式的工具，可以实现让学生在学中玩、玩中学，课堂的互动感也大大提升。例如，在课前可以借助智慧教育平台进行游戏活动，查找与教学内容相关的图文，为教学创设情境，由此调动学生的兴趣，使之更好地将注意力放到课堂上。

同时，情感因素作为影响学生学习效果的非智力因素之一，如果在教学中能使学生始终保持积极的情感状态，那么课堂教学必然能够事半功倍。因此，课中教师可以以多媒体设备为支撑，播放视频或音乐，将情景剧或配音表演等教学形式与传统的讲授法相结合，引导学生以主体身份参与到课堂中，多鼓励学生进行课堂展示，给学生提供探索规律、发现事物本质的机会，真正做到知识传授与价值引领相统一。但值得注意的是，要处理好计算机的工具性与人的主观能动性之间的矛盾，课堂活动不能借助智慧课堂设计得过于"眼花缭乱"，否则难以给学生留下足够的思考空间，也会造成学生形式上的"审美疲劳"和思政课教学在内容上被"喧宾夺主"，即学生仅仅记住了教学的形式。

（二）增强教学沉浸性

沉浸式教学是体验式教学的延伸与情境式教学的迭代，旨在通过一定的教学手段，使学生作为主体参与课堂，更好地感悟知识，促进知识的生成。沉浸是学习过程中的"最佳体验"，它可以使人不停地探索，不断达到新的目标。在传统教学中，思政课教师经常利用多媒体技术将预设的、固定性的知识传授给学生，而学生在这种情境下体验到的大多是色彩及音频的视听冲击，对于知识本身的观察和探索缺乏主动性，容易陷入旁观者的状态。

要想使学生沉浸在所学知识中，教师所采取的方法应提升整个教学过程的沉浸感。一方面，要创设真实的情境，既包括现实的、经验中的真实问题情境，也包括以线上线下相结合的方式引入虚拟场景，通过开放性的情境还原、争论思辨、合作研学、项目探索等方式，让学生在真实的情境中增强解决问题的能力，提升政治认同，坚定理想信念。另一方面，创设沉浸式活动提升全身心融入感，引起学生的情感共鸣。传统的沉浸式活动中，教师可能只能做到重视某一感官，而忽视身体的整体性。这就使学生难以进入完全沉浸的状态。

因此，教师在借助智慧课堂强大的"感官刺激"功能时，所创设的活动必须充分考虑学生的身体活动，在建构情景时应该强调身体、情景、行动、认知、情感、养成、开放七位一体。例如，在进行"中国近现代史纲要"教学时，可以跨院组建学生团队，参观各革命纪念馆及旧址，深入挖掘具有重要意义的素材，将整个过程进行摄像构景，利用虚拟现实与智能交互技术制作红色作品，并建立沉浸式教学互动系统储存优秀作品，使更多的学生通过情景再现实现"穿越"，在三维动态实景中实现互动式、沉浸式体验。通过这种形式实现"虚拟与现实的互补"，不但能推动思政理论课同信息技术的融合，同时也培养了学生的理论思维，提升了学生的实践能力。

（三）提升教学延展性

网络延展式教学作为课堂叙事教学的重要补充，使课后已然成为学习的阵地，这主要依赖于共享式、互动式和智慧式思政课网络教学平台的打造和有效的活动设计。在思政课教学中通过利用学习通、智慧树、慕课等网络教学资源平台，延伸教学空间，拓展教学资源，以完备学生的知识体系，增强教学的连贯性。

思政课智慧课堂既要利用好课堂教学这一主渠道，也要创新课堂形式，搭建课堂延展平台，实现课前、课中、课后的有效互动与衔接。首先，疑点难点可以通过平台反复观看并通过师生连线交流得到解决。这样不仅有利于突破教育的束缚，将知识落到实处，又提高了资源利用的持久性。其次，教师要充分利用平台的"分析与交流"等功能，组织不同专业学生在对思政课同一问题的交流碰撞中产生思想火花，在交流过程中引领学生从更全面的角度思考问题，教师使用更合理、更具综合性的专题进行教学。最后，可以通过微博、微视、思政类的微信公众号等自媒体等把教学活动或成果以学生真心喜欢的方式进行推送。在推送中，教师要注重文字、图片、视频、动画等适合学生移动端学习的内容，通过多样化的方式实现不同场域的优势互补，使学生充分利用"碎片化"的时间，实现"泛在学习"，由此引导学生主动关注思政，提高思想政治教育的时效性。同时，教师也可以通过问卷调查与网络访谈的方式，了解学生对某一学期思政课教学的满意度，并对成败得失进行总结，以此找到教学努力的方向。

五 提升教师素养，增强教学智慧性

教师素养既包括知识素养、政治素养、道德素养，也包括信息技术素养。特别是随着新一代信息技术（包括教育技术）的快速发展，教育已经成为人工智能产生影响的重要领域，而人工智能也将成为教育改革创新的技术支撑。信息化的发展趋势对教师的基本素养结构提出了新的要求，教师不仅需要更高层次的专业素养和多样化的综合素养，还需要与信息化、智能化发展相适应的信息技术素养。为了推动高校思政课智慧课堂教学可持续发展，必须提升教师专业素养、数字素养和人文素养，以此增强教学智慧性。

（一）提升教师专业素养

叶澜教授认为教师专业素养包括专业精神、知识、能力、教育理念及智慧五个维度。[①] 高校思政课教师所具备的专业素养至少包括专业知识、专业能力与专业情怀等集合。在专业知识方面，首先思政课教师必须精通专业课程知识，系统准确掌握马克思主义理论知识，在专业领域潜心钻研，掌握学科前沿及发展状态，不断充实提高。其次教师也要有意识地提高自身跨学科素养，以宽阔的跨学科视野、学科交叉的方法提出教学中的具体问题，同时根据跨学科透视法，引导学生在思政课学习中综合运用各类知识，增强其解决问题和实践创新的能力。专业能力是指思政课教师完成教学任务所具备的教学执行力、研究反思力、创新力、终身学习力等专业能力。因此，教师不仅要强化理论知识学习的自觉，领悟其中的深刻见解，而且要优化教学语言，在保证政治理论严谨与深刻的同时又要适当简化语言，以通俗易懂的方式帮助学生理解知识，明确主流价值观与非主流价值观之间的界限，增强对中国特色社会主义的政治认同、思想认同、理论认同与情感认同。同时，要提升新媒体技术应用能力，通过制作特定主题的教学课件、视频等，将抽象的理论知识转化为直观的教育内容，创新教学形式，以此调动学生学习的积极性。工作中也要做到积极反思和总结，将学无止境的思想落到实处，提高终身学习的能力。在专业情怀方

---

① 叶澜：《新世纪教师专业素养初探》，《教育研究与实验》1998 年第 1 期。

面，落实立德树人的根本任务，思政课教师队伍责任重大。因此，教师必须热爱思想政治教育事业，对自身专业有高度的价值认同和追求，并将学术作为一种精神力量，以正确的价值观念开展思想政治教育工作，自觉在传道授业中为学生种下一颗真善美的种子。

（二）增强教师数字素养

"数字素养是一个综合的、动态的、开放的概念，是经过媒介素养、计算机素养、信息素养、网络素养的演变所形成的一种综合能力。"① 《高等学校数字校园建设规范（试行）》指出，"高等学校应将教师的信息素养提升纳入师资队伍基本能力建设，并列入继续教育范围，保证教职员工信息素养提升的常态化与持续性"②。提升思政课教师数字素养既要有必要条件，也要有现实基础。

首先，要完善教师数字素养培训体系。学校和各级主管部门要给予教师持续动态培训数字素养的机会和平台，并且根据信息技术发展的态势和特点，制定适应时代发展的培训方案。一方面教育主管部门要做好顶层设计，构建全覆盖、多形式、分层次的培训方案，以考评、奖励等方式调动教师参训的积极性，并不断推进数字素养培训的制度化、规范化和常态化。另一方面学校要提高教学信息素养培训工作的管理水平，充分认识到思政课教师对信息素养培训的需求，不断优化信息素养培训的内容，创新信息素养培训的方式，提供多样性、新颖性的培训方案，分享信息化教学的实例，以此提升不同层次思政课教师的数字教学能力。同时，也要注重除数字硬件环境以外的相关政策、制度、法律、思想观念等数字软环境的建设，强化教师间的联系，形成良好的数字化协同育人氛围。

其次，教师要树立主动学习的意识。通过公开课、教学研讨等活动，寻找学习榜样，以开放的心态、自主学习的方式，拥抱数字科技，主动运用信息化手段开展教学，促进信息技术与教育教学的深度融合，提升教学

---

① 王佑镁等：《从数字素养到数字能力：概念流变、构成要素与整合模型》，《远程教育杂志》2013 年第 3 期。
② 《教育部关于发布〈高等学校数字校园建设规范（试行）〉的通知》，2021 年 3 月 16 日，中华人民共和国教育部网站，http://www.moe.gov.cn/srcsite/A16/s3342/202103/t20210322_521675.html。

效果，不断推动教育变革和创新。

最后，要完善思政课教师数字素养考核评价机制。不仅要鼓励、激励思政课教师参与数字素养的培训，还要将相关的指标和评价方法纳入思政课教师的年度考核、职称评定、教学展示评价等日常管理机制之中，使思政课教师快速掌握智慧教学平台的操作，促进智慧教学方式在思政课的运用，以及以信息化方式赋能思政课教师的教学管理，从而提升思政课教师智慧教学的能力和素养。

（三）提高教师人文素养

尽管目前智慧课堂与信息技术紧密融合，但是从教育学的理论视角来看，技术并非智慧课堂产生的必要条件。智慧课堂的本质体现在对课堂育人的追求上，强调培养人的智慧，以追求学生的智慧发展为指向。思政课教学是立德树人的工作，而不是简单的知识灌输和道德说教，相关的教学活动要围绕学生的现实需要并体现人文关怀。正如有学者提出，思政课堂不应该成为简单进行知识传授的场所，而应成为学生生命智慧成长的殿堂[①]，对学生的生命、生活与生存予以关注，对其人格、价值及尊严给予关切，从人需要被关心、被帮助、被理解的角度实现人文关怀与"转识为智"。依据学生身心发展的规律与特点，关注并满足学生的发展需求，始终坚持"以人为本"的理念。一方面要以人文精神内容教育学生，即在教学中引导学生在日常学习生活中维护他人价值、尊严，重视人文精神、全面发展理想人格，因为思政教育的内容恰恰就彰显着人文立场与意识，体现着国家对全体人民发展的精神关怀；另一方面要按照人文的方式关心学生，这就要求保证学生的生命安全，思政教育者在任何时候都应该将学生的安全放在第一位；同时，教师应当增强责任意识，承担好教育者的角色并积极履行自身的职责。当前社会强调的现代化，已经从经济、科技等领域向文化层面推进，因此在教学领域加强人文关怀是推动思想政治教育学科顺应现代化的必然要求。教师必须着眼于对学生思想困惑的澄清、价值观念的引导和行为偏误的纠正，主动走近学生、倾听并融入学生，既关注

---

① 刘邦奇：《智慧课堂生态发展：理念、体系构成及实践范式——基于技术赋能的智慧课堂理论与实践十年探索》，《中国电化教育》2022 年第 10 期。

学生的共性问题又善于把握个性特征。教师亦要改变传统的教学方式，以理服人、以情动人，坚持情理并重，以真实的情感吸引人，将思想政治教育融入社会实践活动和环境熏陶中，避免单纯的道德说教，尊重人的个性，实现人的发展。

第四章 智慧平台：高校思政课智慧课堂教学的空间再造

　　智慧平台是教学创新的手段和技术。高校思政课智慧课堂教学创新在平台方面主要体现在两大维度：基于现有教育技术平台的教学应用创新以及信息技术发展带来的思政课教学新形态新技术。一方面需要思政课教师熟悉和了解智慧课堂软硬件平台的功能，能有机地将这些创新的技术手段融入高校思政课教学过程之中；另一方面也需要智慧平台在技术上不断突破，真正实现高效化、智能化，以及增强丰富性和多样性。

　　一般认为，智慧平台是基于大数据、物联网、移动互联网等技术综合打造的具有人工智能属性的高度信息化、智能化的教学系统和教学环境。从现有的技术来看，智慧平台主要包括"云""网""端"三大部分。"云"就是云技术，包括云基础设施、支撑平台、资源服务、数据处理和教学服务管理系统；"网"就是高速互联网（包括5G等技术）和云服务器，提供信息交流、云计算、云存储等；"端"是指应用工具，包括教师端和学生端，通过教学平板电脑、手机、笔记本电脑等进行教学互动、评价、提交和批改作业、个别辅导等。高校思政课教学可以借助现有的这一系列信息化的技术手段、虚实结合教学空间，以及智能化的结构改革进行不断创新。

第一节 高校思政课智慧课堂的物联空间

　　随着现代信息技术的迅猛发展和高校思政课地位的提高，构建高校思政课智慧课堂物联空间越来越受到人们关注，具体来说，可以从构建虚实技术结合的物联空间、高效畅通的师生交互空间和精准个性的网络学习空间三个方面着手展开。

一　构建虚实技术结合的物联空间

随着科学技术的迅猛发展，物联网技术逐渐应用到各个领域，教育领域也发生了巨大的变化。在教学过程中，物联网技术将教育教学活动所涉及的人、物通过高速互联网紧密结合在一起，实现人与人、人与物、物与物（包括计算机）的实时交互。同时，物联网不仅能够将现实世界中的物体连接起来，还能够实现现实世界和虚拟世界的连接。

（一）何为虚实技术结合的物联空间

技术层面的虚实结合就是将现实情境和信息化的虚拟情境结合起来，反映在教学上就是对历史情境、理论情境、问题情境以及现实生活中难以呈现的情境的打造、重现和模拟，一般也被称为虚拟现实技术。这一技术的核心是大数据和仿真技术，结合其他相关的信息技术，生成与一定范围真实/假想环境在视、听、触感等方面高度近似的数字化环境，用户借助必要的装备与数字化环境中的对象进行交互，可以产生亲临对应真实环境的感受和体验。[①] 物联空间是通过互联网将不同物品联系在一起所形成的空间，基于物联网的智能物联空间指的是依托当今的智能化模块与电子科技产品结合，利用计算机信息技术与新型通信技术把所处空间内的各类设备有机连接为一个整体，进而实现智能化的一种生态系统，其具有智能灯光控制、智能电器控制、安防监控系统等功能。在教育领域中利用虚拟现实技术打造虚实技术结合的物联空间能够在一定程度上促进教育的变革。

在构建智慧教室的物联空间方面，北京语言大学在传统教室的基础上做出了许多人性化改造。比如，给学生预留了书包架，用轨道插座替代了固定墙插，在原本单一的白色墙面上添加了绿色，灯光分多路控制，去除讲台，使用活动桌椅和可折叠桌椅等。此外，北京语言大学的智慧教室还

---

① 沈阳、逯行、曾海军：《虚拟现实：教育技术发展的新篇章——访中国工程院院士赵沁平教授》，《电化教育研究》2020年第1期。

增加了智能门禁系统，这一系统和学校的排课系统相连接，可以根据课表自动在课前课后开关教室门，在一定程度上节约了人力成本、提高了效率。同时，完善的教学基础设施是开展教育教学活动和提高教学实效的前提和基础，智慧教室在传统多媒体教室的基础上做了很多改进，更加考虑学生和教育教学的实际需要，基础设施更加完善，功能更加齐全，为高校思政课教育教学活动的展开提供了更好的条件。[①] 金智勇、张立龙也以华中师范大学的智慧教室为例阐述了集"物理空间、资源空间、社区空间"于一体的模型建构及实践探索。[②] 黄荣怀等学者从智慧观的角度构建了智慧教室的 SMART 概念模型，包括内容呈现、环境管理、资源获取、及时互动、情境感知等内容。[③] 聂风华等学者从系统组成的角度构建了包括基础设施建设系统、网络感知系统、可视管理系统、增强现实系统、实时记录系统和泛在技术系统等在内的智慧教室的 iSMART 模型。[④]

（二）思政课虚实结合物联空间的构建策略

构建思政课虚实技术结合的物联空间，要从三大角度着手，一要完善物联空间的基础设施，二要配备利于虚实结合的智能化教学设施，三要利用先进技术打造虚实结合的空间。从中可以看出，这些物联空间的构建更多面临的是技术层面问题，即通过技术的创新打造思政课新的环境空间。

1. 加强物联空间的基础设施建设

在物联空间的基础设施建设中，智慧教室的基础设施、网络与感应设施等是其中非常重要的部分。完善的教学基础设施和良好的环境能够对教育教学活动的成效产生重要影响，所以在建设智慧教室的过程中，也要通过运用物联网技术为教育教学活动提供良好舒适的智能环境，以达到提升教学效果的目的。

加强智慧课堂的基础设施建设需要从以下几个方面入手。首先，灵活

① 孙飞鹏、汤京淑：《高校智慧教室的建设与评价——以北京语言大学为例》，《现代教育技术》2019 年第 12 期。
② 金智勇、张立龙：《智慧教室"三位一体"模型构建及实践探索——以华中师范大学为例》，《现代教育技术》2019 年第 4 期。
③ 黄荣怀等：《智慧教室的概念及特征》，《开放教育研究》2012 年第 2 期。
④ 聂风华、钟晓流、宋述强：《智慧教室：概念特征、系统模型与建设案例》，《现代教育技术》2013 年第 7 期。

移动的课桌椅。在传统教室中，课桌的形状多是方方正正的，座位排列方式也基本上是"秧田式"，这样的座位摆放方式虽然有利于教师的课堂管理，但是不利于学生在课堂中进行交流讨论。智慧教室中多样化的活动课桌椅克服了这一弊端，这种新的课桌椅形状各异，上课时学生都可以根据课堂教学的需要随时将之组成新的形状，便于教师课堂管理的同时也方便了学生交流讨论。比如，华中师范大学的智慧教室中就采用了可移动的独立梯形或豆瓣课桌、异形桌椅等。① 其次，互联的扩音设备。除桌椅以外，智慧教室的扩音设备也进行了升级，在传统多媒体教室中，扩声采用过的方案包括有线麦克风、界面麦克风、无线麦克风等，同时为了解决啸叫问题而引入了移频处理技术方案②，这一技术的运用在一定程度上扩大了音量，使教师的声音能够清晰地传达给教室中的每一位学生，同时也解决了啸叫问题。近年来，随着科技的进一步发展，吊麦扩声系统也逐渐进入课堂中，这一扩声方式把麦克风吊放在天花板上进行拾音，在一定程度上解除了传统扩音设备对教师的束缚，扩音效果更加真实。再次，电子班牌系统。当前，许多关于智慧教室建设的研究中都提到了电子班牌系统的设置，该系统可以给学生提供推送课表、考勤信息统计、信息发布及展示、环境监测等服务，为学生学习和教师教学提供了极大的便利。最后，空调、窗帘、装饰、供电配电等。随着技术的逐步成熟，智慧教室已经能够根据使用者的偏好或教学所需情境实现智慧教学物理空间环境的一键控制，在一定程度上节省了课前调整设备的时间。

除了基础设施外，智慧课堂的网络与感应设施也极为关键。智慧课堂除提供有线网络接口以外，还要提供高速的无线网络，以保证智慧教学过程中各设备网络的正常运行，除此之外，还要通过网络中控和物联网功能实现对智慧教室中所有联网设备的管理，如在智慧教室中安装光照、温度、湿度传感器等，根据教学实际需要对教室内的灯光、空气、温度、湿度等进行感知、调节和控制；也可通过互联网实现对智慧教室中电源、电

---

① 金智勇、张立龙：《智慧教室"三位一体"模型构建及实践探索——以华中师范大学为例》，《现代教育技术》2019年第4期。
② 段海涛、冀燕丽、王敬：《多媒体教室扩声系统探讨》，《现代教育技术》2013年第3期。

脑、空调、窗帘、门禁等的远程开启和关闭；生成关于教室环境和设备使用情况的报告；等等。这些智能化的设施和设备，为高校思政课的开展打造了舒适、灵活的教学实体环境。

2. 配备有利于虚实结合的智能化教学设施

智能化教学设施的完善能够在一定程度上满足多样教学形态以及教育大数据收集的需求，突破物理空间与网络空间的障碍，提高思政课教学的质量和育人效率。因此，在思政课教学环境中还需要配备有利于实现虚实结合教学的智能化教学设施。

首先，交互式电子白板和交互投屏系统的投入与使用。交互式电子白板具有正常黑板尺寸，在计算机软硬件支持下，既具有普通白板功能，又具有与计算机软硬件融通的功能，以及与教育资源、人机、人际多重交互的物联功能。在电子白板上，教师可以直接进行 PPT 翻页、文字标注、分批呈现、灵活拖拽、过程储存及回放等，在很大程度上为教师教学提供了便利；交互投屏系统是智慧教室的重要组成部分，是对自带设备（Bring Your Own Devices，BYOD）理念的生动运用，为师生互动提供了更好的条件，一方面，教师可以将教学内容投放到学生的设备上供学生学习理解；另一方面，学生也可以将自己设备上的内容投放到屏幕上实现屏幕共享。交互投屏系统的使用在一定程度上将传统"教师教、学生听"的教师中心模式转变为"教师主导、学生主体"模式，学生可以将课前预习中存在的问题、课中交流讨论的结果、课后作业的完成情况通过投屏的方式实现共享，更好地反映学生在学习过程中存在的问题，从而进行针对性的解决。

其次，智能录播系统的创设和运行。智能录播系统采用图像识别跟踪技术，能够按照教学逻辑对学生行为、教师行为及电脑画面进行跟踪拍摄并自动生成优质视频。这一系统能够传递高清的教学视频和清晰的音频，为思政课翻转课堂提供学习素材，实现远程教学，教学录播打破了传统教学中存在的时空限制，提高了思政课教育资源的存储和利用效率，促进了优质教育资源在更大范围内的优化配置，学生可以在课后针对自己存在的问题反复观看教学录播视频，也能够提升学生学习的自主性。高校思政课教师可以通过观看自己的录播视频进行教学反思，不断改进教学，提升专业素养。同样，其他的思政课教师也可以通过录播系统学习和了解优秀思政课教师的教学实况。

再次，云桌面系统的研发和运用。云桌面系统可以将所有与教育教学相关的资源集中在云桌面，使用者不局限于教师，学生也可以随时查阅相关资料，云桌面也不仅限于一个终端设备，可在多个设备同时查看，既提高了思政课教学互动的效率，也方便了教学数据、教学资源的保存、传输和推广。

最后，电子考勤系统和教务督导系统的建立。在智慧教室中，电子考勤系统为课堂教学节省了时间，且考勤结果会实时同步到智慧课堂系统以及教学运行和管理部门的后台，便于授课教师、教学督导、学校主管部门及时了解各门思政课的出勤情况和学生的学习情况。

3. 利用最新信息技术打造虚实结合空间

为了跟上时代步伐，高校的智慧课堂（智慧教室）需要不断更新、升级和维护，利用最先进技术将智慧课堂的物理空间与虚拟空间联通起来，将教室空间与课外教学空间（资源）联通起来，既实现思政课育人资源的共享，也有利于学生在虚实结合的空间中动手操作、获得体验感，增强学生的操作能力、共情能力、分析能力和对思政课目标的认同度。

一方面，可以充分利用增强现实等技术打造虚拟现实的教学系统。近年来，虚拟增强技术不断发展，也越来越被广泛应用到教育领域中，虚拟现实（Virtual Reality，简称 VR）、增强现实（Augmented Reality，简称 AR）、混合现实（Mixed Reality，简称 MR）等技术能够给高校思政课的教育教学带来一定程度的革新。聂风华等人提出的"iSMART"模型中的增强现实系统就包含视频会议、交互演示、穿戴设备等子系统，视频会议使异地同步互动教学成为可能，交互演示可以最大限度地展示各种各样的教学资源，穿戴设备可以给予学生更为真实的体验。[1] 这些技术都能增强学生学习思政课的兴趣，更真实地融入历史、了解历史，更好地弘扬革命精神。比如在"中国近现代史纲要"课程教学中，可以通过虚拟现实和混合现实技术模拟还原历史现实，并在虚拟与现实之间建立一个交互平台，使

---

① 聂风华、钟晓流、宋述强：《智慧教室：概念特征、系统模型与建设案例》，《现代教育技术》2013 年第 7 期。

学生在学习过程中沉浸其中，亲身感受，不仅能够丰富学生的知识储备，还能升华学生的情感。

另一方面，可以充分利用互联网技术促进虚拟学习空间的构建和线上虚拟课堂的建设，这既有助于个性化学习方式的培养，也有助于提升思政课教师的整体教学水平。在知识大爆炸时代，随着现代信息技术的不断发展，传统单一面对面教学的方式已经难以满足学生对知识获取的需求，构建虚拟学习空间能够为学生提供丰富的学习资源，拓宽学生的视野。许多学校在建设智慧教室时都会考虑构建虚拟学习空间或云桌面，这一平台中不仅有课后巩固拓展材料，还能够同步将教师的备课课件进行储存，为学生提供课前预习材料，激发学生对教学内容的好奇心和求知欲，发现自身在预习中存在的问题，从而提高学习的针对性和实效性。此外，在课堂教学过程中，师生也可以运用学习空间中的资源开展互动，将课堂录播视频上传至云端，供教师和学生回放，进一步丰富学习空间的资源。同时，这一平台的使用者不局限于师生之间，也可以拓展到教师与教师之间，通过云平台的各种功能，实现协同备课、远程教研、资源共享共建，促进思政课教师教学科研能力的提升。

虚实结合的课堂形态，使学生可随时随地观看平台上的教学资源，学生的学习不局限于教室之中，也不限于本校的授课教师，还能扩展到线上学习，以及和校外的思政课教师互动。高校常见的思政课线上教学平台，如中国大学 MOOC、超星学习通、云课堂等，为课堂教学进行了一定的补充。另外，偶发性突发公共事件可能会影响学校正常的课堂教学，而智慧课堂平台在特殊时期能达到"停课不停学"的效果。教师可以在这些平台上共享自己的课件，使学生能够通过自己的设备清楚地看到并听到教师的授课内容、回答问题、在聊天区交流讨论，通过这些智慧课堂平台尽可能缩小与正常线下课堂的差别。同时，线上智慧课堂相比线下教学也有一定的优势，如在教学过程中可实时监测学生在线听课的情况，可以自动统计该课堂的到课率等，这在一定程度上为思政课教师节省了不少时间和精力，以便思政课教师更专注于思政课教学内容和形式的创新。

二　构建高效畅通的师生交互空间

教育教学不是单一主体的活动，也不单单是教师教、学生听的活动，而是教师和学生共同学习、成长、进步的过程，需要充分发挥思政课教师的主导作用和学生的主体作用。教师和学生作为教学的两大主体，在教学过程中有着紧密的联系，并不是孤立存在的。虽然传统的课堂中教师和学生也会进行一定的互动，但是这种互动的效率比较低，由于时间有限，而思政课每个班级的人数普遍比较多，教师无法照顾到每一位学生，所以通过智慧课堂技术化的方式保证师生交互的高效和畅通至关重要。

（一）何为高效畅通的师生交互空间

师生交互是指教师和学生在教学中及生活中进行各种交流互动活动的过程，包括师生交互和生生交互；师生交互空间是指师生和生生进行交流互动的场所或平台。师生、生生间的沟通、交流、互动及合作贯穿教育教学的全过程，学生对于知识点的掌握、能力的提升以及情感的升华也正是在这一过程中逐步实现的，原本淡漠的师生关系通过教师和学生之间的一系列交流互动逐渐变得亲密友好。

在构建思政课师生交互空间时，应注意一些基本的原则：便捷性原则，即尽可能地简化登录程序，使高校学生可以通过通用的智能手机、平板电脑、笔记本电脑等多种设备登录，而不是仅限于某一特定终端登录。开放性原则，即时空上不受局限。思政课师生、生生交互并不局限于课堂教学中，而是贯穿在教学的设计、实施、评价等全过程；师生、生生交互也不局限于教室和学校内，所以应尽量做到空间的开放，以便随时随地展开交流互动活动。时代性原则，即思政课师生交互空间的内容和形式应与时俱进，随着科学技术的发展不断完善交互功能，满足师生不断发展变化的需求，特别是满足作为"数字原住民"的新时代高校学生的需要。

（二）高效畅通的师生交互空间构建策略

构建高效畅通的师生交互空间可以从以下四个方面着手：完善师生交互空间的物理设施，构建智能化虚拟学习空间，打造人性化在线学习平台，建设便捷化网络交流社区。

1. 完善师生交互空间的物理设施

师生交流互动是促进师生共同发展的重要途径，但是师生互动也需要一定的物质条件，交互条件或设施会在很大程度上影响教师和学生交流互动的效果。

如虚实结合的教学空间，要促进师生的交流互动，就需要完善网络基础设施、教学基础设施和信息化教学设备。比如没有流畅的网络，思政课师生的全员互动就难以顺利进行。再如，传统教室中的桌椅形状以及摆放都显得教室拥挤而狭小，使教师很难走下讲台和每一位同学进行互动，学生交流讨论也不太方便。但在智慧教室中，形状各异的桌椅可以根据教学实际需要随意拆分组合，学生讨论更加便利，教师也可以随时走下讲台去了解每一位同学的思考和讨论情况。再如，传统的多媒体教室中有黑板和大屏幕，教师教学时只能在大屏幕上投放 PPT，很难自如地在各类教学资源上再进行标记或批注，而一堂课的内容很多，学生难以迅速地将教师讲的所有内容记录并对应起来。在智慧教学中，电子白板和各种电子设备的应用可以在很大程度上解决这个问题，教师无须一直站在主控台上操作电脑，可以先将教学资料发给学生，学生在自己的设备上做好课前预习，课上学生可以跟着教师的步伐做笔记或将自己预习过程中遇到的问题和思考的结果进行共享，加强师生互动等。

2. 构建智能化虚拟学习空间

智慧教育环境下的师生互动与传统课堂中的师生互动相比跨越了时间和空间限制。互联网和通信设备的投入和使用使教师和学生的交流互动不局限于课堂教学，而是延伸到课堂外和学校外的虚拟空间当中。比如，在互联网和设备基础上建立起来的虚拟学习共同体能够为师生随时随地进行交互活动提供必要条件，一方面为学生提供教师收集的优质教学资源，学生可根据自己的需要进行个性化学习；另一方面教师也可以获取有关学生学习情况的信息，以便调整教学计划，开展针对性教学。这在一定程度上反映了教师和学生借助虚拟空间资源进行的交互活动。

学习空间是对各种学习资源进行整合归类所形成的空间，可以给学生推送电子学习资料用于学生课前预习；课中在电子白板上书写的内容和录播视频也会自动同步到学习空间，供学生反复观看学习，同时，学习空间还可以充当教学过程中的师生互动平台，用于随堂测试；课后的网络作业、学生存在的疑问、教师的解答、课外拓展资料等内容都收纳在学习空间内。所有有利于学生学习的内容都被收纳其中，学生利用学习空间中的资料学习，提出自己学习过程中存在的疑惑，教师进行解答，这一过程正是师生在利用学习空间中的各项资源进行互动。比如，高校思政课教师可以在智能化教学平台中上传与授课内容相关的预习材料和备课成果，学生可以利用该平台进行预习，系统能够自动把学生预习时提出的疑问实时推送给教师或同学，以使学生及时获得帮助，并且其他同学在预习相应内容时也可看到他人的求助及解答，避免教师重复劳动的同时解答学生可能遗漏的困惑，帮助学生获得全面的认识，也增强了师生互动。

3. 打造人性化在线学习平台

随着现代信息技术和现实需求的不断变化，出现了各种各样的在线学习平台，如云课堂、雨课堂、学习通、腾讯会议、钉钉以及小雅平台等。为最大限度贴近学生的实际需要和线下课堂教学的实际情况，设计者在构建在线学习平台过程中融入了许多人性化元素，同时也促进了师生间的交流互动。比如，在一些平台上学生可以点"举手"按钮进行发言，可以选择是否打开摄像头和教师互动，可以在聊天区发表自己的意见，可以给教师的生动讲解和学生的精彩发言鼓掌或送花，这些功能都在一定程度上促进了师生间的互动；另外，平台能将数据记录下来生成学习分析报告，教师可以根据报告与学生进行交流，为师生互动提供了素材依据。

4. 建设便捷化网络交流社区

当前，不少高校思政课教师与学生交流的主要途径是课堂教学。除此之外，部分好学的学生也会通过 QQ、微信等即时通信软件与教师进行课外交流，但是这样的同学只是少数，大部分同学还是只能在课堂上和教师互动，而课堂上学生可能会因为时间有限、教师身份等而无法充分表达自己的观点、进行有效互动。同时又由于高校思政课大多采取大班教学，人数多导致教师难以做到和每位学生互动，出现师生互动的覆盖面较窄等问题。所以，构建便捷化的网络交流社区十分必要。

建设便捷化的网络交流社区应秉持开放性原则。首先，坚持参与主体范围的开放，允许不同学校、不同班级的教师和学生自由交流，淡化学校界限和师生层级意识；其次，坚持交流话题的开放，在社区交流中，话题不局限于学习，可以允许教师和学生分享日常生活中的趣事，以增进师生间的相互了解，加强互动；再次，坚持接入方式的开放，大家可以自主选择进入网络交流社区的方式，如智能手机、平板电脑、笔记本电脑、台式电脑等；最后，坚持时间和空间的开放，大家可以在等待的间隙随时随地打开网络交流社区进行互动。

三 构建精准个性的网络学习空间

网络学习空间的构建能够在一定程度上丰富教学资源，可以为学生学习提供智能化、泛在化、人性化服务，学生可以自主确定学习内容和学习进程，这在很大程度上尊重了学生的自主性。此外，许多网络学习空间具备资源提供、试题测验、自动批改、行为记录与分析、个性化推送等功能，在很大程度上节约了教师的时间和精力，同时也支持了学生的个性化学习，加强了师生的虚拟互动。

（一）何为精准个性的网络学习空间

学习空间是指所有能够对教育教学活动或学生学习活动起积极作用的条件或场所，包括虚拟空间和实体空间。随着现代信息技术的不断发展以及各级各类教育部门对"三通两平台"建设的重视，网络学习空间这一虚拟空间的构建备受关注，教育部 2018 年发布的《网络学习空间建设与应用指南》指出："网络学习空间是指由教育主管部门或学校认定的，融资源、服务、数据为一体，支持共享、交互、创新的实名制网络学习场所。"[①]

网络学习空间可以分为校园型、慕课型和资源型等多种形态。[②] 校园型网络学习空间能够对课堂教学起到支撑作用，能在一定程度上体现校本课程的特色，慕课型网络学习空间给予学习者很大的自主学习空间，而资源型网络学习空间能在一定程度上满足学生自学的资源需求。

---

① 《教育部关于发布〈网络学习空间建设与应用指南〉的通知》，2018 年 4 月 17 日，中华人民共和国教育部网站，http://www.moe.gov.cn/srcsite/A16/s3342/201805/t20180502_334758.html。

② 王慧：《基于网络学习空间的智慧教学设计与实践探索》，《中国电化教育》2016 年第 11 期。

（二）精准个性的网络学习空间的构建策略

随着素质教育要求的不断提高，如何构建根据学生的实际情况精准个性地推送资源的网络学习空间成为许多空间开发人员和众多学者所关注的新问题。相关研究主要聚焦于以下几个方面。

1. 加强理论研究，革新思政课教学理念

构建精准个性的网络学习空间离不开先进科学技术的支持和相关理论研究的深入，这些理论的出现为思政课教学创新提供了参考和借鉴。如杨现民等学者在梳理网络学习空间的内涵、发展阶段和趋势，存在的现实问题等内容的基础上提出了一些针对性的促进网络学习空间发展的建议，他们认为应该建设标准化的网络学习空间，促进各学习空间的互联互通，尽可能多地收集并研究空间应用的实例，从而形成常态化运用模式。同时还应该通过成立专门机构和制定规章制度来保证网络学习空间数据的安全性，通过多种激励方式吸引更多学者聚焦于网络学习空间的研究。学生是网络学习空间的主要使用者之一，所以更应该及时关注学习者的状态、评估学生的学习成果，完善学习保障机制。[①] 这些理念和做法也是思政课改革创新的路径和方式。

再如祝智庭教授和管珏琪认为个人学习空间（PLS）的建设应注重引导学生反思并记录学生学习情况，为学生学习提供支架和引导，尊重学生自主权，保护学生的隐私和安全，充分利用网络学习空间中大数据所记录的信息实现学生个性化学习，加强网络学习空间标准规范研究以形成技术规范体系，促进网络学习空间的规范化发展。[②]

当然，如果能借助网络化、智能化的平台实现思政课的智能化辅导、评价，对于思政课教师来说更是利好。李玉斌等人就提出网络学习空间的建设离不开基础设施支持，要加强"云网端一体化"设施建设，通过互联网和传感设备打造具备自动批改作业、在线辅导、智能答题等功能的虚实结合的网络学习空间，通过整合各平台学习数据打造提供精准服务的个性

---

① 杨现民等：《网络学习空间的发展：内涵、阶段与建议》，《中国电化教育》2016 年第 4 期。

② 祝智庭、管珏琪：《"网络学习空间人人通"建设框架》，《中国电化教育》2013 年第 10 期。

化网络学习空间，通过融合多种优质资源满足学生个性化需要，同时也为学生提供一个可交互操作的、无缝链接的、泛在的多元协同学习空间。[①]

2. 实现技术突破，打造精准且个性的空间

要真正实现上述学者对网络学习空间的建构设想，就离不开互联网、物联网、云计算、大数据、人工智能、虚拟现实、增强现实、混合现实等技术的支持。

移动互联网有高便捷性、泛在性等特点，是智慧教育不可或缺的组成部分，其对教育的影响主要包括使教育资源碎片化、教育场景移动化、教育模式按需化和教育形式互动化。[②] 教育资源碎片化即强调把庞大的学习内容分割成一个个小部分，学生可以充分利用碎片时间进行学习；教育场景移动化体现为学生还可以在除学校、教室、图书馆以外的其他地方进行学习；教育模式按需化是指学生可以利用移动互联网随时查找自己需要的材料和答案；教育形式互动化即学生可以利用移动互联网跨越时空与他人进行交流互动。移动互联网对网络学习空间的构建至关重要，为了使人们有更好的学习体验，互联网也要不断实现自身的优化升级。

物联网技术的有效利用能够提升、促进网络学习空间建构的精准度和个性化。构建网络学习空间时可以充分利用物联网技术收集学生的兴趣爱好，以提高其精准性和个性化，比如空间可以通过物联网技术自动捕捉学生使用平板电脑查阅的学习资料，并据此推送更多相关材料。云计算有利于消除教育信息系统中的"孤岛"现象，整合多方面的教育资源，扩大资源共享范围、提升资源利用率[③]，所以应该充分利用云计算技术来完善学习空间。

大数据有利于更高效地分析学生的学习特点和需求，从而为学生提供精准的个性化服务；人工智能技术有助于进行数据挖掘，主动高效地从网络信息空间中发现并收集用户所需信息，提高信息检索准确性，可以赋予网络学习空间自我学习和沟通的能力，增强其批改作业、在线答疑、智能

[①]　李玉斌等：《网络学习空间升级与学习方式转变》，《现代远距离教育》2017 年第 4 期。
[②]　哈斯高娃等编著《智慧教育》，清华大学出版社，2017，第 81 页。
[③]　哈斯高娃等编著《智慧教育》，清华大学出版社，2017，第 76 页。

测评、对知识的智能化管理等能力，有利于减轻教师群体的压力。教师在教学中要充分融入人工智能技术，培养学生多角度思考问题的能力和分析判断能力①；而虚拟现实、增强现实、混合现实等技术可以增强网络学习空间中师生交互的效果，有助于更好地分析用户需求，活跃学习氛围，所以在构建学习空间时可以适当地融入游戏元素，利用虚拟现实技术增强学生对知识的体验感和获得感，为学生提供安全的操作环境，提高学生的动手操作能力，同时也应保证平台内容的时效性，不断更新教学内容，使实践训练与时俱进。②

3. 教师精心设计，为平台提供丰富资源

尊重学生主体地位、加强与学生的沟通交流、采取针对性教学、促进学生个性的全面发展是新课程改革秉持的重要理念。另外，每一个学生都有其自身成长的特点，教师的职责之一即通过日常观察、沟通交流等方式来了解学生的长处和短板，充分利用各类资源和机制给予学生针对性的教育。所以，教师教学也是构建精准个性网络学习空间的重要渠道。

教师在教学前为学生创造自主学习的环境和机会，在教学中采用多样化的教学方式发扬学生的个性，在教学后运用现代信息技术对学生学习情况进行个性化的诊断评估，从而为构建个性精准的学习空间提供依据。除此之外，教师也可以在教学设计、实施、评价等环节推动精准个性网络学习空间的建设。在智慧教学设计方面，教学目标的设定基于学生的接受能力和已有知识基础，关注学生的个性化学习需求，为学生提供个性化的学习材料，结合学生的兴趣讲解教学内容；在教学实施过程中，教师也要合理运用网络学习空间的资源，不能一味地让学生自己观看网课视频，而要结合网络空间资源引导学生在课上交流讨论、大胆表达自己的观点，教师观察学生的各种表现、了解学生的同时，也增强了平台对于学生个性的"了解"；在教学评价方面，教师不能仅依赖机器提供的报告，也要深入学生群体，了解学生内心的真实想法，认真观看网络学习空间中学生的学习记录，及时了解学生学习情况的变化，并将这种变化同步到平台，从而对

---

① 哈斯高娃等编著《智慧教育》，清华大学出版社，2017，第82~85页。
② 哈斯高娃等编著《智慧教育》，清华大学出版社，2017，第87~88页。

学生作出真实准确的评价。由此可以发现，教师进行教学设计、实施、评价的过程，也是加强平台对学生个性"了解"、构建更为精准个性的网络学习空间的过程。

4. 学生凸显个性，为空间建构提供依据

学习空间的构建绝不能千人一面，而要遵循"一生一空间，生生有特色"①的理念，最大限度保护学生的独特性，但这并不意味着把学生困在个人学习空间中，而是要构建动态开放的学习环境，保持学生的社会性特征。在传统教学工作中，教师所面对的学生数量之多以及工作量之大往往使其难以兼顾每一位学生的个性发展，而在智慧课堂环境下，由于大数据技术和深度学习等技术的运用，根据学生学情进行智能化分类成为可能，教学空间的个性化建设也具有了一定的技术基础，当然，这也离不开思政课学习过程中学生自身不断凸显自己的个性。

学生是教育教学活动的重要主体，是个性化网络学习空间的主要使用者之一，也是构建精准个性化网络学习空间的重要主体之一。学生使用网络学习空间资源自主学习的过程也是为构建个性化网络学习空间提供依据的过程。贺斌、薛耀锋认为要建设精准个性的网络学习空间，必须要激发学生的责任感和拥有感，提供泛在学习的条件，培养其自主学习的意识和能力，设计丰富的学习活动，促进学生深度学习。②

作为新时代大学生，要主动转变学习观念，摒弃以往思政课仅仅听讲学习的思维，努力改变被动式学习态度，积极适应智慧教学方式，善用中国大学 MOCC、网络云平台、学习 App 等工具进行自我提升，以增强网络学习空间资源推送的精准度。网络学习平台有很多，比如祝智庭等人在其文章中提到的 Sakai、百度云、QQ 空间、国家教育资源公共服务平台、AiSchool 云课堂、世界大学城、人人通移动教育云平台等。③

---

① 杨现民等：《网络学习空间的发展：内涵、阶段与建议》，《中国电化教育》2016 年第 4 期。
② 贺斌、薛耀锋：《网络学习空间的建构——教育信息化思维与实践的变革》，《开放教育研究》2013 年第 4 期。
③ 祝智庭等：《面向"人人通"的学生个人学习空间及其信息模型》，《中国电化教育》2015 第 8 期。

李玉斌等学者提出了实景学习、量化学习、定制学习等个性化学习方式。① 这些方法和思路也可运用于高校思政课智慧课堂教学之中，毕竟虽然大学生的抽象逻辑思维已经发展到一定程度，但是高校思政课的思想性和政治性特征使其难免出现一些枯燥、难以理解的内容，而这时学生如果可以利用网络学习空间所提供的虚实结合技术进行实景学习，能够在很大程度上提升学习的积极性、加深对理论知识的理解，同时学生在实景学习时的真实表现也可以被平台记录下来；基于大数据技术的量化学习有利于精准地分析学生的学习情况，从而实现对学生精准个性化的推送。

定制学习一方面是指网络学习空间基于学习者的学习记录为其提供针对性的服务，另一方面是指学习者可以根据自己的学习需要，通过网络学习空间定制学习资源、学习服务等。前者强调网络学习空间的智能化，后者强调学习者的学习自主性，但二者都基于智慧化的网络学习空间平台。所以学生可以通过这些学习方式充分凸显自己的个性和喜好，为个性精准学习空间的构建提供依据。

第二节　高校思政课智慧课堂的智能化平台

在传统的高校思政课中，教师习惯性地将知识讲解的部分放在课堂上，认为这段时间是学生集中注意力进行学习的最佳时间，但实际上，由于常规课堂会受到时间和空间的局限，而且每个班级的学生人数又很多，不可能给予每位学生足够的表达自己困惑的时间和机会，学生获取的内容也多局限于课本知识和教师所呈现的内容，这种情况容易造成学生在教学中角色的缺失。所以，教育机构、学者等开始关注高校思政课智慧课堂智能化平台的构建，以促进学生课前的自主学习、课中的互联学习以及课后差异学习。

一　打造课前自主学习的智能化平台

课前自主学习是加深理解、深化认识、提升学习效果的重要环节。随

---

① 李玉斌等：《网络学习空间升级与学习方式转变》，《现代远距离教育》2017 年第 4 期。

着智慧课堂在思政课教学全过程的应用，思政课教师越来越重视学生的课前自主学习。比如，翻转课堂的出现在一定程度上颠覆了课堂教学的传统，把知识学习的环节放在课前由学生自主完成，将教师面对面讲解传授转变为课前微课视频呈现。当然这针对的更多的是引入式、知识性和基础性的内容，以便思政课实体授课环节更加深入、更好互动、具备更强体验感。教师提前把录好的微课视频和预习材料通过网络学习平台发送给学生，学生在课前学习基本概念和原理，发现自己存在的问题和困惑，在课堂上通过与同学的交流讨论以及老师的讲解解决问题、澄清误区。在这样一种新型教学方式中，师生角色被重新定位，学生真正成为自己学习的主人，可以自主决定学习步调、确定学习内容，培养学习能力；同时，智能化网络学习平台能够及时将学生的预习情况和困惑生成报告提供给教师，为教师制定针对性的教学设计提供依据，从而提高教学的针对性和实效性。

（一）何为课前自主学习智能化平台

自主学习，体现的是学习者的自觉性和自律性，包括对自身学习状况的分析、对学习内容的自觉学习和对学习方法的自主选择，包括学习者对自己的学习过程进行自我总结反思、自我调控矫正等多个要素。[①] 思政课的课前自主学习就是在上课之前通过一定的方式，积极主动选择学习内容和学习方法、完善自身知识储备、提升自身能力的过程。智慧课堂教学软件以其丰富的资源、多样的学习方式和灵活的学习空间为思政课课前自主学习提供了平台和技术支持。

当然，在常规的思政课教学中，由于学生对思政课"刻板印象"的存在、思政课的理论性特征以及相关平台和条件的不足，学生进行课前自主学习的比例偏低。这个问题在其他的课程学习中也较普遍存在，如唐平认为学生自主学习面临着以下问题：缺乏教师开展自主学习指导的育人环境，缺乏面向学生自主学习的智慧空间，未能建立面向高数课程的网络自主学习平台，学生个性化的自主学习需求很难得到全面满足。[②] 这些问题

---

① 参见陈义明《〈道德与法治〉教学中引领学生自主学习》，《思想政治课教学》2019 年第 5 期。
② 唐平：《智慧校园背景下高数教学中学生自主学习的促进研究》，《教育理论与实践》2020 年第 21 期。

在智慧课堂教学环境下都有望得到解决。

（二）思政课课前自主学习智能化平台的构建策略

打造课前自主学习智能化平台是大势所趋，智能化设备及智能化平台是现代信息技术不断发展催生的产物，且在信息技术极为发达的今天已经成为学生学习过程中非常重要的部分。构建高校思政课课前自主学习的智能化平台可以从以下几个方面着手。

1. 在平台开发中融入游戏元素

传统的高校思政课虽然会用到多媒体等设备辅助教学，但也只是改变了知识呈现的方式，教学过程从本质上看还是"教师教、学生听"，学生的主体性体现并不充分。但是随着人工智能在教育领域中运用范围的不断扩大，给教师教学和学生学习方式带来了全新的变革。在这一背景下，教育教学改革也响应时代号召，强调学生主体性的发挥，倡导开展探究学习、合作学习和自主学习，学生在教育教学活动中不再透明化，"以教师为中心"的教学思维逐步转变为"以学生为中心"，更加强调学生自主学习和终身学习意识及能力的培养，重视学习方法的传授，更加强调"寓教于乐"。有些教学创新者已经着手研究将游戏融入学生的思政课自主学习中。

将游戏元素与学科教学内容相结合。在大众眼中，"游戏"是一个与"学习"相悖的名词，游戏会影响学生学习，这是大多数人对游戏的认知，而且青少年沉迷网络游戏导致学习成绩下降的新闻也层出不穷，使这样一种认知更加根深蒂固。但近年来，一些教育者开始研究、挖掘游戏对学生学习的促进作用，比如，张召永认为："游戏因其具有极强挑战性、娱乐性、自主性，能给孩子带来轻松、愉快、刺激、新鲜、获得成就的感受，是孩子天生就喜欢的东西。"[1] 因而，他主张把游戏与学科内容整合起来，并设计出了游戏化自主学习的示意图，他认为可以将学习内容录制成一个个微课视频，以游戏关卡的形式检测学生是否掌握了学习内容，学生只有在掌握以后才可以进入下一关，以此倒逼学生认真学习微课视频。另外，针对当前思政课教学中倡导的"大单元""大概念"教学，思政课的教学也可以进行"大情境"设计，即把学习内容设计成故事情节完整的情境游

---

① 张召永：《翻转课堂课前自主学习设计》，《思想政治课教学》2017 年第 5 期。

戏，再把"大情境"逐步拆解为"小情境"。① 这一设计主要是为了创建情境的便利性以及教学目的的明确性，毕竟要打造一个大的教学情境，无论是对思政课教师的精力还是技术水平来说，都是巨大的考验，但是把大情境拆分为小情境，把教学环节、教学活动和教学目的设计为一个个小的教学任务和情境要容易得多。这种精细化、路径化的思政课教学情境（情境游戏）的设计，极大地提升了学生自主学习的兴趣和体验感，增强了学生学习思政课的内在动力。

除了将专业知识内容融入游戏情境外，也可以在大学生学习生活的现实情况中融入虚拟化的游戏元素。尽管高校思政课的政治性、理论性很强，但这并不意味着在教学中只能使用古板的、中规中矩的课堂教学方式。如果融入游戏元素能够在提升学生自主学习效果的同时，增强学生学习的趣味性和积极性，那这种做法就值得尝试。当然，在开发思政课自主学习智能化平台中融入游戏元素时必须要考虑大学生的实际情况，这一阶段他们的身心发育已比较成熟，抽象逻辑思维较强，且具备一定的辨别是非能力和自控能力，他们有自己的评判标准，平台设计的好与坏他们都能直观感受到，所以在平台建设中融入游戏元素必须考虑学生的喜好。大多数学生喜欢有趣、有挑战性的任务，所以平台功能设计不能只是简单罗列、测试知识点，要探索多样化的呈现知识点的形式或情境，吸引学生的注意力；闯关难度应该适中、循序渐进，否则学生难以长时间坚持下去；同时，可以设计多种游戏闯关模式，学生可以自主选择单人或团体模式，以培养学生独立思考能力和团队协作能力等。

总之，必须要基于学生的兴趣与需要去构建融入游戏元素的自主学习智能化平台，这样才能进一步激发大学生自主学习思政课理论知识的积极性，使其在获得游戏体验感和愉悦感的同时丰富知识储备。

2. 在完善平台中构建意见反馈激励机制

随着人工智能技术的不断成熟，以及学界对智慧教育研究的进展，涌现了许多智能化学习平台。睿易云教学系统②就是其中之一，这一云教学

---

① 陶侃：《教育游戏发展中的"吸收裂痕"与缓解策略》，《中国电化教育》2009 年第 2 期。
② 潘增余：《睿易云智慧教学助力学生自主学习》，《人民教育》2018 年第 12 期。

系统是基于互联网、大数据等技术助力学生自主学习的云教学平台之一，它容量大、速度快，能打破时空限制，能够根据学生的学习特点为学生提供针对性的练习和快速有效的反馈。同时，该平台上的微课视频资源可供学生反复观看、随时暂停快进等，能够满足不同学生的需求，比如，学生可以跳过已经掌握的内容，也可以反复观看不理解的部分。睿易云教学系统有利于推动翻转课堂的实施，为学生课前自主学习提供了必要条件。

平台必须通过不断完善和优化才能实现自身的长足发展，而很多时候平台开发者并不能发现平台中存在的各种小问题或非人性化设计，因此，平台用户便成为平台改进意见的主要提供者。但是大多数思政课师生并不会主动反馈自己在使用教学云平台时的不良体验，而是会选择直接换一个平台。为了提升用户进行意见反馈的积极性，平台必须主动对用户体验感和满意度进行调查并完善相应的激励机制。比如，可以给意见提供者和反馈者一定的积分奖励或实物奖励，而这些奖励必须要能够给用户带来实际的效益，否则难以起到激励作用。

3. 在体验智能中建构互动反馈机制

尽管智能化教学平台的各项功能在不断完善，但思政课教师和学生等群体在实际操作的过程中，依旧会发现平台中存在着一些亟待完善之处，这就要求教师和学生及时将自己发现的漏洞、教学需求等反馈给平台运行方，构建"客户—平台"的双向互馈机制，以平台的改善和系统的完善更好满足思政课教学需要，提升思政课师生的互动性。

加强平台督促机制的互动反馈。由于思政课学习平台的课前自学（往往是线上学习方式）不同于师生面对面的现场授课，如果平台的督促机制和全过程记录机制不够完善、数据库的采集和分析能力不够强大，教师难以了解学生自学的效果。反之，思政课可利用的反馈机制越完善，智慧课堂功能越强大，就越有助于开展高效的教学。以某学习平台为例，教师可以在课前给学生布置预习任务，但是如果学生只是简单地观看教学视频，甚至有些同学单纯为了完成预习任务，让视频自行播放（为了计视频学习时长）而把设备放在一边，手头却在忙其他事情，而平台仅仅通过几个课后习题来检测学习效果，未认真预习的学生也可以通过搜索习题答案轻松完成，那这样的预习是无效的，或者效果大打折扣。所以，思政课自主学习智能化平台需要不断完善大数据收集功能、监管督促功能等，如对于只观看视频而保持鼠标不动等行为进行计时折算处理，或者在视频学习中加入测试题、游戏或者其他监督因素，确保学生是在认真自学。

强化学习效果多样化检测的互动反馈。当前，不少智慧课堂学习平台仅通过习题来检测学生的预习效果，这样的评价方式较为单一、评价结果不够准确，思政课的自学系统应不断促进学习效果检测方式的多样化，比如，可以允许学生向他人复述、讲解自己预习过程中所学到的内容；可以让学生围绕学习内容创造各种类型的思政课作业作品，并借助智慧平台的兼容性上传，与其他学生分享和交流，促进共同学习、共同提升；可以利用先进技术为学生提供动手操作的机会，在操作的过程中检测预习效果，帮助学生获得体验感的同时加深学生对知识的理解和掌握。

二　打造课中互联学习的智能化平台

人是社会化的产物，每个人都处在一定的社会关系当中，人类生产生活的活动不是由单个人孤立进行的，教育活动更是如此，涉及教师、学生、家长等多个主体。在高校思政课教学活动中运用互联学习智能化平台能够在一定程度上促进教育的革新，充分尊重了学生的主体地位，能够激发学生学习的积极性，促进学生的全面发展；班与班、校与校之间的互联性学习则有利于促进优质教育资源的共享，实现资源的合理配置，促进共同发展；互联学习平台也为学生与学生之间、学生与教师之间、教师与教师之间、学校与学校之间的沟通交流提供了便捷途径，拉近了各教育主体之间的距离。

（一）课中互联学习智能化平台的内涵与建构原则

互联，简言之就是相互联系、联通在一起。在信息技术领域，一般指两个物理网络之间保持若干个物理上连接的线路。通过这些线路实现两个网络数据之间的交换和流通，当然有物理的可能性不代表信息流之间的畅通性，这需要两个网络之间的信息通信协议是相互兼容的。把这一概念运用到学习领域，既指物联网使得实体教学信息与整个教学环境的信息联通，也指在教学过程中，各类主体和个体之间教学信息的联通。因而互联学习是指通过互联网等媒介联系起来，在沟通交流的过程中进行学习的一种方式。包括教师和学生的互联学习、学生之间的互联学习、教师之间的互联学习、学校之间的互联学习、学校和家庭之间的互联学习。

构建课中互联学习智能化平台需遵守一些基本原则：目的性原则，即最终目的是促进交流、共同发展，所有功能和资源的设置都要有利于目标的实现；主体性原则，即构建互联学习智能化平台应该体现主体性，充分考虑思政课学生的特点和需要，各项功能要便于学生进行沟通交流；开放性原则，即互联学习智能化平台的使用者不局限于教师和学生，也不局限于教室内部，还涉及教师之间、学校之间以及学校和家庭之间的互联。

（二）课中互联学习智能化平台的构建策略

学校作为育人的主要场所具有非常丰富的教育资源，随着现代信息技术的发展及智慧教育理念的不断深入，互联学习智能化平台的打造已经是大势所趋，在高校思政课课堂教学中可以利用学校智慧教室中的各种智能化教学设施来促进师生和生生之间的交流互动，利用学校内的优秀师资来打造教师与教师的互联学习平台，以促进教师队伍的共同发展。智慧教育的大环境越来越强调互联学习，不仅强调校内学生之间、师生之间、教师之间的互联，更强调学校与学校之间、学校与家庭之间的互联。要打造校内与校外的互联学习智能化平台，可以充分发挥互联网技术和直录播技术的优势。

1. 完善智慧教学设施实现师生、生生的互联学习

基础设施建设是实现智慧教学的前提，高速的有线和无线网络的传输、便携式终端设备的运用和联通，以及高度信息化教学环境的打造，是实现师生和生生互联的基础。早在 21 世纪初，国外就提出"自带设备学习"的概念，如今，这一学习方式已成为"网络原住民"参与课堂学习的重要方式。

自带设备（BYOD）学习最初由英特尔公司于 2009 年提出，原主要指企业员工可以携带电子计算机等个人设备到工作场所工作，并将个人终端接入公司内部网络，以提高员工工作效率。后来，这一概念引申到教育领域，指的是随着智能化平板和手机的普及，越来越多的学生携带这些便携式设备进入课堂以支撑自己学习的技术管理模式。①

---

① 参见张慕华、魏宁、李艳《自带设备环境下学习者学习行为分析实证研究》，《现代远距离教育》2019 年第 3 期。

"自带设备"学习方式为学生提供了更加便利、更能打破时空局限的学习机会和路径，也使得学生在自带设备环境中学习更具灵活性和快捷性，同时也加强了学生与学习伙伴的互动，使得合作学习的行为明显增多。更为重要的是，学生可以即时获取学习资源，更快地进行学习成果分享，更方便地进行学习效果监测。同时其也有助于教师追踪学生课堂内外的学习过程，促进师生之间的交流互动。[①]

高校思政课教学可将自带设备这一技术管理模式与智慧教室各种其他设备相结合，使学生和教师都可以将收集的信息或完成的作业和学习数据兼容、投射到智慧课堂的各类终端中，供教室内所有师生观看、交流，观看者也可利用评论功能给予演示者一定的反馈或通过发弹幕等方式表达自己的观点，在课堂中为学生提供一个交流、展示、共享的平台，发挥优秀学生的榜样模范带动作用，开阔学生的视野，增强学生的成就感；同时，在这样一种模式下，教师和学生的互动增加了、距离拉近了，在很大程度上改变了以往某些思政课"仅由教师一个人讲、学生负责听"的局面，增加了教师和学生相互了解及相互学习的机会。

2. 利用校内外优秀师资打造"师师互联"的学习平台

合作与竞争是人类相互作用的基本形式，是人类社会赖以生存和发展的重要动力。目前的合作教学，主要强调教学过程中教师与学生、学生与学生之间的合作，而如何实现教师资源的全面联网，以激活整个教学系统、达到教学系统各动态因素的多边互动是目前理论界和实践工作者少有探讨的一个问题。[②]

教师与教师之间的合作学习及观摩学习是教师促进自身专业化发展的重要途径，但是过于频繁的观摩学习会在一定程度上干扰正常的课堂教学，智慧教育的不断发展为教师间的相互学习提供了更为便捷的途径。

当前，直录播技术在教育领域中的运用越来越广泛，教师和学生可以随时通过互联网找到自己需要的直播和录播网址，但是获得的这些学习材

---

① 参见李葆萍、淮瑞英《自带设备环境中的学习行为与学习效果研究——以"程序设计"课程为例》，《现代教育技术》2017 年第 7 期。

② 孙晓光：《试论合作教学中的"师师合作"》，《山东教育科研》2001 年第 1 期。

料的真实性和可靠性都难以得到保证，且大多信息具有零散不系统等特点，不符合学校教育的要求。所以可以充分利用直录播技术、互联网技术和学校优质教育资源打造学校间互联学习智能化平台，比如，可以突破学校界限建立某区域高校学习资源共享平台，可包括直播资讯和录播视频，让学生和教师切实感受其他学校的教学氛围和教学水平；不同学校教师也可以通过互联网直播平台展开"同课异构"活动，在不同学校教师相互交流的过程中产生思维碰撞的火花，相互学习、不断提高；可以通过互联网直播平台定期召开学校办学经验分享交流会，并生成录播视频，以使未参会者了解不同学校办学的经验和教训，相互借鉴、共同发展；可以充分利用智慧教室中的智能化设备对优秀教师的课堂进行录制，并将资源上传至校内教师学习平台，以供本校教师反复观摩学习；同时，高校思政课教师在进行课堂教学时，也可以邀请校外优秀教师对教学内容和形式进行指导，认真聆听建议并做好相应的笔记，观察学生的学习状态，不断反思总结、改进课堂教学，促进自身专业素养的提升；还可以把观摩学习心得上传到统一的教师学习平台中，以激励其他教师进行互联学习，从而打造更为完善的互联学习智能化平台。

3. 利用互联网技术实现学校与家庭间的互联

苏霍姆林斯基曾指出："只有学校教育而没有家庭教育，或只有家庭教育而没有学校教育，都不能完成培养人这个极为细致、复杂的任务。最完备的教育是学校教育和家庭教育的结合。"① 所以必须要重视家庭教育，促进学校和家庭的互联学习。

互联网在教育中的应用覆盖教学、科研、管理、生活、娱乐等多个方面，促进了对教育资源的碎片化学习，实现了随时随地地按需学习，使教育场景不再固定于学校、教室、图书馆等场所。② 思政课智慧平台可以为家长进一步了解高校的办学理念、了解学生的在校表现、提升其在学生学习成长过程中的参与感提供便捷途径。利用智慧平台促进学校思政课育人

---

① 〔苏〕瓦·阿·苏霍姆林斯基：《给教师的建议》（下），杜殿坤编译，教育科学出版社，1981，第264页。
② 哈斯高娃等编著《智慧教育》，清华大学出版社，2017，第81~82页。

与家庭育人协同的互联，可以从以下几个方面着手展开：创立家校共育平台，家长可以通过一定身份加入高校思政课智慧平台了解思政课教学目标、学生思想动态、心理状况等，并配合学校开展针对性的教育活动，实现家校共育；家长也可以通过思政课智慧平台了解思政育人的方法，参与思政协同育人的部分活动，分享家校育人的心得和方法等，加强家长间的交流；对于重点关注的学生的心理状况、思想状况，思政课教师和其他育人队伍可以通过智慧平台定期召开家长会或进行个别指导，从而全方位了解学生；赋予大学生家长一定的权限，允许其通过智慧平台了解校园育人、思政育人、思政课上课的情况，督促师生提升思政课教学质量和学习效果，同时也便于家长加深对大学生学习状态的了解。

三　打造课后差异学习的智能化平台

在信息化的背景下，思政课运用智慧平台，必须着眼于差异化的教学方式，通过差异化的活动、差异化的任务、差异化的形式，使青年学生喜欢参与"贴近个性、贴近现实、贴近生活"的思政课、乐于传承先进文化，增强平台的吸引力和黏合度，体现思政课的时代性和现代感。

（一）课后差异学习智能化平台的理论基础

差异教学，是教师面对规模化教学环境时，立足学生的个性差异和独特需求，制定针对性的教学方法、路径和教学内容，满足学生个别学习需要，使每个学生均能在教学过程中得到发展和提升的教学方法。差异教学既是智慧课堂的重要特征，也是教师进行思政课教学的重要原则和理念。当然，差异教学（对学生而言是差异学习）体现在思政课课前、课中和课后各个环节，相对而言，课后是促进学生差异学习的重要时段，构建课后差异学习的智能化平台有利于为学生的个性化学习提供平台基础。

差异学习的理论依据主要包括多元智能理论、最近发展区理论和需求层次理论等。霍华德·加德纳提出的多元智能理论认为，人类至少具有语言智能、数理逻辑智能、音乐智能、空间智能、身体运动智能、人际交往智能、自我认识智能、认识自然智能等智能形态。这些智能在每个人身上都会形成不同组合，凸显不同的个性特点，所以在教学中也应该根据学生的个体差异开展针对性教学。维果斯基提出最近发展区理论，该理论认为学生的发展有两种水平：一种是学生的现有水平，指独立活动时所能达到的解决问题的水平；另一种是学生可能达到的发展水平，也就是通过教学所获得的潜力。两者之间的差异就是最近发展区。由于环境、遗传、教育等因素的影响，每个学生都形成了自己的特点，在教学中要根据学生的个性特点来展开工作。马斯洛的需求层次理论将人的需求分为生理的需要、安全的需要、归属和爱的需要、尊重的需要、认知的需要、审美的需要、自我实现的需要等，每个人在学习过程中有不同的需要，所以要进行差异学习。这些理论的提出，为思政课智慧课堂的差异学习智能化平台的打造和个性化教学过程的塑造提供了参考和借鉴。

（二）课后差异学习智能化平台的构建策略

构建思政课课后差异学习平台具体可从以下几个方面着手。可以利用智慧教室中的智能化教学设备捕捉并记录学生在思政课堂中的各种表现，利用学习行为分析技术生成每个学生的学习分析报告，再根据报告给学生推送个性化分层作业，然后依据教师批改或智慧平台自动评阅学生作业的结果给学生推送二次学习资料；也可以充分运用数字画像技术了解学生个体在成绩、兴趣爱好等方面的差异，以便教师结合学生的实际情况生成差异化的培养方案，促进学生进行个性化学习。

1. 设计个性化分层作业

学习行为分析是学习分析的重要组成部分，旨在对学习过程中记录下来的相关行为数据进行有目的的分析，目的是挖掘隐藏在行为数据背后的有价值的信息，比如行为模式、行为规律、行为习惯等，最终促进人们对于学习过程、学习结果以及学习环境的理解和优化。[1] 在高校思政课智慧教学中强调利用现代化教学设备和技术促进学生的差异学习，这就要求在智能化学习平台中融入个性化分层作业设计。因为每个学生都具有知识基础、气质个性、学习偏好、未来预期等多个方面的差异，这就使他们在学习过程中也会有不同的学习行为表现。通过记录并分析学生的学习行为来了解学生对于知识的掌握情况、学生之间的认知差异及对知识点的兴趣所

---

① 参见杨现民、王怀波、李冀红《滞后序列分析法在学习行为分析中的应用》，《中国电化教育》2016 年第 2 期。

在。智慧平台自动分析结果生成报告提供给教师、学生和家长，教师再据此为不同类型和特征的学生推送不同难度的作业和任务，并结合学生的兴趣爱好推送个性化的内容和形式。分层作业设计为不同学生进行查缺补漏的同时也发展了学生的特长，促进了学生富有个性的全面发展。

2. 多次分层推送学习资源

在一开始使用思政课智慧教学平台时，很难实施差异教学。主要是因为学生个体差异大、评测难度高；不同学生有不同需求且需求具有变化性，这需要不停地了解他们动态变化的个性化需求；思政课教师需要不停地设计教学的类型和个性化途径等，通过思政课智慧平台多次推送学习资源、测验和各类测评。周世杰等学者正是基于这样的原因，主张通过运用现代信息技术制作并推送二次学习微视频的方式来实现学生课后的差异学习。

二次学习微视频，是指教师在课堂教学后，对单个课时或章节的重点、难点，以及学生学习的困惑点、易错点等教学内容加以整理，再结合对学生学习结果的分析、归类，据此制作的时长 10 分钟左右的微视频。[1] 二次学习微视频是教师基于平台提供的学情报告进行推送的，能够根据学生的认知差异为不同基础的学生提供精准化的指导，如为学困生提供基础知识类微视频，为中等生推送思维发展类微视频，为学优生提供学科思想类微视频。同时，由于学生是动态发展的，可以根据学生发展情况推送不同层级的微视频，如学困生经过二次微视频学习以后达到了中等生的水平，平台则可以自动为其推送思维发展类的微视频，帮助每个学生进行差异学习。当然，智慧化平台的二次学习推送，不仅限于视频，也可以是动画、虚拟学习情境、扩展化的学习材料、多方位的案例、思考和讨论题等，这些资源利用智慧平台分层分类的建构逻辑，智能化推送给不同水平、不同学习能力和有不同学习习惯的学生。

3. 利用数字画像进行评价

大数据收集、分析和挖掘技术的发展，使得教学全过程信息的记录成

---

[1] 周世杰、章庆：《深度学习视野下"二次学习"微视频的开发与应用——以高中信息科技学科为例》，《中小学信息技术教育》2019 年第 9 期。

为可能，也使得全方面记录学生个性特征和实时学习状态成为可能，同时，也为有效评估学生学习过程，预测未来学习困难和问题提供了技术手段。[①] 记录的学习数据是对学生综合素质进行数字画像的重要依据，而基于学习数据生成的数字画像又是对学生进行差异教学或引导学生进行差异学习的主要依据。

为了回应教学差异化、需求个性化，教育技术研发者和教师将商业领域用户画像概念引入教育情境中，根据学习者在数字化学习平台上留下的种种行为数据，通过分析挖掘并建模得来的一系列特定的标签（对学习者局部特征的描述）和多维度的画像标签精准、细致、全面识别学习者的学习状态和潜在需求，既有助于教师教学内容和教学策略的调整，也为智能推送下一步的学习内容、学习路径和学习方法进行指导和干预，从而使得思政课教学更加个性化。[②] 构建学生课后差异学习的智能化平台要求利用先进的现代信息技术获得尽可能全面的关于学生发展的信息，并据此对每位学生的综合素质进行科学的评价。

张治等人从数字画像的构建流程考虑，将基于数字画像的综合素质评价的设计框架分为三个部分，分别为指标体系层、数据实践层以及数字画像层，并强调利用德智体美劳五育全要素的数据来精准、深度刻画学生综合素质的成长画像。[③] 每个学生的学习基础和学习偏好都不相同，当前的教育理念也要求在教育评价中不再单纯以学习成绩为标准，而要着眼于学生德智体美劳等各个方面的全面发展，强调对学生知识、能力、情感态度价值观的综合考察，但是教师任务繁重、精力有限、评价带有一定主观性，难以对每位学生的综合素质发展情况作出科学、客观、全面的评价。所以，在智慧教育理念不断深入的背景下，可以在平台中充分利用学习数据记录与分析技术、数字画像技术等对学生综合素质发展情况作出科学评

---

① 参见彭红超、祝智庭《人机协同决策支持的个性化适性学习策略探析》，《电化教育研究》2019年第2期。
② 孙发勤、董维春：《基于学习分析的在线学习用户画像研究》，《现代教育技术》2020年第4期。
③ 张治等：《基于数字画像的综合素质评价：框架、指标、模型与应用》，《中国电化教育》2021年第8期。

价，以便为教师进一步作出科学决策、引导学生进行差异学习提供依据。

4. 制定和调整个体培养方案

在智慧教学平台中融入数字画像技术对每位学生的思政课学习状况进行差异化评价后，智慧平台会将个体学习的大数据画像推送给教师及学生，在这一情况下，一些平台会智能化地推送各类学习资源和学习方案，也可以通过教师和学生的进一步交流共同制定出个人培养方案。

学生数字画像能够全面、准确、直观地呈现学生各个方面的成长状况，体现过程性评价对教与学的指导价值。学生个性化的数字画像，有利于教师对学生的表现和需求有更深入的了解，从而辅助教师及时对学生进行有针对性的干预辅导，改进和调整教学策略及目标，满足学生个性化学习及身心成长的需要，促进其全面而个性化地发展。[1] 思政课学生的数字化画像，相比传统的教师对学生的印象认识、模糊认识以及手动计算统计的学生行为表现，要更加全面、智能和准确。当然，数字画像不是目的，进行差异评价的目的是制定个性化的培养目标和培养计划，帮助每位学生实现个性的全面发展。

由于大学生身心发育已经较为成熟，对未来发展规划有自己的想法，数字画像的使用者不限于教师，也可以将智能评价结果通过平台发送给学生，由教师和学生一同制定差异化的培养方案和个性化的培养目标，并将培养方案录入智能化平台中，采用人机协同的方式促进学生课后进行差异学习。

第三节　高校思政课智慧课堂的"三全"互动环境

教学过程是教师和学生双向互动的过程（在这个过程中也包括教师与教师、学生与学生之间的互动），高效的思政课课堂一定是师生双方围绕教学任务、目的和内容在对话、沟通、提升等相互作用的全过程中，实现立德树人的教学目标。思政课智慧课堂的教学互动和反馈，主要包括师生互动、生生互动、人机互动。教师和学生之间的互动，最理想的状况是思

---

[1] 张治等：《基于数字画像的综合素质评价：框架、指标、模型与应用》，《中国电化教育》2021 年第 8 期。

政课教师能够针对每位学生的情况进行个性化的辅导和教学设计；学生与学生之间的互动，最理想的状态是每一位需要指导、合作和交流的学生都能找到对应的学伴；学生与计算机之间的互动，主要是与智慧课堂软件系统的交互，最理想的状态是人工智能能够随时给学生在学习过程中的任何问题、任何环节提供有针对性、个性化的有效回答和互动。所以，我们在思政课智慧课堂中进行互动需要营造全程参与、全感参与及全员参与的互动环境，促进课堂教学互动贯穿教学的全过程，多感官、多主体参与互动。

一 营造全程参与的互动环境

随着移动互联网技术和智能化信息设备的发展，如何将其应用到智慧教育中以促进各种功能的开发成为研究的热点。其中，如何营造在智慧教学过程中促进教师、学生等教学主体在课前、课中、课后及教学设计、实施、评价的全过程进行互动的环境便是研究的一部分。

（一）全程参与的互动环境概述

环境是指人类生存的空间及其中可以直接或间接影响人类生活和发展的各种自然因素①，除自然环境外还包括对人的心理产生影响的各种生活环境，即心理环境。全程参与的互动环境也包括影响互动的物质环境和心理环境，强调这些环境能够吸引参与者全程投入其中。将其应用到教育当中则要求构建课前、课中、课后一体贯通的互动机制和打造贯通教学设计、实施与评价的互动平台。

在高校思政课智慧课堂中构建全程参与的互动环境须遵循方向性原则、协调性原则、主体性原则。遵循方向性原则，是因为高校思政课有很强的政治性，教学互动环境的创设必须符合社会主义核心价值观的要求，符合社会发展的需要，必须与党和国家的方针、政策相一致，只有这样才能充分发挥全程参与互动环境的潜移默化地培养社会主义事业合格建设者和接班人的作用。遵循协调性原则，是由于高校思政课强调知情意行四个方面的统一，在构建全程参与的互动环境时，要注意四个方面的协调，即环境要便于学生在互动的过程中获得知识、抒发情感、增强意志、付诸行

---

① 陈德第等主编《国防经济大辞典》，军事科学出版社，2001，第443页。

动，缺一不可。遵循主体性原则，要求构建全程参与的高校思政课互动环境时充分考虑学生的实际情况和真实需要，凸显学生的主体性，以激发学生全程参与互动的积极性。

（二）全程参与的互动环境的构建策略

教学互动包括师生互动、生生互动和人机互动，这些互动形式并不局限于课堂教学，可以延伸至课前和课后，构建课前、课中、课后一体贯通的互动机制可以从构建以技术为支撑的全程互动模式和营造以学生为中心的互动氛围两个方面着手。教学过程包含教学设计、教学实施与教学评价等多个环节，这些教学环节并不是靠教师个人便可以完成的，需要教师、学生等多个主体的共同努力，而在这些环节中，各个主体也在不断进行着各种各样的互动，有助于营造全程参与的互动环境。

1. 构建以技术为支撑的全程互动模式

当代大学生是在信息化时代的大背景下成长起来的"数字原住民"，离不开智能手机、电脑等设备，高校思政课可以充分利用电子信息设备，结合先进技术为学生创造参与课堂互动的机会，提升学生的参与感。特别要利用大数据技术全程记录师生、生生互动的基本数据，通过云计算整合利于开展教学互动的各种教学资源，为师生、生生随时随地进行互动提供技术支持。

如前所述，诸多高校和教育类公司都已经开发出智慧课堂教学平台，打造出了全程多样互动的环境和工具，如雨课堂、云课堂、超星学习通、智慧树等。这些软件和平台接入方便（仅需网络覆盖和智能手机等终端），又具有签到、分组、问答、讨论、测验、词云统计、选人、思维导图等丰富的互动工具，使思政课教师在传统的教室环境下也能利用互联网构建全程互动的教学环境。

2. 营造以学生为中心的互动氛围

学生是思政课教学的对象，更应该成为学习意义建构的主动者和教学互动的积极参与者。思政课教学要树立教师的主导地位，也要突出学生的主体地位。在智慧课堂教学环境中，教师应打造出以学生为中心的互动氛围和技术环境，在丰富教学技术和形式的配合下，教师的教应侧重于价值引领和思想道德素养的培养，而学生的学应该注重自主学习、合作学习、探究学习等，将教与学、师与生的双向互动贯通到课前、课中、课后全过程。龚春蕾、石伟平认为，教师应在教学过程中扮演指导者角色，学生扮演主导者角色，教学技术在教学中扮演辅助者角色[①]，三大角色在课前、课中和课后分别发挥不同作用，以打造以学生为中心的学习氛围，促进各教育主体全程参与互动。

就教师而言，在课前，要通过智慧平台和教育技术为学生提供明确的学习任务清单和多样化可选择的学习资源，以引导学生有目的有计划地进行课前预习；在课中，教师可以利用先进技术采用案例分析法、情境式教学法和项目式教学法引导学生在情境中进行互动学习；在课后，教师要利用智能化平台动态跟踪学生的学习情况。

就学生而言，要充分发挥自身在智慧课堂互动中的主体作用，全程参与互动。在课前，认真学习教师在平台上发布的学习资料，制定相应的提纲和演示材料，为课中讨论互动做好准备；在课中，基于发言提纲与同学、老师通过直接对话或技术呈现等方式进行互动；在课后，通过平台与教师、同学进行讨论，认真完成教师推送的习题。

就教育技术而言，在智慧教学中，它贯穿了课前、课中、课后的各个环节，课前教师布置任务、学生完成任务都需要借助一定技术和平台，课中师生可以借助教育技术在平台上进行选人、抢答、投票、讨论等互动活动，课后师生也需要通过一定技术来进行讨论、完成作业与提交作业。

总之，打造以学生为中心的互动氛围有利于提高学生全程参与互动的积极性。教师的教学工作得到学生的全程参与也能够在一定程度上增强教师的成就感，从而促进教师更加积极主动地将互动环节融入智慧教学的全过程。

3. 在完善教学设计中打造互动平台

传统的教育观念认为教学设计是教师个人的事情，但随着时代的不断发展，教育理念也在不停地更新迭代。教师和学生都是教学活动的重要主体，为保证教学设计更符合学生的需要、提高高校思政课教学的实效性，

---

① 龚春蕾、石伟平：《应用型高校"活力课堂"建设的挑战、路径与关键环节》，《中国职业技术教育》2022 年第 32 期。

学生也应该被允许参与到教学设计的过程中，且师生共同进行教学设计的过程本身也是师生进行互动的过程。

在高校思政课智慧课堂中，教师和学生可以通过智能化学习平台进行互动协作。比如，教师课前在平台上给学生推送预习材料的同时，可以把自己预先做好的教学设计及 PPT 传给学生，学生在预习的基础上提出自己对于教学设计的修改意见或建议，教师在此基础上进行再思考、再创造。这一环节不仅完善了教学设计、提升了学生的参与感和成就感，同时也促进了师生之间的互动。

4. 在教学实施与评价中创造互动机会

部分高校思政课教学互动频率较低，且多采用的是问答形式，互动起到的实际效果并不理想。在智慧教育的背景下，可以利用智慧教室中的各种智能化设施或智能化平台在思政课教学实施与评价环节创造尽可能多的互动机会。

在智慧教学实施过程中，智能化学习平台可以自动对教室内摄像头拍摄学生学习行为所产生的数据进行分析，并快速生成报告，利用平台的"选人"功能选择合适的人来回答教师的问题或与同学进行互动。这一功能可以在一定程度上克服教师观察范围不够广泛、存在主观偏向或无意识反复选择同一个同学回答问题等弊端，使每个同学都有被抽中进行互动的可能，从而使学生保持良好的精神状态，活跃课堂氛围。思政课教师也可以利用平台"分组"讨论的功能，使每位同学都有机会和不同的人进行小组讨论。在智慧教学评价中，可以充分利用"弹幕、鼓掌、喜欢"等功能，实现课堂教学中师生、生生之间的互动交流，同时也对学生的表现及时给予反馈；也可以在教学平台中实现教师评价、学生自评、学生互评、家长评价等多主体评价，促进教师、学生、家长等多主体间的互动。

二 营造全感参与的互动环境

良好的课堂物理环境能给学生以舒适感、安全感和愉悦感，能激发学生积极的情感体验，形成乐学的心理状态。[①] 而好的学习状态绝对不是单

① 郭成主编《课堂教学设计》，人民教育出版社，2006，第50页。

调的某个感官的参与，而是需要多感官，乃至全感官参与学习过程。在思政课教学中充分有效地调动学生的视、听、味、嗅、触等感觉，使学生的耳、鼻、口、眼、肢体等受到全方位信息的刺激和影响，有助于全面开发学生学习的潜能，提高课堂教学的效率，提高思政课教学的覆盖面。因而，高校思政课教学创新无疑应借助信息技术的力量在智慧课堂中营造全感参与的互动环境。

（一）全感参与的互动环境概述

全感参与的互动环境是指在智慧课堂中借助一系列信息技术和先进设备创设的有利于互动参与者全身心投入的一种环境，参与者可在其中获得视觉、听觉、触觉等多方面的体验。

全感参与互动环境，一是有利于促进学生的深度学习。传统的高校思政课多是由教师单纯讲授或者借助一些视频、图片进行讲授，这样的方式难以促进学生的深度学习，在智慧课堂中打造全感参与的互动环境有利于学生全身心投入其中，获得深层次的体验感。

二是有利于培养学生的动手操作能力和问题解决能力。构建全感参与的互动环境所运用到的虚拟现实技术能够给予学生真实的体验感，在这种环境中进行互动教学有利于学生得到能力上的锻炼。

三是有利于培养学生合作意识和团队协作能力。全感参与的互动环境能够为师生、生生之间的互动活动提供条件，便于合作活动的开展，同时在合作过程中会出现各种各样的问题，锻炼了学生的团队协作能力。

（二）全感参与的互动环境的构建策略

在智慧教室中进行教学互动离不开一定的物理环境的支持，如智慧教室中的课桌椅、灯光、空调、互联网设施等基础设备和交互式电子白板、平板电脑等智能化教学设备，要营造全感参与互动的物理环境可以从基础设施建设和智能化教学设备运用两个方面着手展开。要促进学生积极主动地全身心参与到互动中，除创设舒适的物理环境外，也要重视虚拟环境的建设，如形成师生平等开展互动活动的心理环境，打造沉浸式互动的虚拟平台等。

1. 利用教室基础设施打造全感参与的物理环境

单一固化的教学环境，无疑对学生合作交流、主动学习和全方位投入设定了限制性条件。在实体环境建设中，大部分高校智慧课堂在物理空间结构上均采取了灵活性的设计原则，没有严格的位置固定要求，学生座椅都采用可移动方式。[①] 同时往往也会利用灯光、多屏互动、无线扩音、电子黑板以及表情记录仪等设备，构建了高度信息化、深度互动型和全感参与的教学环境。

以智慧教室课桌和讲台的摆放为例，教室内课桌椅、讲台的摆放方式不再是传统的秧田式或排列式，课桌椅的形状也不再是方方正正的而是形状各异的，它们可以单独摆放，也可以在进行小组讨论时摆放成一个大的规则或者不规则的图形，便于学生进行互动交流，同时也便于教师走动，去面向每一位学生教学或对话。这种自由的、舒适的课堂物理环境有利于促进师生、生生之间的互动交流。由于课桌椅是灵活的，讲台也可能是无中心式的，因而智慧教室各个方向都有屏幕，这些屏幕可以显示同样的内容，也可以呈现不同的内容（如每个小组单独使用某个屏幕）。桌椅和电子屏幕的灵活设计，使得无论教室内的哪一位学生、无论其坐或站在哪一个方位，均能看到某一电子屏幕及相关内容。

2. 借助智能化教学设备营造全感参与的物理环境

传统课堂教学互动多采用的是师生、生生问答和对话的形式，师生难以全身心投入互动活动中。随着教育理念的更新及教育水平的不断提高，在智慧教室中进行互动的要求也在不断攀升，强调构建吸引教育主体全身心、多感官参与互动的环境。可以从在高校思政课中应用现代化教学设备着手进行全感参与互动环境的建构。

叶新东等人认为在智能化的课堂教学环境中，学习者每个人都会拥有一个学习终端，而教室内又拥有多个显示终端，学习者可以按照个性需求在不同的终端进行学习和展示，同时教师也能够把不同的教学内容和任务推送到不同学习者或者教室内不同的显示终端。[②] 随着科学技术的发展和智慧教育理念的不断深化，逐步出现了交互式电子白板等设备，平板电脑

[①] 叶新东、陈卫东、张际平：《未来课堂环境的设计与实现》，《中国电化教育》2014年第1期。

[②] 叶新东、陈卫东、张际平：《未来课堂环境的设计与实现》，《中国电化教育》2014年第1期。

和智能手机等智能设备也逐渐被应用到智慧课堂教学中，为师生、生生的互动活动提供了便捷途径。交互式电子白板可以和学生自带的平板电脑、智能手机等设备连接起来，每位学生都可以将自己设备中的信息投影到大屏幕上进行共享，改变了以往只有教师展示 PPT、学生负责看和听的状况，促进了师生、生生互动。同时，舒适的教学氛围，更有利于学生全身心投入其中。

3. 创设师生平等参与互动的心理环境

按照心理学的理论，人的行为是人与各类环境相互作用的结果。教学过程立足于认知任务，目标是促进学生身心健康和全面发展。在思政课教学过程中，认知活动是基础性的，情感、意志等其他心理过程伴随整个教学过程。课堂心理环境是指在课堂教学中影响学生认知效率、情感投入和意志磨炼的师生心理互动环境，它是教师和学生相互影响、相互作用的心理环境。一般而言，课堂心理环境在氛围上表现为紧张或轻松、和谐或冲突、活跃或沉默、热情或冷漠等不同的形式。良好的课堂心理环境对提高课堂教学效益能起到潜移默化的作用。[1] 在高校思政课教学中营造平等互动的心理环境有利于激发师生全感参与互动的积极性。

在高校思政课智慧教学中，可以通过以下方式来营造平等互动的心理环境：高校思政课教师应该形成自己的人格魅力，为学生提供学习榜样；应营造融洽的情感氛围，态度亲切和蔼；要根据学生的兴趣爱好努力打造适合大学生的思政课课堂；给予学生充分的表达自我的机会及与同学、老师充分交流的机会；等等。同时，学生作为重要的教育主体之一，为创设平等互动的心理环境，应该尊重教师，积极配合教师的教学工作，积极与教师、同学进行互动，大胆表达自己的想法。

4. 打造沉浸式互动的虚拟平台

随着物联网、互联网、人工智能、虚拟现实等技术的不断发展，构建沉浸式互动平台成为可能。沉浸式互动虚拟平台一方面是指泛在学习的在线平台，思政课学生都能在智慧课堂平台中找到学习资源，完成学习任

---

① 邓加航、李爱兰：《构建政治课堂良好心理环境的认识和实践》，《思想政治课教学》2007年第 7 期。

务，丰富学习方法，把学习行为贯穿到课前课中课后的全过程；另一方面是教学虚拟情境的创设，即虚拟现实等技术的运用。

泛在学习的沉浸式互动平台，现有智慧课堂技术已相对成熟，无论是实体的智慧教室还是信息化的智慧课堂平台，基本上都开发了"在线学习中心"，并且将物理课堂空间与虚拟课堂空间互联起来，实现了教学过程的互动和教学大数据的分析和智能化的管理，且形成了"课前自主学习""课中互动讨论""课后量化评价"的基本教学模式。① 课前教师在平台上传学习资料的过程和学生借助平台预习资料的过程、课中借助平台进行互动讨论的过程以及课后进行量化评价的过程在实质上都是生生、师生利用平台进行互动的过程，未来的发展空间就是进一步细化教学的各个环节，使之朝着数字化、智能化的方向发展。

而在思政课虚拟情境创设方面，主要的问题还在于技术的难题和成本的考量。要打造沉浸式互动的平台，既需要虚拟现实技术本身体验感的增强，即虚拟现实 4I 特征——沉浸感（Immersion）、交互性（Interaction）、构想性（Imagination）和智能化（Intelligence）更加凸显，技术更加成熟，使教师和学生能够投入更逼真的、更具有体验感的技术空间中，也需要思政课教师与现代技术设计者、开发者强化沟通，从情境设置的主题、内容、教学目的、评价等方面强化体验感，以学生为中心，打造既符合思政课价值导向又能使学生全身心融入的虚拟教学情境，还需要思政课及高校思想政治工作的主管部门加强经费等支持，创设虚拟情境的实验室、体验中心等。我们相信，5G 技术和人工智能技术的进一步发展，将突破制约虚拟现实技术发展的数据传输瓶颈，使教育领域的一些重要平台和关键技术取得突破性进展。② 在未来的思政课智慧课堂的虚拟互动平台建设中，由于技术、人力、物力的推动，一定能营造出更多全感参与的互动环境，给予思政课学生视觉、听觉、触觉等多方面的逼真感觉和体验。

---

① 龚春蕾、石伟平：《应用型高校"活力课堂"建设的挑战、路径与关键环节》，《中国职业技术教育》2022 年第 32 期。
② 沈阳、逯行、曾海军：《虚拟现实：教育技术发展的新篇章——访中国工程院院士赵沁平教授》，《电化教育研究》2020 年第 1 期。

三　营造全员参与的互动环境

习近平总书记在全国高校思想政治工作会议上强调："要运用新媒体新技术使工作活起来，推动思想政治工作传统优势同信息技术高度融合，增强时代感和吸引力。"① 这给高校思想政治工作提出了更高的要求，也强调思政课教师应不断提高自身的信息素养，将思政课与现代信息技术结合起来，以满足智慧教学的要求。互动是教学过程中不可或缺的一部分，教育技术和理念的更新要求在智慧教育背景下营造全员参与的互动环境。

（一）全员参与的互动环境概述

全员参与的互动主要是针对思政课堂"边缘人"现象而提出的一种概念和教学模式，主要指教师利用教学手段和环境营造，使学生在情感上认同"这是我的课堂"，在行为上积极投入课堂教学活动之中。狭义的全员互动教学主要指课堂上教师与全体学生之间的深层互动，广义的全员互动教学也包括课前课后全体思政课教师之间，以及教学过程中教师与全体学生之间，有时也包括师生与所有能参与思政课教学的育人队伍之间的互动。智慧课堂在技术上无疑更大范围、更深程度地促进了思政课教学的全员互动。

当然，在传统的课堂上，几乎很难做到一堂课所有的学生都深度参与进来，但作为一种教学理念和模式，全员互动教学强调实现整个师生群体的课堂互动，承认和尊重每个学生都能成为课堂的体认者、建设者和贡献者，教师应利用一切机会在有限的时间内趋近教学互动的全员化。智慧课堂的优势在于，它不仅具有全程参与的技术平台，也有全员参与的技术路径。如有别于传统课堂教师与学生一问一答的互动，智慧课堂平台可以实现全体成员同一时间进行回答和互动，还可以几个小组同时分屏和合屏展示，还能容许课堂全体学生同时进入特定的虚拟现实情境界面，教师和智能助手也能在同一时间回答多个学生的疑问等。所以有专家就认为全员参与的互动环境专指利用新媒体技术所创设的一种利于全体师生进行互动的环境。如有学者认为，"思政课全员互动教学模式是指利用新媒体新技术

---

① 《习近平谈治国理政》第2卷，外文出版社，2017，第378页。

实现高校思政课课堂教学中全体师生实时灵活高效交互的课堂互动信息化教学新模式"①，认为全员互动教学是全体师生共同参与的点面结合的教学，是便捷、及时、高效的互动教学，是有丰富多彩的互动样式的教学，是对教学设计提出更高要求的教学，是集课堂教学、教学管理、教学评价、教学研究于一体的教学新模式。② 从这些论述和先行者的实践可以看出，要实现全员互动教学必须先构建全员参与互动信息化、互联化和智能化的教学环境。

（二）全员参与的互动环境的构建策略

面对作为"数字原住民"的青年大学生，要使思政课堂"活"起来，先要让学生"动"起来。智慧课堂丰富多样的即时互动工具就是思政课全员互动教学的技术支撑和活动路径。大部分智慧课堂软件均已实现了实体课堂与网上课堂的深度融合。师生借助移动互联网络、云计算技术和各自手中的智能手机、教室里的投影及扩音设备可以在课堂上进行在线的全员实时互动，实现了实体课堂和网络课堂在时空上的统一。③ 所以，打造全员参与的互动环境离不开移动互联技术和对智慧课堂平台功能的开发和利用。

当前，高校思政课智慧教学虽然越来越重视教学互动的开展，但传统课堂教学仍以个别式的问答、对话等互动形式为主，未体现智慧课堂中营造全员参与的互动氛围的要求，这主要是由于全员参与互动教学的理念还未深入人心，技术在思政课的运用还不够成熟。要改变这一现状，除树立全员参与互动的理念外，还应该改进教学设计，在教学设计中适当融入便于全员参与的互动机会，配合多种教学方法进行互动活动。

1. 通过移动互联技术实现全员互动

思政课全员互动教学模式离不开新媒体新技术的支持，即时传播、多

---

① 沈震：《思想政治理论课全员深度互动教学的新思考》，《思想理论教育导刊》2018 年第12 期。
② 沈震：《基于移动互联技术的思想政治理论课全员互动教学研究》，《思想理论教育导刊》2017 年第 11 期。
③ 沈震：《基于移动互联技术的思想政治理论课全员互动教学研究》，《思想理论教育导刊》2017 年第 11 期。

样互动、全程数字化等为思政课教学（即使班级规模较大）提供了全员互动的新渠道和新方法，打破了原有实体课堂和网络课堂时空分离的状况，不仅借助物联网和大数据技术使得线上线下高度融合，也使得全员全程的参与和互动更加便捷和有效。

在智慧课堂中可以充分利用智能化平台和互联网、云计算、大数据、人工智能等技术促进师生、生生之间的互动，如在高校思政课智慧课堂中，可以充分利用移动互联技术，借助智能手机、平板电脑、笔记本电脑等智能化设备安装智慧课堂相关软件，师生、生生都可以在该软件平台上进行交流、讨论、分享，再借助智慧教室中的交互式电子白板或多屏互动的教室大屏幕将自带设备中的内容、互动情况呈现出来；通过互联网、大数据、云计算等技术对互动产生的数据进行分析，自动形成相应的改进建议并将其推送给教师，以提高教学效率、优化教学过程，促进高校思政课大班教学全员参与互动。

2. 基于智慧课堂软件进行全员互动

智慧课堂软件是内置于手机、平板电脑等终端的教学平台，且大部分智慧课堂软件均与高校进行了合作，只需要简单的验证就可应用于思政课教学。以某智慧课堂软件为例，既有教师团队的合作与共享功能（包括备课会、研讨会虚拟会议室的功能），也有某一门课程教案、视频慕课、资料、通知、作业等统一的资源或活动，也有单独的班级活动空间设置，还有可视化、及时更新和生成的学情、课程统计图表等。该类软件借助互联技术和大数据分析技术为教师与教师、教师与学生、学生与学生的密集互动、深度互动提供了技术支撑。

思政课教师利用智慧课堂软件进行全员互动活动设计和教学安排时，一般会使用课堂管理、交互式教学管理、考试管理、信息管理、课程数据统计和教学资源管理等多个模块和功能。如利用软件推送学习资料，并将资料分成不同的难度等级和内容类型，以便学生进行个性化的选择；设置学生与学生课前或课中合作学习的任务和目标，利用"智能考勤""实问实答""随机分组（选人）"等功能，强调学生之间的参与、协作、探究和分享；利用课后的论坛研讨或在线答疑，进一步巩固课堂教学效果或进行价值引领和情感交流。这不仅能提高课堂教学的效率，而且能对课堂教学的数据进行记录、分析和评价。[①] 同时，教学大数据又为进一步互动教学提供了智能化训练的数据来源，以便智慧课堂软件后续更加智能地促进教师与教师、教师与学生的深度互动。更为重要的是，在高校思政课教学中引入智慧教学软件可以充分发挥学生的主体性，打造开放的互动教学环境，可以将原本对教学产生干扰作用的智能手机、平板电脑等设备变成服务思政课教学的工具——客观上学生没有时间和机会使用这些工具去做与思政课无关的活动，又能够有效改善一些高校思政课教学中存在的"到课率、抬头率、参与率偏低"的状况。

3. 树立全员参与深度互动教学的理念

理念是行动的向导，全员深度互动当然并不完全是"技术的依赖"路径，而更多的是服务于高质量思政课教学的新理念和模式。技术只是催化全员参与的支撑，思政课教师要树立主体性的互动、全过程的互动、有目的的互动和全方位的互动等理念。首先，要借助新媒体新技术来彻底克服思政课单向度"灌输"的弊端，把学生的主体性和教学的互动性理念贯穿到思政课设计、活动和管理的各个环节中；其次，要明确思政课是服务全体学生、立德树人的课堂，互动不是目的，而是为了促进全体学生的自由而全面的发展，服务于为党育人为国育才的目标；最后，互动不能停留于表面，而应该是包含知识、情感、意志和价值观在内的深度的、真正的互动，是起到"内化"作用的互动，而不是为了互动而互动。

为更好地在高校思政课智慧课堂中进行全员深度互动，教师要注意在理念、方法和路径上有所创新，如要树立对于现代信息技术的正确态度，将其看成进行教学互动的辅助工具，而不是因担忧其副作用而一味地抵触；还要不断提高自身的信息素养，充分发挥主观能动性，熟练掌握、运用各种有利于开展教学互动的信息技术。同时，在智慧课堂教学中，要关注全体学生进行互动的情况，尽可能让每一位学生都投入教学互动中，在小组合作中积极围绕主题进行讨论，大胆发表自己的观点和意见。另外，要注重互动效果，避免肤浅简单的问答和对话，而要引导学生进行沉浸式

[①] 常城、李慧：《智慧教学软件在思政课教学中的应用》，《学校党建与思想教育》2020年第22期。

互动，比如，可以创设相应的情境，引导学生融入其中，进行深层次的互动。

4. 完善全员参与互动的教学设计和方法

高校思政课教学中的全员深度互动并不是随机产生的，需要经过长时间的精心设计，尤其是这一互动中强调的"深度"一词，需要教师多费心思研究和打磨教学内容。在进行教学设计前，教师可以对学生进行意见征集，将学生的合理化建议融入教学设计当中；在教学设计的导入环节可以增加教师与学生的互动，设计学生感兴趣的问题，每位学生都可以借助智能手机等设备通过弹幕、评论的方式发表自己的意见；在新课讲授结束后可以适当设计疑问解答环节，学生可以通过智能设备提出疑问，少数人存在疑问的简单问题可以由同学解答，多数人有疑问的复杂问题可以由教师集中统一讲解，帮助学生答疑解惑的同时也促进了师生、生生之间的互动；在巩固提高环节可以开展小组讨论，深化理解、升华情感的同时促进全体学生的互动。

现代信息技术在高校思政课智慧课堂中发挥的作用巨大，为构建全员参与的互动环境提供了技术支持，教学设计的完善也在一定程度上增加了互动活动在教学过程中的比重。但要进一步构建全员参与的互动环境，还需要结合多种教学方法，如情境式教学法、案例式教学法、问题式教学法等，这些教学方法与教育技术的融合更能够促进全体学生深度互动。比如，情境式教学法可以通过创设一定的情境引导学生身临其境、亲身感受，增加互动深度；案例式教学选用贴近学生生活实际的案例，学生讨论的积极性提高；问题式教学法也有利于激发学生的探究欲、培养学生解决问题的能力，利于学生围绕问题展开讨论。

总之，构建全员参与的互动环境仅依靠平台和现代信息技术是不够的，还需要发挥教师的主观能动性改进教学设计、结合多种教学方法，增加互动机会，促进深度互动。

第五章 智慧管理：高校思政课智慧课堂教学的过程优化

思政课教学的智慧管理既依托于智慧课堂软硬件结合的技术、平台和环境，以实现管理的便利化和高效化，也体现在基于智慧环境的思政课教学管理策略方法的智能化、精准化、个性化等维度，同时通过促进学习实效的结果性评价与过程性评价的有机结合，激发学生学习思政课的动力和兴趣。智慧课堂软件平台通过信息技术和物联网技术能把课前、课中、课后的思政课教学管理过程有机地联系起来，记录大量的教学数据，并能及时快速地分析学情和呈现教学实效，并为教学策略的制定提供依据和方法支撑等。

课前，思政课教师可将所有学生的名单导入绑定的智能终端信息平台，并定向发放各类调查问卷，分析和把握学生的学习基础、思想状况、学习需求、教学期待以及遇到的学习困境等，教师可根据这些学情数据，再结合课程教学目标，确定向学生推送的预习材料、作业和任务。学生在课前预习时如果遇到问题，既能通过智慧课堂平台向教师求教，也能通过这一平台与学习伙伴进行交流讨论，还能通过人工智能等直接向平台进行提问和咨询，思政课教师根据学生预习情况、反映的问题以及智慧课堂检测统计分析和学生在平台的讨论情况等，拟定和优化教学方案设计，以学定教，精准教学。

课中，教师根据学生预习时的疑问，以及智慧课堂生成的学情报告，组织线上、线下、师生、生生等多种形式的互动讨论、小组合作探究或者沉浸式体验，每一种方式都能采取线上和线下相结合的方式，如互动讨论可以采取主题讨论、问题探讨、辩论等多样化形式，让每一名学生都参与其中。教师在教学中，不仅要注重知识传授，也要注重价值引领和思想导向，同时运用智慧课堂实时推送的优势，结合相关信息化资源，推送课堂和课外学习资料，进一步引发学生深度思考，帮助学生内化理论认知、提升分析和解决问题的能力。同时，教师也能及时进行随堂测试，进行学习诊断，并根据检测数据及时改进教学策略、调整教学进度等等。

课后，教师根据学生课堂学习情况，通过分层性、差异化、个性化的作业或任务推送、批改和数据分析，实施针对性辅导，实现因材施教；学生利用智慧平台大数据、大资源的优势，不仅可以发表感想、疑问，也能进行进一步的学习和拓展，并在与教师和学习同伴的交流中得到学习效果和体验的提升。

从课前、课中、课后的教学检测和学情分析，到灵活化、互联化的教学空间打造，再到虚拟现实的教学情境创设，智慧课堂有助于实现思政课教学管理的过程化和精准化，而这一技术的更新和进步又能推动思政课的个性化教学和因材施教，提升思政课教学的效果。

第一节　高校思政课智慧课堂的过程化管理

在信息化智能化时代，教师可以使用的教学资源种类越来越丰富，获取资料的途径越来越多样。课件、网络课程、教育视频、微课程等都能够通过一定的平台进行检索、下载、共享，或者共同开发。因而，无论是在课前还是课中、课后，思政课教师都不能局限于个人已有的资源完成备课工作，而应通过智慧课堂平台积极参与备课、集体研讨和资源共建共享活动，并根据自己的需要对资料进行筛选和整合，将其整理成具有一定结构和逻辑的内容，对资料进行分类和标注，将自己的教学内容与学生已有的知识结构联系起来，从而构建自己的思政课教学结构体系。

从智慧课堂的特征可以看出，它能有效促进课前和课后、小课堂和大课堂、思政课程和课程思政、课堂活动和校园文化等全过程、全链条的有效衔接和一体化的管理评价，增强思政课教学的针对性和实效性。课前，智慧课堂等多平台工具和软件的集成使思政课教师能够更有效地研讨备课、准备教案和材料；课中教育大数据和多媒体资源的使用可以大大提高学生的参与度，形成更具互动性的学习环境；课后，PDCA（Plan、Do、Check、Action）管理模式为教师评估学生表现和不断改进教学方法提供了框架。这些改变都会促使思政课教师提高课堂效率，真正发挥智慧课堂智慧育人的作用。

一　多平台融通的课前备课

多平台融通，既指多个教学云平台能够做到资源共享、活动衔接、功能兼容、互通便利等，也指单个的智慧课堂平台因为强大的功能，充分吸收和兼容了以往通过多个不同平台才能集齐的教学资源、路径和方法。这种革命性的变化如同智能手机的出现，在此之前，人们需要用电脑、音响、便携式影音播放器等不同设备，但是智能手机出现之后，"一机在手，一切拥有"，这些功能全被融通、整合到智能手机上。现有的智慧课堂平台能够将以往需要不同软件才能实现的教学会议、直播、录播、课后讨论、打卡、题库、问卷、考试、笔记、云盘等众多功能"融于一身"，极大地便利了思政课的教学管理。

当然，要达到智慧育人的效果，教师首先要提升信息化的素养，具备使用平台进行教学设计、教学创新的技能，知晓智慧课堂教学互动和管理评价的方式方法；其次，还要在备课时进行学情调查，进行教学研讨和集体备课，对思政课教学内容和教学方法进行研究，把信息化的教育优势融入思政课的教学设计和教学活动之中；最后，还需要在课中和课后，不断探索和总结，比较智慧平台支撑思政教学与传统教学方式的优势和不足，以不断提升思政课教学的质量。

（一）利用智慧课堂平台进行课前备课的重要性

智慧课堂以及教学信息化是整个教育领域变革的大事，它提供了一个现代化、互动和协作的学习环境。然而，思政课智慧课堂的实效性受平台、教师、学生、活动等多个因素影响。在智慧课堂功能越来越强大以及新时代思政课教学要求越来越高的背景下，课前准备过程显得尤为重要。

课前准备过程是智能课堂学习体验的重要组成部分。它涉及范围广泛的活动，包括课程规划、资源收集、内容创建和分发等。教师如果不能提前了解学生的学情，对学生的身心状况、知识结构、情感态度有比较准确的把握，就很难在教学过程中做到有的放矢。另外，高校思政课教材全国统一，知识面涵盖广，教学要求高，通过课前的教师研讨和集体备课，以及跨校、跨区域的合作，能够促进教学优质资源的互通和共享，并在交流中相互促进思政课教师教学水平和质量的提升。课前准备也使学生能够提前访问资源并预习新课内容，这能让学生更有效地参与课程并促进其更深入地学习。

利用智慧课堂进行课前准备是提升教学效果的重要条件。通过合理运用智慧课堂不同的教学形式、功能，软硬件的平台和互通的优质资源等，教师可以简化课前准备过程并节省时间，以更专注于教学内容的深度阐述和教学质量的提升。例如，教师可以使用在线平台来计划和安排课程、收集和管理资源以及创建和分发内容。这些平台可以与其他软件集成，例如云存储服务和学习管理系统，以提供无缝的工作流程。有效的课前准备对于管理多平台集成也是必不可少的。为了确保教师可以访问、使用必要的资源和工具，可以无缝集成不同的平台，学生可以访问教师备课授课所用的各类资源，需要建立功能强大、材料丰富的教学资源库。

在使用智慧课堂的过程中，师生频繁使用高度信息化的平台的数字素养不断提升，学生也通过参与提升了分析问题和解决问题的能力，它还使教师与教师之间、教师与学生之间畅通无阻地进行资源分享和教学交流，而这些前期的数据又为智慧课堂平台所记录，作为思政课教师开展课堂教学的学情信息，进而进一步提升教学的质量和效果。

（二）利用智慧课堂进行课前备课面临的难题

受教育信息技术的迅猛发展以及疫情时期线上线下相结合的教学需求影响，智慧课堂在思政课教学中的运用越来越普遍，也取得了一定的成绩。但从整体来看，智慧课堂在高校教学中的应用实效还未充分体现，不少思政课教师运用智慧课堂的技术和手段还不娴熟，信息化与思政课高度融合的教学模式还不太成熟，可复制、可借鉴的智慧课堂思政课教学创新设计方案和案例还不多。

这既有智慧课堂平台功能性的问题，也有教育信息技术成熟度的问题，还有思政课教师使用平台进行教学设计和备课的能力和认知问题等，比如在智慧课堂进行教学资料的检索时，可能存在现有的资源还不够丰富或与实际教学契合度不够等问题，还有的技术和教学功能被思政课教师认为"华而不实"，在教学过程中利用率低等，综合而言，思政课教师利用智慧课堂平台进行备课主要面临时间、技术、资源等方面的问题。其一，时间成本。对不少刚开始使用智慧课堂进行课前准备的教师，最大挑战之一是时间成本。教师必须在有限的时间内规划课程、收集资源、创建内容和分发材料。平台的功能越多，意味着思政课教师对功能的掌握需要投入的时间越多。教师还需要对平台收发的教学资源进行个性化的处理，如对不同的难度进行标记，针对不同的学生进行不同的学习路径设计，对学生提出的疑难问题给出更为及时的回应等，这对于初学者或者不适应技术发展的思政课教师来说，无疑要比传统课堂的课前备课花费更多的时间。其二，资源管理。管理资源的挑战在于，教师必须查找和收集资源，并确保它们与课程相关、最新且适合课程。最重要的是对资源的分类以及如何更加个性化、差异化地推送教学资源给不同的学生。其三，技术问题。智慧课堂教学功能过于强大，对部分教师来说熟悉这些功能本身就是难题，了解、熟悉和运用智慧课堂都需要一定的过程，更何况这些平台中有些功能较为复杂。除此之外，智慧课堂的教学技术也存在一定的提升和更新问题，如在智能化答疑、智能化处理教学资料、思维导图的生成、个性化的路径推荐等方面还难以满足思政课教学的需求，从而影响师生对智慧课堂平台智慧性特征的体验。其四，协作难题。智慧教育云平台的多主体合作更加便利和高效是智慧课堂的优势，思政课教师也越来越倾向于在课程计划研究、课程资源创建、集体备课和课题研究等方面寻求智慧平台的技术支持和同行之间的通力合作，但由于智能技术要求在数据量大、资源多的条件下才能进行更加精准化和个性化的管理等，加上大部分思政课教师教学任务重，要加强校内外教师之间的协作以及跨区域师生之间的互动，依然存在互动规模小、互动深度低等问题。其五，学生参与难题。在传统思政课教学中，学生课前课后参与相对较少、路径单一，也缺乏跟踪管理，这也使学生形成了对思政课"低参与"的认知和预期，认为不需要投入太多就能通过课程考核、取得学分。但是智慧课堂的引入，对有这种想法的学生来说，强化了过程管理就增加了学生课前课后学习的负担和任务。对于本来就对思政课存在"偏见"和学习动力不足的学生来说，学习负担的加重使其变得更不愿意配合和投入。

时间成本、资源管理、技术问题、协作和学生参与等作为智慧课堂课前管理的挑战，既有智慧课堂技术层面的问题，也有思政课教学内容和教学方法的问题。这就需要思政课教师善于运用智慧课堂，巧妙地借助正确的工具、策略和支持，克服这些挑战，从而创造一个充满活力、吸引人的学习环境，提升思政课育人的实效。

（三）利用智慧课堂进行课前备课的流程和方法

要让智慧课堂平台更高效、有力地促进思政课教师课前备课，应主要从平台和教师两大维度入手。从智慧课堂平台看，主要是提升平台的智能化程度和多种平台兼容和互通的程度。智慧课堂提供的高度信息化、交互性的学习环境和方法，需要强大的功能和简单易学的操作方式，才能实实在在作用于思政课教学中，提升学生参与的积极性，增强思政课学习的内生动力。

从教师的角度看，智慧课堂服务于备课、资源收集和内容创建，需要提高智慧课堂利用效率，提升教师信息化的素养，打造开放型、共享型的智慧教学平台，并从教学设计上利用这些功能为学生定制个性化的学习路径等，真正使学生成为思政课学习的主体，服务于学生成长成才需要。

从课堂教学的活动过程和备课的要素看，思政课教师应该利用智慧课堂已有的功能和方式，特别是从学情分析、教学方式多样、设置前测和后测、提升吸引力方面入手，不断促进思政课教学的改革创新。

1. 开展大数据的学情分析

学情分析是指在全面了解学生情况，以及对学情进行综合分析的基础上作出的关于学生学习现状及发展趋势的分析和判断。学情分析通过多种形式，对学生的知识基础、能力基础、性格特点、心理状态等情况进行了解和分析，在此基础上，根据学生的实际情况，对教学目标和要求进行适当的调整，使教学目标切合学生实际，具有可实施性。

为思政课营造有效的课前学习环境，需要教师和学生之间有效地沟通、学生制定主动的学习策略并且能方便快捷进行多种资源的获取、智慧平台反馈和跟进各项环节统筹配合。教师通过对上述环节的管理，使用大数据分析学生的参与度和兴趣，并提供充满活力、吸引人的课前学习环境，帮助学生实现他们的学习目标并发展他们在思想政治领域的技能和知识。

一般而言，学情分析既包括智慧课堂通过学习记录而智能生成的教学行为大数据，也包括教师通过问卷分析、平台互动，而质性把握的学生对课程学习内容的期望、困惑的问题、教学任务的感兴趣程度，以及学生愿意在所有的课程学习中分配给思政课的时间比例等。智慧课堂的学情分析的特征就在于大数据性、智能生成性以及结果的可视化等。

2. 进行差异化的预习设计

教师将智慧学习平台或学习资料共享给学生，可能包括视频、文章、课件、交互式测验、在线讨论等多媒体元素，为学生提供对各种资源的访问权限，以帮助他们为课堂做准备。学生能够根据自己的学习重点、学习方式对难度不同的章节进行预习和理解。例如，当某节课的目标是向学生传授特定政治家的思想以及介绍他所参与的政治运动时，可以选择推送专家访谈的视频或进行闯关式问答提前让学生了解当时的政治、经济环境和人物生平等。

3. 实施多样化的预习测评

智慧学习平台为教师进行课前准备提供了宝贵的反馈和跟进优化方式。教师通过查看后台数据，了解不同形式的预习资源对学生的吸引程度，根据平台反馈的点击量、观看时长、评论数量等掌握学生兴趣点所在，改善资源推送形式，整合各种学习途径吸引不同类型的学生，跟进课前准备工作。例如，当教师发现视频类资源观看人数多而文本类资源点击量较少时，可以改变文本类资源的推送形式，以更简短的形式穿插在课件或问答中，而在视频类学习材料后设置难度较大的讨论题。

4. 培养学习的积极性主动性

教师的课前准备，不仅仅限于对学生进行"知识的灌输"活动。思政课教育引导学生提高思想觉悟、树立正确的思想道德规范意识的前提是，培养一种主动学习、泛在学习、终身学习和自省反思的学习思维和习惯。教师在使用智慧课堂进行备课时，就要充分考虑以何种形式调动学生参与课前预习和课中学习的积极性，如何鼓励他们在课堂上交流学习成果，如何从政治性和思想性相结合的角度看待思政课教学的内容和要求，如何利用智慧课堂的新功能、"新玩法"、新潮流吸引学生参与到思政课教学中。

二　大数据立体的课中互动

在现代教育学视野中，教育系统包括教师、学生、内容和媒介等四大要素，高质量的教学一定体现四大要素的相互作用和有机联系，使教学呈现出发酵的"化学反应"，促进学生立德成才。

在智慧课堂出现之前，课中的互动往往是点对点的，有限的教学时空仅允许极少数学生参与互动和问答；教师与学生交流单向化，往往是教师主导提问和评价，而学生被动应答；教学主体封闭，非课堂的师资和学生难以加入；教学资源有限，仅可使用任课教师提供的互动教学资源；等等。但智慧课堂因为集多种教学技术和多样功能教学平台于一体，对于教学要素的整合、互通和教学方法的创新具有巨大的作用。

（一）利用智慧课堂打造立体互动教学的重要性

智慧课堂作为一种技术和环境，虽然本身不能产生互动，但是这些技术和环境用于思政课则为教学活动提供了人性化、智能化的互动空间和路径，所以有学者认为智慧课堂的核心在于深度互动。[①] 思政课智慧课堂立体互动教学中的"立体"强调的是非单向性，包括教学要素的多样性、师资力量的多样性、教学资源的多样性和教学空间的多样性等，而立体互动中的"互动"，主要是指教师与教师、教师与学生、学生与学生之间多向的互动，也包括开放性的主体的育人力量以及跨校跨地区的朋辈学习者之间的教学互动，还包括知识性、理论性之外的情感共鸣、情境共享等。智慧课堂的立体互动教学，是通过技术性（尤其是建立在大数据基础上的相关技术）的路径把教学过程打造成动态的、开放的、各种要素相互影响的、促进学生综合素养提升的交互过程。这种立体互动教学往往具有全员参与性、对象的精准性、全程数据化和发展个性化等特征，有助于从实现教师"独唱"到全体"合唱"、从广播"灌输"到精准"滴灌"、从被动

[①] 陈卫东、叶新东、许亚锋：《未来课堂：智慧学习环境》，《远程教育杂志》2012年第5期。

接受到有效互动的思政课创新变革。

从智慧课堂应用和作用于思政课教学立体互动的特征和过程可以看出，它具有增加师生教学互动频率、提升教学媒体使用效能、促进教学互动过程优化等方面的作用和意义。

首先，基于大数据的智慧课堂有助于打通课间隔阂，使思政课的师生互动全过程化。思政课教师得以在智慧平台尽情搜索和使用相关教学素材，可以不受时空限制与同人进行教学和研究的探讨，可以进行教学展示和观摩。教师还能把整个教学过程贯穿起来，建立学生泛在的学习模式，不仅可以利用网络平台给学生推送学习资源，还能根据教学大数据对学生进行个性化的任务设置和推送。同时，部分智慧课堂已经基于大数据和人工智能技术建立了 AI 助教系统，全天候对学生学习思政课的疑问进行解答等。而对学生来说，不仅有个性化的学习任务和路径，还能通过大数据平台与课堂同学、课外学伴以及不同年级的学生进行交流和互动，形成立体多方位的教学互动关系。

其次，在大数据基础上建立的智慧课堂，大大提升了思政课的课堂教学效能。尤其是在学情分析方面，利用智慧课堂平台嵌入的人工智能技术可以自主地分析学习个体的评价数据，只要提前设置，思政课教师无须掌握复杂的技术，只需要点击某些按钮或者输入自然语言指令，大数据的课堂平台就能快速生成班级成绩分布、个体与班级同学的比较，以及班级间的比较等统计性分析结果，甚至人工智能还能根据学情大数据修复和调整某些数据，确保学情分析结果的完整性和准确性。在数据量足够的情况下，生成式人工智能技术还可以帮助思政课教师生成基础性的教学内容、课件，甚至生成具有启发性、专业性的课堂教学案例、教学设计等，作为教学参考提升思政课教师的教学质量，激发思政课教师的创新思维等。同时，在教学数据（尤其是教学资源）足够丰富的情况下，生成式人工智能还可以帮助思政课教师生成符合学生个性化需要的课堂或课后习题、模拟真实的课堂教学情境和多角色互动等。数据支撑下的教学场景、教学内容、教学资源的拓展不仅给思政课教师提供了更加多元化的支持，也大大提升了思政课教学管理的效能。

最后，大数据支撑下的智慧课堂，极大地拓展了思政课教学的深度和广度。在高度智能化的智慧课堂条件下，教学资源和知识已不再是"稀缺品"，真正稀缺的是高质量、创造性、有深度的教学设计、教学内容和教学活动。从教师角度看，人工智能技术运用于思政课堂，倒逼教师将知识性、基础性的思政课教学扩展为反思性、创造性、实践性的教学活动，即使在理论讲授时也不得不提升梯度性问题的层次，生成即时性的创新问题，并不断帮助思政课教师开展教学反思，促进教学管理的智能化和精准化。对学生而言，生成式人工智能技术有利于教学资源的个性化生成、多样态教学场景的打造，同时也辅助学生开展自主性、探究性、协作性和创新性的学习，激励学生将机器的"人工智能"有效转化为自己的"人类智能"。在人工智能的辅助下，知识灌输性的思政课堂必将不断被高度信息化、创造性的思政课堂所取代，作为"数字原住民"的思政课学生也必将在人工智能技术的干预下，不断提升自己的学习兴趣和主动性，逐步实现思政课的深度学习和创造性学习。

（二）利用教学大数据进行立体课堂互动面临的难题

当然，大数据立体化的互动平台在给思政课教学带来便利的同时，也需要我们注意一些风险和问题。一是隐私泄露风险和数据诚信、产权保护、信息透明等方面的问题。智能系统不仅拥有思政课学生大量的基础信息，还拥有学生学习行为信息，这些行为信息和数据运用得当，可以对学生的认知、情感、态度、价值观等学情进行更为系统全面的把握，但是如果缺乏隐私保护，不仅会让学生有处于"全方位监控"的不良体验，有可能引发学生在学习上的抵触心理和情绪，还可能涉及法律方面的问题。

二是教学中的"数据依赖"问题。智慧课堂的出现，尤其是大数据管理平台的建立让教师从某些简单的、烦琐的、重复性的教学劳动中解放出来，但是这容易使思政课教师过分依赖数据管理，把所有的学习行为的管理和考核都交给具有所谓"客观化"的评价标准和智能评价系统的平台，不愿意花时间和精力分析、整理和挖掘这些庞大的教学数据，更不愿意深入地对学生的需求和呼声进行"亲自"思考和分析，一味依赖智能化平台呈现的教学评价结果，这不仅降低了思政课教学的"智慧性"，也违背了智慧课堂设计的初衷。

三是智能评价中可能缺少人文关怀。由于智慧课堂信息化程度高，教学评价数据具有多元性、复杂性等特点，一时间往往难以建立统一的技术和数据标准，同时教师在运用中也往往只选取部分类型的数据作为依据，加上部分教师可能由于"技术崇拜"而产生"数据依赖"，致使教学评价仅仅沦为"一种技术"和冷冰冰的数字，而使整个教学互动和管理的过程缺乏人文关怀。如果一味依赖数据和智能评价，那么师生之间就少了沟通，少了面对面交流所产生的心灵碰撞，也少了在场的情感的共鸣和价值观引领。

（三）利用大数据进行课堂立体互动的流程和策略

课堂的大数据立体互动，旨在通过大数据管理这一手段和方式，实现主观与客观相统一的教学评价和管理，既体现教师的主导性，又体现学生的主体性；既体现系统全面的教学评价，又满足教学的个性化和精准化，使学生在思政课上的学习不仅仅是接受知识，也是探索智慧、培养能力的过程，更是产生政治认同和培育社会主义核心价值观的过程。

从教学管理主导者的视角看，教师利用大数据进行课堂立体多元互动管理需要注意几个问题。第一，教师利用教学智能化和大数据技术要知悉隐私的法律边界和伦理规范，尊重学生的人格尊严和隐私权利，避免隐私权的滥用和数据泄露。第二，思政课教师要秉承以生为本的教学理念，将教学的客观因素和主观行为结合起来，将普遍性的评价和个性化的研判结合起来，将数据评价和定性评价结合起来，尤其借助大数据等技术，更多关注学生情绪情感、动作表情、审美想象等方面的特质特征，以更好地开展思政课教学。第三，要注意提高大数据技术评价的精准性，不断了解教育信息化给思政课教学带来的变革，学习新的教学技术和理念，提升数字化素养和能力。并将新的数字化技术融入思政课教学中，为学生提供更加丰富、更加个性、更加互动的学习体验，改变传统课堂中师生之间单一的信息传递方式，使学生在更深层次、更广的领域，以更多样的形式参与思政课教学的立体互动。

利用大数据进行思政课课堂立体互动的流程和策略大体如下。

1. 基于大数据学情分析的情境导入

大数据学情分析起作用往往是在课前环节，但其实也可以服务于课中，尤其是当大数据技术已在课前收集了学生感兴趣的话题、困惑的问题和学习的难题时，教师可以通过了解大数据技术呈现的结果或反馈（大数据技术支持下的学情分析，往往更具有全面性和针对性），以大部分同学的学习"痛点"和难点来开展教学，往往能起到事半功倍的效果。导入环节，无论是教师有针对性地讲解学生预习中遇到的问题，还是引入案例、故事或者活动等其他情境，均能很好地激发学生的学习动机。何况，虚拟仿真等场景中也包含了大量的大数据分析和建模技术。再通过营造使学生身临其境的数字化历史情境、行为两难情境、游戏情境等，不仅可以提升学生的参与度，还能更好地积累学生参与这些情境的教学大数据，以为下一步教学策略和决策提供依据和参考。

2. 基于多样态多功能的师生互动过程

传统思政课堂往往知识点多、理论性强，再加上教学规模较大，课堂互动频率相对较小，知识覆盖面也比较窄。智慧课堂基于大数据技术可以实时展示多主体的互动信息，教学不再局限于教师和少量学生单向互动，而可以实现一师对多生，乃至多师对多生的同时互动，且不仅可以进行小组合作学习、组与组的竞争学习（即时呈现小组学习成果），还能进行多点互动和网状互动——假设每位师生是互动网络中的一个点，在智慧课堂环境下，思政课教学中涉及的任何一位师生都能通过这一网络发生互动和关联，如答疑、讨论、协作等。大数据收集、分析和呈现技术的助力，大大拓展了思政课师生互动、生生互动的形态，同时课堂平台增设的抢答、点赞、分组、签到、多屏同现等功能和技术，让思政课教学的内容更加直观、教学的形式更加有趣，大大提升了思政课教学的互动频率。

3. 基于即时沟通展示技术的合作探究

合作探究有利于学生在学伴的激励下主动参与课堂，培养学生在探究中独立思考、相互协作、开放包容的精神和多方面的能力。高度信息化智慧课堂所带来的教学庞大数据以及大数据分析技术的快捷性，使多层次、多主体的即时互动和沟通展示成为可能。智慧课堂下的思政课教学合作探究相比于传统实体课堂，主要的优势是合作探究结果的即时而直观地呈现、教师对探究活动过程掌握的全面性、合作小组分享过程的独立性与结果交流的共享性，还可以便利地添加各种小组互评等互动性功能。

一般而言，合作探究学习可以分为"讨论、学生互教、问题解决、信息组织、写作、游戏"① 等类型。智慧课堂环境下的合作探究学习更具有引导性和管理性色彩，如划分合作小组，可以在平台上采取随机、分层或者分类型一键生成等方式，布置任务也可以快速同步到每个小组的虚拟空间中，每个小组讨论和探索结束后的分享也可以是实时的，利用词云图、统计图等方式可直接呈现的，这为教师的课堂总结、课后反思和对学生小组合作探究的成效评价提供了数据支持。尤其是在小组合作探究的评价方面，大数据技术提供了多种方式，比如小组内部成员在智慧课堂平台的互评、小组之间的互评，以及教师对各小组的评价，这些方式快捷方便，并及时呈现评价结果。再如游戏法，智慧课堂可以为思政课教学提供团队寻宝、答题抢位、选题选分答题、拼图等各类探究学习的虚拟情境。

4. 基于知识图谱技术的总结点评

知识图谱是一种将知识和概念进行图形化表示的方法。作为信息技术的产物，知识图谱一般包括模型层和数据层两大部分。通过应用场景确立、知识范围界定、数据采集、信息抽取、知识融合、知识推理、可视应用等知识图谱技术和步骤，可以把一堂课乃至一门课的相关原理、概念和方法串联在一起，构成一个完整的知识体系，并进行可视化。在思政课课堂教学管理中，知识图谱极适合用于课堂总结点评环节。知识图谱的展现，帮助学生构建起各章节与整门课程的联系，便于其记忆和理解，还可以引导学生反思、梳理自己的学习行为和效果，同时也从知识结构上引导学生进行评价和复习等。当然，一旦整门教学课程的知识图谱建立起来，不仅可以为课堂小结提供可视化的展示，还可以提供内容查询和课后搜索、复习、预习、巩固和提升等多种功能，满足学生进一步学习的需求。

三　智慧课堂的课后 PDCA 管理模式

课后学习是思政课教学的重要环节，健全完善的课后管理则是提升思政课教学效果的有效途径。PDCA 管理模式虽然是由质量管理专家戴明提

---

① 高筱卉、赵炬明：《合作学习法的概念、原理、方法与建议》，《中国大学教学》2022 年第 5 期。

出的一套管理方法（又被称为"戴明循环法"）①，其也适用于高校思政课智慧课堂的教学管理，因为它强调全面质量管理以及持续地改进体系。

PDCA 主要指管理过程中的四个环节。

P（Plan）——计划，即根据某一管理任务的目标和要求，制定科学的计划。引申到思政课教学领域，强调在教学计划阶段，教师应确定翔实而可操作的教学目标，选择合适的课程素材，设计有效的课程计划和设定可衡量的学习目标。

D（Do）——执行，即实施计划。引申到思政课堂，在实施阶段，思政课教师应该始终贯彻立德树人的目标，贯彻"知识传授、能力培养、价值塑造、政治认同"等育人理念，充分将教育教学技术与育人目标联系起来，并充分调动学生参与的积极性，激发学生学习思政课的动力。

C（Check）——检查，检查计划实施的结果与目标是否一致。在检查阶段，教师应该通过测验、考试和项目作业等评估手段同时检验自己的教学效果和学生的学习成果。

A（Action）——反馈、处理。在行动阶段，教师应根据自己的评价结果采取行动，对教学实践进行改变和调整。

该模式反映的过程是一个阶梯式上升的循环过程，整体分为这四个环节，每一个环节都可以细分为若干个小的四环节，每个环节之间存在一定的交叉，每完成一次循环，既是阶段性任务和目标的达成，同时又进入达成下一个目标过程中。通过不断提出目标、解决问题、检查效果和反馈，不断完善和调整管理策略，以达到最优的管理效果。因而该模式总体上提供了一种系统的、迭代的解决问题和进行决策的思维和方法。

思政课智慧课堂引入 PDCA 管理模式进行课后管理，有助于打破传统课堂教师很难在课堂有限的时间内给予所有学生同等关注的困境。因为PDCA 管理模式的每一步都可以设计为思政课智慧课堂课后教学的步骤，如教学计划、教学实施、教学反思和教学完善等。由于课前课中环节前面已详述，所以这里主要谈课后管理的检查和反馈两大环节，即课后反思和课后完善。

---

① 参见佟德顺《也谈"PDCA"循环》，《经济管理》1979 年第 12 期。

智慧课堂的优势在于全过程的管理和"数据留痕"，这为思政课教师的课后管理提供了极大的便利和更多的可能性。思政课教师可利用智慧课堂已有的教学大数据分析确定特定班级的学生对某种类型的问题或某个知识点的掌握情况，从而获知在呈现某一主题的课程清晰度或理解内容上是否存在缺陷；监控学生课堂表现情况，预判学生学习动机或参与度方面的潜在问题。通过反思，不断地进行教学环节、教学设计和教学活动的修正和完善。

（一）课后教学反思的类型

立德树人的工作永无止境，思政课教学水平和能力的提升也永无止境。而教师的自我评价和反思是教师对课堂教学的复盘和再认识，是提升教学水平的重要环节。思政课智慧课堂上教师可以从学生学习的大数据来观测教学实效，从而反思自己教学的特点和不足，不断进行经验总结，也可以利用教学大数据和人工智能自动检测出来的教学效果作为反思的依据，不断修正教学方案和设计，进行经验总结，从而提升后期的课堂教学水平。

1. 对教学过程的反思

智慧课堂的智能录播系统，使思政课教师每上完一次课，立刻就能生成教学视频录像，思政课教师可以反复观摩自身教学的过程，反思教学过程的几个环节及其效果。一是反思教学过程的完整性和衔接性。如教学导入是否具有时效性，是否吸引了学生的关注，是否激发了学生参与的积极性，导入的时间把控是否精当等；课堂讲解是否流畅，思路是否清晰，语言的使用是否准确达意，教学资料、教学案例的选择和使用是否合理等，是否按照计划完成了每堂课的教学任务和目标。二是反思教学过程和方法的有效性。如教学方法是否有利于引导和增强学生思考问题和解决问题的能力，是否激发了学生的创造性思维，是否激励学生进行有效的互动，是否突破教学的重点和难点，教学的内容是否为学生所掌握（这方面还能借助智慧课堂的自动评测功能实现）。三是反思教学过程的趣味性和针对性。如教学过程是否创造了良好的互动情境，是否既面向全体学生开展教学，又尊重学生的个体性差异，是否针对课堂学生的专业情况和学科背景开展分众式教学等。智慧课堂记录的教学视频和教学行为数据，极大地满足了教学反思的需要。

2. 对教学评价的反思

思政课智慧课堂的教学评价除了可以利用课后教学效果评价问卷、教师自己"复盘"评价、同行听课评价外，还增加了多种评价方式和技术性路径。如智慧平台支持思政课同行在线直播听课、线上教学展示等，也可以使用设置好的智慧课堂板块中的预习评测、课后章节或专题测评等便利的评价方式，教师还可以通过课程的录播视频以及教学大数据自行进行总体性评价。

一般而言，思政课智慧课堂教学评价反思的内容包括学生课堂"抬头率"、参与度、满意度，以及教学对学生的影响程度等。具体包括整个课程的测评和作业反馈结果能否客观全面地反映学生对思政课内容的学习程度，学习任务的选择是否既围绕思政课教学的重难点问题，又有效拓展了学生的认知、思维；课前、课中、课后的教学过程是否关注了学生的共性和差异性；教师在课堂教学中是否兼顾了知识性、价值性和行为性等目标；等等。

3. 对教学环境的反思

教学环境是多种要素构建的复杂系统，既包括物理环境，也包括心理环境。思政课智慧课堂教学环境外在形态呈现为活动性课桌摆设、明亮的教室空间以及便于合作学习和高效互动的舒适空间。而内在的信息化环境还包含拾音设备、摄像头、体域网传感器等设备和条件，以便于记录师生教学过程中的行为、表情；当然还可以包括线上线下互通的思政课同步课堂、远程课堂、在线课堂、双师课堂等混合式教学环境，也可以包括集计算机视觉、机器学习、自然语言处理等多种技术为一体的高度智能化的"人机课堂"环境。

对高校思政课智慧课堂教学环境的反思，不仅包括对物理环境构建的舒适度、师生互动的高效性、教学技术的融合度等方面的反思，还包括对智慧课堂环境下师生角色的变化、定位以及调试状况的反思，比如教师和学生是否熟练掌握和运用了智慧课堂的操作方法、功能和特点进行有效的教学，智慧课堂开展教学的准备工作是否充分，是否充分整合智慧课堂和传统课堂相结合的优势，整个教学过程是否畅通顺利，等等。

4. 对教师自身的反思

教师对自身教学行为的反思，主要是指教师对言行举止、精神风貌、教学规范等维度的自我反思和评价。对自身行为的反思是一位优秀教师自我成长和专业发展的重要因素和必经过程。一般而言，课后自身行为的反思包括反思自己教学的长处和优势、经验和不足、难点和疑点、守正和创新等方面。智慧课堂条件下，教师对自身行为的反思的优势在于全程视频语音化，且过程数据化和部分结果呈现的可视化、直观化。

具体而言，教师自身行为的反思包括如下方面。首先，在思政课教学全过程中，是否充分尊重学生的主体性地位，做到关心关注每一个学生的成长，对所有学生一视同仁，秉承尊重爱护的原则，秉持仁爱之心。其次，教师穿着是否大方得体、符合师德师风标准，举止行为是否文明有礼。再次，思政课教师要反思自己的能力和水平，有没有对教材、课程标准有精准的把握和正确的解读，有没有通过教学活动培养学生的知识和能力。最后，还要反思自己的教学风格和教学语言是否得到学生的认可和欢迎，课堂的教学氛围是否良好，教学秩序是否和谐，学生对思政课的认可度是否得到提升，等等。

（二）教学反思后的修正完善

教学反思完成之后，教师需要在后续的教学中进一步修正和完善，以不断提高教学能力和水平。从反思的要素来说，教学反思包括教学过程反思、行为反思、评价反思和环境反思等；从反思的内容来说，包括反思技术应用状况、教学方法和内容的恰当情况、师生互动程度、教学目标的达成度，以及学生对知识能力的掌握情况等。智慧课堂以其独特而丰富的教学技术工具和教学模式，为思政课教师提供了反思后持续提升教学水平和能力的平台和技术支持。

1. 反思记录的数据化

传统教学反思记录往往是零碎的，即使进行了电子化保存，也不易进行再比较和反思。但是智慧课堂却提供了不一样的反思记录和形态。比如，某些智慧课堂软件已经实现了反思记录的智能化处理，即通过对课堂教学视频语音的分析和已记录的课堂教学行为数据，软件自动生成课堂的反思记录，供教师撰写反思记录时借鉴。还有的智慧课堂平台提供了模板化的反思表格，供教师直接填写。教学反思表格化的优势在于后期数据处理时可进行对比分析和跟踪比较研究，如将这一个学期的教学反思进行定量的统计学比较分析，让思政课教师更为直观地抓住教学反思中长期存在的问题等，这是传统课堂教学反思难以达到的。当然，在智慧课堂环境下，每一次反思记录完成后可以实现跟踪再评价和反思，即之前反思的问题后期教学中是否再次出现，是否得到了解决，都可以进行数据比较分析。所以，对思政课教师来说，每一次的反思记录都是一次重新检视和总结经验的机会，也是教师个人成长的宝贵经验，既为后期教学的调整提供参照，也为教学水平的提升提供跟踪评价。

2. 观摩和学习优秀经验

借助智慧课堂的一键录播功能，教师可以将自己的教学过程录制成视频，课后反复回看，或者与同行进行互评交流，积极听取其他思政课教师的意见和建议；也可以通过参与比赛或观摩比赛等方式学习优秀教学经验。随着信息技术的融入，高校思政课的说课比赛、微课比赛、创新大赛等教学比赛如火如荼，全国思政课教师都能通过相应的平台进行观摩和学习，并在其中不断对标调整自己的教学。另外，随着慕课、公开课平台的建立，教师也可以系统学习教育教学理论。在学习理论中反思自己，提升教育教学的理论和实践水平，提升教师专业化素养，激发教师对教育问题的深层次思考。

3. 倾听学生的反馈和评价

学生是思政课教学的主体，是评价思政课教学实效的主体。学生会对教学目标、教学思路、教学重难点、教学氛围、教师情感、师生互动等多个维度进行描述和反馈，并以一定方式告知思政课的主导者——教师。在传统课堂中，学生一般需要通过面对面交流或者书写评价语等方式进行反馈。不足之处是学生可能出于各种原因而不主动、不完全告知教师评价结果。智慧课堂从多个方面更新和拓展了学生评价反馈的路径和通道。比如，一般智慧课堂都设置有各章节学生评价或课程评价的功能，还会给出一定的评价模块和指标，以便于学生进行更加客观全面的教学评价和反馈。另外，由于智慧课堂还有网络虚拟角色，学生可以不实名的方式对教师的教学效果进行评价。同时，学生还可以通过智慧课堂软件的主题讨论、即时联系等板块反馈自己的评价结果。由于智慧课堂提供了诸多反馈的路径，使高校思政课教师更全面了解学生的反馈、学习期待，从而对思政课教学的进度、方案、方法进行调整，并在实践中不断提升思政课教学效果。

第二节　高校思政课智慧课堂的精准化管理

高校思政课智慧课堂的精准化管理，主要指借助智慧课堂的环境和大数据技术，思政课教师"精准把握学生现实需求，将精当的教学内容以精巧的教学时机、精妙的体验场景精准地传导给学生，推动解决教学供需矛盾"[①]，在这一管理过程中，智慧化的技术是条件，了解学生的个性化与真实需求是基础，而利用智慧课堂实现精巧的教学则是关键，最终的目标是满足青少年的成长需要，实现立德树人。

一　教学目标轨迹化设计

教师教学目标的制定围绕教学内容、学生知识与能力、学科核心素养的培养等方面展开，最终使学生能够通过学习知识与技能，在探究中实现思维发展、形成品质和精神素养，奠定终身发展的基础。

教学目标轨道化设计在思政课中的意义表现在，将课堂主题分解为若干个小问题，再将小问题分解为不同的学习任务，使学生能更好地把握每一课时、每一个单元的内容，使课堂教学更加有序、连贯。而教学目标轨迹化设计的前提是对教学内容的熟悉了解和对学生学情的准确把握。在这两个方面，智慧课堂均有发力之处。对于教学经验丰富的教师而言，早已"胸有丘壑"，对教学内容已相当熟悉。但是对于经验不多的青年教师（高校思政课教师队伍近些年大量扩充了青年教师）来说，智慧课堂中的思维导图等功能大大加速了其对思政课教学内容的全面把握。智慧课堂相关平台基于物联网、大数据分析等新兴技术，已开发出了系统化的学习行为追

---

① 操菊华、卫杰：《思政课教学精准供给的理论、价值与实践研究》，《学校党建与思想教育》2020 年第 18 期。

踪功能或模块，可以对所有学生的所有信息化的学习行为进行记录、跟踪、自主分析和可视化显示，且维度和指标全面客观，既包括学生课堂行为（智慧课堂常用的可转化信息化数据的行为包括课堂上学生的表情、考勤、抬头率、互动等），也包括智慧课堂平台上学习资源浏览、问题讨论、作业提交、单元评测、合作学习等行为。智慧课堂在相关指标设置的前提下，可以对所有学习行为进行分析和挖掘，不仅可以呈现总体的成绩分布，而且能为每一位学生进行学情画像，以便于教师借助智慧课堂对每一位学生进行个性化作业的推送。

从现有的智慧课堂软件以及人工智能教育应用的现状看，高校思政课智慧课堂所采用的大多是积分制（评分制）的评价方式，软件系统根据每个版块或者整体的学习评价积分，为每位学生推荐相应的作业或练习板块，从而使学生的学习实现差异化、个性化。学生也可以根据智慧课堂系统每一过程或环节的积分，调整和优化下一步的学习方法或路径。

基于智慧课堂的测试评价信息系统能智能化批改学生作业，并给出相应的评价结果。同时，智慧课堂软件还能进行一定的研判。比如对于做错的题目，系统会指出哪个知识点没有掌握，学生可以点击查阅相关知识点解读内容，同时还可以围绕相同或相似的评测内容进行反复练习。多轮练习测试，使得学生对某一知识点的掌握越来越精准。在这个过程中，智能系统能将常错、易错的知识或内容在复习巩固环节进行"优先排列"或记录，建立每个学生的电子错题本，在今后的复习中，系统能自动提醒学生加强对此知识点的学习，并智能地帮助学生复习巩固薄弱知识点。而且，教师随时可对全体学生提交的作业的评判结果进行监管和分析，也可以对每个学生的学习轨迹和学情进行跟踪。

二 教学内容任务化驱动

任务驱动，是探究式教学的一种方式。它强调学生是学习的主动建构者，在教师创设的学习情境中，学生围绕个性化、环环相扣的学习任务，在强烈的问题动机驱动下，通过已有的学习资源、学习方法和路径进行自主探究和互动协作学习，在任务达成中完成学习目标，主动获得学习的意义。简言之，任务驱动教学法，强调以学生为中心，以任务为媒介。当然，任务驱动教学法在传统课堂也能实现，但无疑智慧课堂为思政课任务驱动教学法的运用提供了更便利的条件和环境。在任务设置阶段，智慧课堂的智能设置或教学方案模块可以为备课教师提供清晰化、模块化、流程化的教学思路或教学导图指引，助力教师分解教学总任务和各环节的分任务。在任务实施环节，智慧课堂能如同游戏通关般给予每位学生不同的任务指引、评估和反馈。在任务总结和评价阶段，每位学生完成任务的过程，都能通过大数据分析方式呈现给教师，以为教师总结评价和调整教学设计方案提供学情数据支撑。

（一）系统化智能化的教学任务设计

由教学目标转化为具体的教学任务，是完成由"教"到"学"转换的重要环节，对于部分教师而言，做好教学任务设计存在的困难主要包括教学目标和内容把握不精准、教学任务和教学过程理论不熟悉、任务设计的教学资源欠缺等。而智慧课堂给思政课教学任务设计提供的便利则包括：一是智能平台已经将教学任务设计和过程分解进行了模块化设置，教师可以借鉴或直接使用教学任务设计功能，如某智慧课堂平台提示在备课阶段进行思政课教学任务设计，要按照章节名称、教学对象、教学目标（知识、情感、价值观、行为等）、引入阶段（活动设计、教师引导提问）、内容安排、教学方法、小组讨论任务、实践任务、总结反思等模块进行填写。二是不少智慧课堂平台已有的海量思政课教学资源，可以自动匹配和链接到每一个任务环节之中，为思政课教学任务设计提供环节性、扩展性的教学资源参考。三是某些智慧课堂平台的智能备课应用日趋成熟，当备课教师给出对话框，诸如"请帮忙设计'如何理解新时代爱国主义的科学内涵'教学任务"，智能平台就能借助人工智能的新技术和语义模型，给出详细的任务设计方案，这不仅大大简化了思政课教师基础知识类内容的备课压力，也为思政课教师实现任务化、智能化教学提供了条件。思政课教师可以在人工智能给予的教学任务设计方案上进行修改、加工和完善，更快速形成系统化的高质量教学方案。从智慧课堂提供的诸多便利看，技术提供的是系统化的知识和策略，而思政课教师可以以此为基础，研究教学问题和教学任务，把时间和精力放在如何优化教学、如何给出针对性策略的理论与技术上。这种"人工智能+教师智慧"的合作方式，更有助于把教学作为一个系统来推进，可以更好地利用智慧课堂的优势，促进学生学习的任务设计、知识排序、资源与工具设计、智慧学习模型构建、教学模式创新等要素统筹和协调，在任务设计中更有助于促进学生的健康成长和能力提升。

（二）个性化协同化的任务路径

个性化，主要是智慧课堂在教师主导下，可为每一位学习者提供差异化的学习任务路径；协同化，主要指通过智慧课堂小组任务或者自组织的信息化交流板块进行合作探究学习。在任务驱动式教学过程中，无论是在任务描述、任务过程呈现，还是在任务实施或任务评估阶段，教师都能依据智慧课堂已有的分层理论或分层模型，给不同的学生设置差异化的任务路径。如在任务描述阶段，教师将教学目标分成若干教学任务，对每一个任务的定位、过程都要有清晰的认知和了解，在此基础上，既可以借助智慧课堂提示的学生类型、知识或能力培养类型、任务难易度、任务衔接方式等进行分层分步的任务设计，也可以自行设计差异化的教学任务。当然，除了在狭义层面提供个性化、协同化的任务路径，智慧课堂的优势还在于推送多样化、差异化的学习资源。如为理工专业学生提供"专业+思政"类的微课视频，为艺术类专业学生提供丰富的思政影视学习资源，为学有余力的学生提供更具有学科理论深度的学术文献等，为游戏爱好者提供思政类的虚拟仿真类资源等，这些差异化、立体化、多样化的资源，能大幅提升学生的学习兴趣，不仅让学生在任务式学习中获得知识、锻炼才能，还能增强思政课教学的针对性和有效性。

（三）全面化精细化的任务评价

前面多次提到，智慧课堂能够记录学生在课堂上的几乎所有学习行为和表现，生成学生学习大数据，并依据一定的规则或者人工智能算法对学生进行个性化的评估和反馈。这为教师提供了宝贵的数据支持，使教师能够更准确地了解学生的学习情况，从而调整教学策略，实现精准化教学，也为学生个体提供学习参考和促进学生自我修正。

智慧课堂的任务评价优势体现在以下几个方面。一是实时便捷的评价，智慧课堂通过学习管理系统、在线测验系统和学习分析工具等，实时监测学生的学习任务完成进度、成绩和任务完成状态，并利用大数据和云计算技术，对收集到的数据进行深入分析，帮助教师了解学生的学习情况。二是个性化的评价，教师根据智慧课堂中学生的个体差异和学习需求，制定个性化的学习任务，平台则利用学生任务完成情况、任务完成轨迹、学习能力评估等系统工具，评估学生的创新能力、学习态度、兴趣爱好等。三是多维度的评价，智慧课堂的评价体系不仅可以监测学生的任务完成情况，还可以从兴趣、爱好、态度等多个方面进行评估和分析，全面了解学生的学习任务完成情况和发展需求。同时，评价的方式也是多维度的，除了问卷调查、任务完成清单、课堂学习行为智能分析等，进一步强化、提升了学习评价的全面性和准确度。四是动态性的评价，即不仅对学生的学习任务完成度评价是即时的，而且能够持续跟踪，促进教师不断调整后续教学策略，也能促使学生修订、完善后续的学习策略。同时，这一动态性，还体现在可以通过师生互动、生生互动等建立动态的互动评价机制，使学生在比较中进步，在师生互动中不断完善自己的世界观和方法论。

三　教学实况可视化显示

教学实况可视化本来指所有教学行为都以视频等方式被记录下来，为教师自我反思和学校教学管理提供依据。但在智慧课堂条件下，这一内涵发生了一些变化，更多地指向智慧课堂记录的所有教学行为，越来越多地转化为教学大数据，其中包括视频、音频、图像、教学表情、签到情况、互动情况等。而如果教学大数据只停留在数据阶段，对于非计算机专业的思政课教师而言，是难以知晓和利用这些数据的。可视化显示的意义就在于把这些专业化的数据转化为可视化的、普通教师都能看懂的教学行为数据、学情数据等，即将专业化的思政课教学大数据转化为直观的、可视化的教学图表和视频等。

教学实况可视化其实就是教学数据可视化，这为学习者、教师和管理者掌握教学情况提供了条件，对于提高学生的学习成绩、改进教学活动、提升教学管理效率和挖掘教育规律至关重要。对学生而言，数据可视化使学生能够深入了解自己的学习状况、回顾学习过程、反思学习效果，调节学习进度和学习方式，并帮助他们突破薄弱环节，达成学习目标。对思政课教师而言，可视化数据帮助教师感知和了解学习者做了什么、应该怎么做，以及准确掌握他们的学习行为模式、学习效果，从而实时进行教学监督管理和督促教学进度，以及调整后续的教学方式和教学路径等。而对于教学管理部门来说，教学数据可视化全息展示了某个学校、某个地区乃至全国思政课教学状况，为思政课教学管理和决策提供数据支撑。

在智慧课堂条件下，思政课教学过程中的各种数据均可以实现可视化，如文本数据可视化、多维数据可视化、时间序列数据可视化、地理空间数据可视化等。如文本数据可视化，人工智能技术的应用，已经实现了在智慧课堂条件下，通过对某些或某类思政课教学数据进行词频统计或者语义标注和挖掘，生成数据与数据、行为与行为、知识与知识的关系图或视频。多维数据可视化，就是把多种数据、多个维度的数据通过几个图形、图标技术和平行坐标技术等呈现出来。时间序列数据可视化是针对具有时间属性的数据集进行呈现的方式，强调基于时间发展的内容演变过程。通过在不同的时间点设置活动，激发学生学习积极性，吸引学生注意力，通过分析时间序列数据在合适的时间段设计互动活动。对于教育数据可以按不同的时间段进行分类展示，如按分钟、小时、日、周或学期进行展示。时间序列数据可视化是一个应用前景广阔的研究方向，在教育领域的应用刚刚起步。地理空间数据通常是指用于描述自然现象和社会事件的发生及演变的空间位置、分布、关系、变化规律等的数据。地理空间数据可视化能够有效地融合数据挖掘和可视化设计来对地理空间数据中隐含的多维、时空、动态、关联等特征进行全面而细致的分析和探索。在教育大数据中，地理空间数据通常应用于教育统计信息对比，多从点和区域两方面进行呈现。

教学实况可视化的优势主要体现在教学过程智慧化、隐性思维显性化、师生交互立体化三个方面。首先，数据可视化本身就是人工智能技术的体现，用在教育领域，使思政课教师不受专业数据和表格难以读取和认知的困难的影响，而通过自动生成的教学大数据直观观测和了解学生的学习状况，全面把握整体学情和个性差异，以开展更为个性化、精准化的教学，从而进一步增加智慧课堂的"智慧深度"。其次，知识可视化有助于加速学生的理解。如在智慧课堂中，思维导图和概念图是典型的思维可视化工具；思维导图是为了促进学生整体性理解和激发思维而创制的可视化、非线性思维工具；概念图则是综合多种思维方式，对思维过程和结果进行精细描述，从而实现思维的综合、精确的可视化图式。思维可视化工具能够直观反映学生学习过程中隐性知识的显性化，推动实现从二维到多维、从静态到动态、从单向到交互的转变。最后，教师运用一系列可视化技术将学生个体内部的隐性知识以视觉呈现的形式外显为可接受的交互知识，以促进师生之间、生生之间达成学习内容的深层次交互，促进知识传播迭代更新。教师将思维可视化的理念贯穿课前、课中、课后，能帮助学生实现知识体系整体化、系统化、进阶化的构建，也有助于学生思维能力向纵深方向发展，提升学生知识深度学习能力和理性思维能力，以使其更好地理解中国特色社会主义道路、制度、文化和理论。

四　教学效果精准化评价

对教师来说，精确的评价有助于判断其所采用的教学策略是否有效，并在必要时加以修正。对学生而言，准确的评价是对阶段性学习成果的肯定，为其带来成就感和继续学习的动力。

智慧课堂教学效果的精准化评价，得益于教育大数据的生成，以及评价的多维度、多主体、全过程和动态性，有助于在思政课的教学过程中真正做到以学生为中心，而不是以教师为中心。当然，从智慧管理的直接目的看，评价也是为了促进教师提升自身的专业素养，提高教学水平，让教师能够在信息化时代下更好地利用现代化教学技术和平台为学生提供更好的学习体验。

智慧课堂评价的优势和特点包括教育行为数据化、以学生为中心、全过程化和动态持续性。首先，在智慧课堂条件下，可以将教学全过程产生的海量数据，通过物联网等手段保存下来，并能进行汇总、挖掘和分析，教师可以根据智慧课堂已有的数据统计功能、借用或设置各类评价指标，对所有教学数据进行深度分析。其次，与传统课堂相比，智慧课堂的评价更加客观，更关注动态的、持续的、全过程的学生学习情况，并能进行不同教师之间、课程之间、学校之间、地区之间的比较。再次，思政课智慧课堂更侧重过程性的评价，倒逼学生摆脱"平时不重视、考前突击复习"的思政课学习惰性思维，全程记录了学生所有的学习行为，促进思政课教学更好秉承结果性评价与过程性评价相统一的原则。最后，智慧课堂的教学评价和反馈不是一时的，而是实时的、持续的，并且引入师生互动反馈机制、同行互评机制、主管部门监管机制等，既有助于思政课教师教学策略的持续改进和完善，也有助于课程教学质量的持续跟踪管理。

关于教学效果的精准化评价，智慧课堂主要的策略和路径包括几个方面。一是学生学习过程精准管理。在智慧课堂条件下，思政课的教学效果评价能更好地实现过程评价和结果评价相统一，而在过程性评价方面，有助于思政课学生学习的课前检查、课中反馈和互动、课后评价和巩固。从评价维度看，对学生全过程的精准评价可采用总体性评价、形成性评价和诊断性评价相结合的方式。总体性评价包括对学生的学习行为、学习表现、学习成果、学习合作程度等的评价，形成性评价包括对学生课堂互动、随堂作业、课后作业、社会实践完成状况的评价，而诊断性评价主要是在课前以预习作业、预习评测题、案例讨论等方式了解学生的学前准备情况。

二是学生学习成果精准画像。大数据融入思政课教学中，其在全样本画像、差异化描述、预测性分析以及数字化评价等方面能推动学生学习成果和成效的精准画像。在具体的思政课学生学习成果评价中，智慧课堂借助技术赋能，从整体与微观、定性与定量、外在与内在、实时与未来、概率与精准等多维度、全方位地把握受教育者思想发展状况和趋势，形成立体直观的学习画像，再借助各类平台和数据的整合，使单一的授课课堂评价转化为课堂与课外、线上与线下、专业课老师与思政课老师、学校与社会评价相统一的思政课育人评价体系。

在具体的实现方式上，要实现学生学习成果精准画像，还要进一步整合智慧课堂的资源、平台和模块，如通过多元的数据信息采集实现思政课学习画像的丰富性。即思政课学习数据的采集不能仅仅通过某个智慧课堂软件，或者某个技术，而是通过多个系统、多个领域、多类功能的使用和整合，才能形成具体而真实的学习者画像。比如，通过校园网广泛收集的思政课学生学习、生活数据，形成已有的学习者基本信息的画像，再通过思政课堂的智慧教学系统记录在思政课学习过程中产生的教学数据，以及在各大网站、微信、App 等新媒体的浏览记录、在线评论和智能穿戴，乃至消费偏好，收集、抓取、汇聚丰富的学生信息，在保护受教育者权益的基础上，形成思政课学习者的精准画像。再如，建立功能更为智能和多样的学习数据平台，促进数据间的联通融合。即通过平台的整合，消除分散的、割裂的数据，以平台兼容、融合为桥梁，打破各类平台的"信息孤岛"和"数据壁垒"，搭建起统一的智慧课堂新平台。既要打破高校内部各职能部门、各信息子系统的条块分割、兼容性差、利用率低的状态，也要打破教育网络与社会大数据平台的联通和融合，促进校内外育人数据库的兼容并包、共建共享，这需要学校联合上级主管部门、专项指导部门，根据思政课的需求提出数据需求清单，有针对性地建立相应的数据兼容和并用机制，实现数据收集和分析的高效化。另外，还需要通过数据分析处理技术的进步，提升思政课学生学习画像的全面性和直观性。比如标签分类技术，能够通过机器学习细化学生心理状态、政治认同等分类标签，对这些兼容平台的大数据进行深度挖掘，并得出可靠的、符合思政课教师需求的个性化学习画像，能够运用算法模型对这些标签和数据进行多维呈现和分级分类，同时还能对所有的数据结果进行直观的、可视化的呈现等。不仅如此，还需要分析技术进化到具有预警、预判和预测等功能，以动态的、可监测的思政课学生数据，为思政课下一步的教学及早谋划、提前干预提供决策依据，既要从总体上把握学习者的身心态势，还要对学习困难者、学习波动者等进行及时提醒、报告信息和提供解决方案等。

三是教师教学效果精确评估。2020 年，中共中央、国务院印发的《深化新时代教育评价改革总体方案》提出"改革教师评价，推进践行教书育人使命"的基本要求，并指出要"把认真履行教育教学职责作为评价教师的基本要求，引导教师上好每一节课、关爱每一个学生"。[①] 如何把思政课教师的教学效果落实到每一节课、每一个学生身上？智慧课堂教学平台可以提供工具支持，特别是构建一个由学校等管理部门、教师和思政课学生共在共用的智慧课堂软件，使其记录教师教学内容、教学活动组织、教学策略、教师风格等各个方面，采用外部评价和内部评价相结合的方式实现

---

① 《中共中央 国务院印发〈深化新时代教育评价改革总体方案〉》，2020 年 10 月 13 日，中华人民共和国中央人民政府网站，https://www.gov.cn/gongbao/content/2020/content_5554488.htm。

对思政课教师教学效果进行精确评估。外部评价可通过邀请学校领导、管理人员及教师同行参与课堂观摩，或者从智慧课堂软件录播的课堂实况、课堂互动和线上互动情况，以及作业批改和课程资料丰富程度、上课学生接受程度等多个方面进行评价，并提出改进建议。而且智慧课堂的评价方式比传统评价方式更方便、高效之处在于数据收集的互联化、分析的智能化和数据的海量化，有助于对思政课教师教学进行全过程、全方位的评估。此外，可以通过智慧课堂进行定性的内部的评估，即教师自己对教学过程复盘后进行反思，以及学生对思政课教学内容和活动进行评价等，这种多层次、多维度的评估有助于实现对思政课教学效果评价的精准化。

总之，精准化的管理，带来的实际效果是思政课的个性化学习和管理，这是思政课育人的重要理念，而智慧课堂教学环境和系统为大数据收集、智能化分析和可视化呈现等方面提供了极大的便利和无限的可能。当然，从现实运用效果看，还需要校内校外、线上线下教学资源的共建共享，大数据平台的兼容与整合，物联网数据转化功能的强化，以及利用云计算等新一代信息技术对思政课教学智慧系统的重构，才能更好地实现精准服务基础上的个性化、智慧化教学。

第三节　高校思政课智慧课堂的自主化管理

从马克思主义视角理解，主体是对客体有认识和实践能力的人。那么，教学主体就是对教学过程和学习目标具有认识和实践能力的人，即思政课是在教学过程中确定学生的主体地位，并在现实中发挥其主体作用。智慧课堂助力实现思政课教学的差异化、个性化和高效化，是从教师教的视角凸显学生的主体性，而善于运用智慧课堂环境和平台，进行自主学习、合作学习、情境学习是从学习者自身角度凸显思政课教学的主体性。从学习者的角度看，人工智能等智慧技术与教育结合的目标至少包括两个方面："促进自适应学习环境的发展和人工智能工具在教育中高效、灵活以及个性化的运用"和"让人工智能成为破解大脑学习之谜的重要工具"。[①]

---

① 李韧：《自适应学习：人工智能时代的教育革命》，清华大学出版社，2019，第17页。

一　在自主学习中凸显个性

思政课自主学习是学生在教师指导下或有组织的教学活动中，通过自主合作探究、尝试、体验、实践，主动学习知识、发现问题、解决问题、锻炼能力的活动和过程。自主学习包括自主写作、自主读写、自主讲课、自主讨论、自主辩论、自主评测、自主总结、自主考试等类型，几乎整个思政课教学过程以及所有教学环节都可以进行自主化的学习。

思政课学生的自主学习，不仅受到学生自身的兴趣、特长和需要的影响，也涉及他们对思政课的理解、认知和期待，还涉及他们对思政课的兴趣、态度和认同，当然，也与思政课教师运用何种方式、何种技术、何种场景进行思政课教学密切相关。在这一过程中，建立在人工智能、云平台、大数据等技术之上的智慧课堂的运用，能够革新思政课教学方式、更新教学主体理念、活跃课堂教学氛围、提升学生学习兴趣，使学生形成自适应的学习模式。

（一）自主学习及其相关理论

从自主学习的形态和特征看，它是一种现代化的学习方式，其凸显的是学习者的主体地位。学习者自己做主，不受他人或较少受到他人支配而进行阅读、听讲、研究、观察、写作、实践、反思等学习过程，从而使自身在知识、技能、情感、价值观、行为等方面得以改善和进步。自主学习理念的提出，期望改变以往某些思政课堂只注重被动式学习、接受性学习的现象，摒弃把思政课作为死记硬背课程的做法，重在倡导学生主动参与、积极探究、乐于动手、勤于思考，通过搜索、分析、阅读、理解、辩论等方式获取新知识，提升主流价值认同，增强合作交流，勇于开拓创新。

虽然不同学派对自主学习有着不同的观点，其研究的角度也不同，但是对自主学习的基本认识却有共通之处。他们都认为自主学习强调学习者在学习过程中的积极、主动状态，即学习者在学习目标和学习任务的指引下，主动、有计划地选取学习内容和学习策略进行知识建构和问题解决。在这个过程中，学习者能够做到自我调节、自我监控和自我评价。

自主学习包括认知、意志和情感三个方面，强调学习的策略性，强调学习者应根据自己对任务的认识来分配资源。自主学习能力包括：确定学习内容的能力，获得有关信息与资料的能力，利用、评价有关信息的能力。自主学习的理论要点有：第一，学习是学习者自己建构知识体系的行为；第二，学习目标、学习步调应由学习者自己控制；第三，学习策略、学习方法应适合学生自主学习；第四，教育者应提供有利于学习者自主学习的条件。

智慧课堂的自主学习是学习者在充分利用人工智能、大数据等信息技术汇集的智慧课堂环境下，积极、主动学习的过程。这种自主化的学习，是学生为实现总体教学目标，能够独立或在教师的指导下设定自己的学习目标，在智慧课堂情境中（包括海量的教学资源、多主体的教学互动、个性化的学习路径和多样化的学习方式选择等情境）自觉选取个性化的学习方式，实施并完成学习任务，并能够自主评估学习效果从而达到学习目标的学习过程。

在依托智慧课堂的思政课教学中，要注重对学生的自主学习能力的培养，强化学生的主导地位。坚持主体性与主导性相统一的原则以及灌输性与启发性相统一的原则。在思政课教学中不仅要发挥教师的主导作用，也要注意学生的主体地位的落实，注重对学生的思维进行启发。高校思政课作为"立德树人"的主要思想阵地，应该使学生实现从学习知识到培养能力的转变，学会主动探索学习，得到多种思维与能力训练的综合锻炼。智慧教学更加突出学生的主体地位。自主学习是智慧课堂教学中最重要、最常用的学习方式。

（二）提升自主学习的路径

提升自主学习的路径很多，我们可以参考教育学领域一个重要概念——"自适应学习"。自适应学习的主要特征包括：学习材料的组织和呈现与个别学习者特征相适应，学生开展自主学习、自我教育，以个性化、人性化为核心特征，学习需要得到快速的反馈、需要得到高级的数字化科技以及智能科技的支持。[①] 基于此我们明确了自主学习的重要特征，即学习目标和任务的个性化、学习者学习动力的增强，以及信息技术的支持。

---

① 李韧：《自适应学习：人工智能时代的教育革命》，清华大学出版社，2019，第17页。

1. 依托丰富资源设定教学目标，引领学生自主学习

高校思政课是落实立德树人根本任务的关键课程，它集思想性、政治性、科学性、理论性和实践性于一体，旨在提升学生的思想政治素质、道德修养、法治素养和人格修养等，培养有理想、有本领和有担当的时代新人。在"互联网+"的时代背景下，高校思政课的教育环境也发生了改变，思政课课堂模式开始转向线上线下、课内课外相结合的混合教学模式。智慧课堂运用于思政课教学的目的是增强课堂教学的有效性，使高校思政课智慧课堂实现最大效益要回归于精心设计的教学目标及教学内容。智慧课堂的应用，本质上应服务于思政课教学。

相较于传统课堂，智慧课堂依托信息技术和数字化智慧型教学设备的应用，教师能够以智能技术辅助精准教学、减负增效，更便捷地实现分层教学。就学生自主学习的实际情况来看，我们发现许多学生在自主学习的过程中常常出现迷失方向的情况，导致学生在实际学习的过程中，自主学习效果大打折扣。提升学生思政课自主学习的效果，要求教师制定科学的学习目标，指导学生自主学习的方向。具体来说，思政课教师应该依据学生的实际学习情况，制定和学生的学习需求以及认知水平相符合的教学目标，以便学生更好地开展自主学习。教学目标设定要注意激发学生自主学习欲望、锻炼学生自主学习能力。充分体现学生的主体作用，重视学生自主、合作、探究学习，注重培养学生能力。

设定自主学习目标的路径如下。

一是加强自主学习意识。学生具有自主学习、独立探索的意识，树立自主学习观念进行自主学习是智慧学习环境下学生的主要学习方式之一。要培养学生的自主学习意识，首先就要提高学生学习思政课的兴趣。生动有趣的情境化教学能够有效地激发学生的学习兴趣，提升思政课学习效率。有效地培养学生的自主学习意识，还需要教师在教学过程中善于突出学生的主体地位。此外，学生虽然具有一定的自主学习意识，但是在自主学习的过程中，也会出现无法借助已经掌握的知识来理解新知识的情况。针对这个问题，教师可以采用以学生自主学习为主的教学模式，配合混合式学习来提升教学效率，使思政课智慧课堂更有效。

二是强化自主学习动机。客观地讲，高校思政课教学中学生自主学习

动机长期以来不够强烈，这既与思政课传统的教学方式相关，也与思政课在以往受重视程度不足密切相关。新时代以来，随着从中央到地方对思政课立德树人目标任务的重视，以及有利于思政课的大时代背景的变化，学生学习思政课的动机明显增强。从心理学看，学习动机的持续性主要依赖于他们的责任感、荣誉感以及渴望得到来自外部的肯定与赞扬。从这个角度来看，学生在思政课中自主学习的潜力在很大程度上取决于被激励的程度。智慧课堂在师生及时互动、学习成果校内外联通互动等方面的优势进一步激励了学生的积极性。一方面，教师应利用智慧课堂即时评价等优势有效促进学生与老师之间的沟通，帮助学生明确目标，增强自信心，激发学生的学习动力。另一方面，学生在学习过程中根据教学大数据的分析结果，及时进行自我监督和自我检查，对自己的学习效果进行反思、诊断和调节。

三是提高自主控制能力。学生应提高自主控制能力，保持清醒的头脑，选择适合自己的学习资源。在智慧课堂中，学生只要借助手机或者智能电脑就能够获得大规模在线课程，就能够按照自己的学习进度开展自主学习。面对范围非常广泛和丰富的课程学习内容，学生要能够自主判断和精准选择适合自己的学习资源。在智慧课堂中，有的学生进行思政课学习虽然能表现出积极的态度，但自主控制能力较弱，学习过程中较为缺乏目的性和计划性，使自主学习效果不理想。因此，学生应该提高自主控制能力。

2. 运用数据画像进行个性化推送，利于学生精准学习

如前所述，智慧教学软件的使用不仅能够提高课堂教学的效率，而且能够对课堂教学的数据进行记录、分析和评价。依托智慧课堂以及现代教育技术手段的应用，高校思政课教师可以借助智慧型教学设备、依据每位学生产生的学习数据形成数据画像，并依据形成的数据画像对学生进行个性化推送，从而利于学生精准学习。相较于传统课堂，利用数据画像的个性推送营造了充满个性化的学习环境。智慧课堂借助智慧教学平台通过记录学生学习过程中产生的显性数据与隐性数据并进行分析，判断学生的学习动机、学习兴趣、学习能力、学习进度等，可帮助学生更精准地了解自身学习状态，并基于学生个体的特点推送差异化的学习资源、学习路径、

学习支持和学习评价，从而实现个性化学习环境构建，利于学生精准学习。

数据画像作为智慧课堂的根基，可以完整地抽象出每一位学生的信息全貌，也能用于进一步精准、快速地分析学生行为习惯、学习进度等专项信息。智慧课堂环境下，数据画像主要指依托智慧型教学设备形成的学生的课程学习画像。数据画像有助于大学生实现学习思政课的方式从固化到个性化的转变，问题诊断从粗犷到精准的转变，学习方式从主观到实证的转变。也即智慧型教学设备能够基于数据画像提供更多个性化学习资源，将数字化、精确化的学习内容以更加便捷的方式推送到学生面前。如刘军认为，"智慧课堂是采用智能形态的技术构建富有智慧的课堂教学环境以满足学习者个性化学习需求的课堂"①。同时，智慧学习系统中所产生的错题等问题诊断数据，能够清晰地反映学生的学习弱项、学习波动变化等，使学生在复习和查漏补缺时精准定位自己学习中的问题。另外，智慧化教学设备，比如监控设备以及智慧教学平台产生的学习数据能够真实反映学生的学习行为和学习结果，由此产生的关于学生学习情况、知识把握状况、学习习惯等的数据作为学生反思的重要依据，使反思更加真实和深刻。

智慧课堂的"智慧性"主要体现在学习资源的便利获取、个性化精准推送，课堂深度互动等方面。对于学生而言，智慧课堂不仅可以提升课堂的学习成效，还可以为推动学生学习自主性提供途径，为学生提供个性化学习空间，保障学生和学习资源能够"个性"匹配，减少学生对已掌握的知识点的重复学习，整体提高课内外的学习效率。智慧教室可以为学生提供课程资源管理、移动学习、资源点播等多种服务，贯穿学生课前、课中、课后全过程，方便学生随时随地学习。当然，为了更好地体现高校思政课智慧课堂的"智慧性"，实现更精准的自主学习，学生还应该从以下几个方面发力。

一是提高信息素养技能。信息技术的飞速发展以及智慧课堂的开展与

---

① 刘军：《智慧课堂："互联网+"时代未来学校课堂发展的新路向》，《中国电化教育》2017年第 7 期。

使用，对学生自身信息素养提出了更高的要求。智慧课堂所形成的新型学习环境，改变了以往课堂上学生的学习方式。在智慧课堂中，学生为了更好地利用个性化学习资源进行精准学习，就要着重提高自身的信息素养技能。现代教育信息技术的发展以及智慧课堂的使用，要求学生具备在高速发展的信息社会生存和发展的基本技能，能够探索和利用信息技术来解决学习和生活问题。

二是掌握高效学习方法。思政课智慧课堂的构建对学生的学习方法也产生了较大的影响，学生应在教师的指导下充分利用智慧型设备优化学习方法，提高学习效率。在智慧课堂中，学生要通过掌握智慧高效的学习方法，利用智慧型教学设备以及学习工具开展个性化学习。学生可以利用精准个性化推送功能丰富思政课学习内容，拓展思政课学习的广度，开阔视野，提升思政课学习效率。学生也可以运用数据画像形成的个性知识网络，针对自身的知识漏洞进行自主练习和学习，提高学习效率。

三是掌握更多学科知识。在大数据的支持下，智慧课堂平台通过采集学生的学习数据，挖掘学生的个性及共性并不断地进行数据的循环迭代来优化对学生特征的描述，以此来为学生提供定制化的学习资源与服务，推送更多适合学生的个性化学习资源，学生据此掌握更多学科知识。

3. 增加任务的多维性和挑战性，提高学生求知欲

智慧课堂和丰富的现代教育技术手段，使教师能够在思政课课堂中增加任务的多样性和挑战性，从而增强学生的求知欲望。设置多维任务，可以突破学生机械接受的思维模式，使其形成一种积极主动、具有独创精神的创造性思维模式。设置具有挑战性的学习任务，是指在教学活动中，教师以问题为驱动，以学生自主参与和主动构建为方式，注重内化知识、技能运用和思维能力的培养。区别于传统课堂，智慧课堂依托现代信息技术，能够实现教育覆盖内容和教育对象体量蛛网式地扩大，为学生课前、课中、课后的多维个性化学习提供有力支撑。传统课堂具有任务单一性的不足，而在智慧课堂中可以设置更具多维性和挑战性的任务。

一般而言，要设计思政课的学习任务，需要从学生认知、教学内容和教学目标等方面下手，即教师要认真研究具有挑战性的学习任务的设计策略，从学生认知水平出发，设计适合学生、能有效开拓学生思维的具有挑

战性的学习任务，提高思政课课堂教学的效率与质量。合理的难度设置能够激发学生的求知欲望。根据耶克斯—多德森定律，学生的动机水平会随着任务难度的变化呈现倒 U 形曲线变化，如果对于思政课学习内容要求太低，学生就会觉得内容过于简单，无心学习。反之，对学习内容要求过高，学生会感到目标难以达成。过高挑战性的学习任务可能会给学生带来焦虑、压力等，打击学生学习自信心。因此，要注意从学生实际出发，合理设置学习任务的多维性和挑战性，设计符合学生认知的任务。当然，除了学生认知外，也需要结合高校思政课的课程属性以及教学内容和目标来设计学习任务。那么，如何借助智慧课堂优势，又结合思政课教学要求而设计教学任务呢？

首先，调动自主学习主动性。具有多维性和挑战性的学习任务能够激发学生学习兴趣，使学生流露出创造意识，引起学生的好奇心。教师要注意的就是在组织学生讨论的过程中，适时巧妙地点拨学生。在智慧课堂中，思政课教师应该充分发挥教学互动的特色和优势，奖励积极的学生，激励不太积极的学生。在任务清单的设计上，教师可以充分利用智慧教学平台，选择更有利于激发学生学习兴趣的课前自主学习任务清单。借助智慧教学平台，将知识性与趣味性融合起来，注重设置具有多维度和合理挑战性的课前学习任务。此外，教师为学生精心设计了任务清单，教师也要注重进行督查并重视给予学生督查激励，以此激发学生自主学习的活力，调动学生学习的主动性。

其次，激发自主学习兴趣。学生缺乏思政课学习兴趣的情况并不罕见，产生这种情况往往是因为某些思政课堂教学内容枯燥和教学方法陈旧，学生认为思政课乏味。对此教师需要提升思政课课堂的趣味性，学生也要激发自主学习兴趣。具有多维性和挑战性的任务能够激发学生的创造力。教师通过设计具有多维性、挑战性的学习任务，能够引导学生从已有知识延伸到未知的领域，启发学生进行更广阔的思考和探究，从而让思政课学习真正有效。在智慧课堂中，思政课教师应恰当运用智慧课堂设备提供的图文影像功能，创设生动、充满活力的课堂，极大地激发学生的学习兴趣。

最后，增强自主学习驱动力。思政课教师可以在多维教学空间中灵活切换恰当的教学策略，通过增添视频、动画、图片和声音等多元媒体形式的演示，或将录制的教学短片以微课、慕课等形式植入智慧教学平台，满足学生多样的了解需求。增加任务的多维性和挑战性在智慧课堂的课前、课中、课后环节都有所体现。基于智慧课堂的自主学习有利于提高学生的自主学习能力，增强学生的价值意识和自我效能感。高校教师在思政课的教学过程中，依托智慧课堂借助信息教育手段，有利于引导学生自主收集、整理、分析材料，自主获取新知识，去发现问题、分析问题并解决问题。这一过程可以增强学生的自信心，增强学生自主学习驱动力。

二 在合作学习中彰显多样性

合作学习是一种在全世界广泛使用且古老的教育观念和组织形式，是学生为了完成共同的任务，以明确的分工和互助性的学习方式，完成学习任务、达成学习目标的途径。思政课智慧课堂的合作学习与传统课堂相比，其优势和特点在于提供快速、高效的合作学习方式，如较少受到时空条件限制，即使在不同的班级、学校、地域，都能通过智慧课堂软件以高速网络进行及时沟通；使思政课合作学习的途径和方式更加多样，如问题式合作学习、表演式合作学习、讨论式合作学习、实践式合作学习、研究式合作学习等，这些合作学习因为智慧课堂沟通、交流的互动性，信息反馈的多样性，以及展示空间的共建共享性而更加便利有趣。

（一）合作学习及相关理论

合作，顾名思义，就是个人与个人、群体与群体之间为达到共同目的而相互配合的一种联合行动。从人的社会化本质看，人只有在与他人的合作中才能体现自身的本质，实现自我的价值。思政课的合作学习不仅使学习的效果提升、自主学习的动力强化，还有助于增强团队合作意识，而这恰恰也是思政课的教学育人目标之一。

合作学习是指以小组活动为主要形式的教学活动，它强调小组或团队虽然存在内部的差异性，但在共同目标或任务的驱动下，能够进行有效交流、沟通、合作，完成个体难以完成的学习任务。所以，在教学上，它强调几个关键的要素。一是积极的相互依赖感，一种成绩、荣誉和成就"荣辱与共"的氛围和关系。二是个体的责任感，每个小组成员为了共同的任务和目标，都必须承担相应的责任和义务，这是合作的条件和合作取得成效的基础。三是相互交往的技能，组内成员互相交流、互相信任，且有交往协作的意愿和能力，不会因为没有合作的技巧和方法而达不到合作的效果。四是面对面（既包括同一时空的面对面，也包括虚拟在线的"面对面"）的促进性互动，成员在活动中学会厘清和表达自己的见解，学会接纳、赞赏别人。成员间相互理解、解决冲突、共同决定，使活动得以顺利完成。五是自主性，学生可以自主决定合作的方式、内容，解决合作过程中遇到的问题。

智慧课堂的合作学习依托海量的合作研究资源、便捷化的小组沟通方式（虚拟和现实）、实时的小组合作评估机制以及泛在的学习氛围。在智慧课堂环境下，小组既可以存在于圆桌式或各种造型的课桌位置空间中，也可以存在于智能云平台的虚拟空间中。在现实空间中，由于智慧教室往往有可移动的桌椅，更易形成小组合作学习的氛围和位置排列，而虚拟小组更有助于课前和课后的协作学习。在实际实施过程中，由于智慧课堂的引入，小组合作留痕于智慧课堂的大数据平台中。智慧课堂平台对小组的发言、计分、展示、评测都能做到全过程跟踪和记录，对于小组的评价也更加精准。甚至可以说，合作学习是智慧课堂教学最重要的特征之一。同时，智慧课堂平台学习数据的分析和呈现，使合作小组成员及时了解合作学习的进度，从而进一步激发合作精神。

（二）加强合作学习的路径

在智慧课堂背景下，思政课教学应该充分利用合作学习的便利性和高效性，以信息技术为支撑，以教师为主导，以学生为主体，确定小组合作的内容和任务，培养合作学习的思维和习惯，及时对小组合作学习给予建议、关注学习效果，并根据小组合作情况进行科学合理的评价，从而提升思政课教学的质量。

1. 以信息技术环境为支撑，促进班级小组合作研学

学生拥有良好信息素养是智慧课堂合作学习开展的前提。学生应提升自身信息素养，熟练操作信息化平台。借助智慧课堂平台，思政课教师可以进行混合式教学，将部分内容通过网络平台推送给学生，让学生进行课后自学、讨论和研究型学习。学生可以在课余时间通过建立小组合作学习群，利用信息技术分工找出相关的素材，完成内容的学习和任务的协同攻关，进而促进自身能力不断提升。

学生具有合作学习意识是智慧课堂合作学习开展的关键。在思政课教学管理中，教师应根据智慧课堂的大数据功能和小组学习模块功能，鼓励学生进行更多的小组合作学习和协同探究，尤其是充分利用信息化环境，提高合作学习效率。学生也应拥有积极的合作意识，能够构建积极向上的学习共同体，激发良性的竞争意识。在小组合作学习中，学生应该杜绝搭组内"麦霸"便车当"听众"的行为，教师也要注重引导培养学生合作、分享的意识和能力，使学生互帮互助、相互合作分享，营造和谐合作的学习氛围。

简言之，学生积极参与合作学习是开展智慧课堂合作学习的体现。学生应利用好信息技术进行小组合作研究和探讨活动。教师可以利用信息技术对学生进行分组，学生也可以根据兴趣爱好和意愿进行自由组合，在线上进行讨论，各负其责同时开展学习活动并共享学习资源。

2. 以大型慕课平台为基础，引导校际协同共学

智慧课堂的一大优势就是使高校思政课堂打破某个班级或某个学校的空间限制，使各个学校、各个课堂有效联系起来，如大型慕课平台就是如此，可能数万人在同一个慕课空间、同一个教学团队下进行同一门课程的学习，实现思政课的校际协同共学。在校际课堂中，不同学校的学生同上一堂思政大课，相互交流讨论、合作学习，展示和交流学习成果，这极大地扩展了学生学习思政课的交流圈，也有助于增强学生学习的荣誉感和自豪感。校际协同学习既是合作学习的表现，又是促进合作学习的方式，而"建立积极互倚的情境是合作学习模式的核心"①。当然，在校际课堂进行合作学习，更需要学生具有良好的自我管理能力。合作学习的最终目标是通过合作提高学生的独立性。"合作学习、独立表现"应是学生在开展合作学习过程中的常态。学生应该在校际课堂中既合作学习又独立表现自己。学生良好的自我管理能力体现在校际课堂合作学习中，集中反映了学生的个人责任感。个人责任既是积极进行团体合作的基础，也是表达独立

---

① 李宁、王宁：《合作学习视域下我国大学生创新能力构建》，《江苏高教》2020 年第 1 期。

意见的前提条件。学生个人责任在于共同促进组内进步，具体表现为遇到困难时能够主动寻求他人帮助，能在别人需要帮助时提供援助，对自己的学习成果及时进行反思。个人责任感的提升可以有效地减少在合作学习中的"搭便车"现象，并促进组内成员之间的互动。

3. 以即时在线活动为载体，推动大中小学实践促学

习近平总书记在党的二十大报告中指出："用社会主义核心价值观铸魂育人，完善思想政治工作体系，推进大中小学思想政治教育一体化建设。"① 如何推进大中小学思想政治教育一体化？实践是重要的载体和平台。实践出真知，实践长真才。推动大中小学思政课一体化建设是发展思政课的重要方针、政策，是增强思政课育人实效性的必然走向。马克思主义是在实践中形成并不断发展的，要高度重视思政课的实践性，把思政小课堂同社会大课堂结合起来，在理论和实践的结合中，教育引导学生把人生抱负落实到脚踏实地的实际行动中来，把学习奋斗的具体目标同民族复兴的伟大目标结合起来，立鸿鹄志，做奋斗者。

即时在线活动，即以互联在线为媒介的即时网络活动。思政课开展即时在线活动的典型就是"同上一堂思政大课"，即在推进大中小学思政课一体化建设中，不同学段的优秀思政课教师集中在一起，围绕一个主题，面对不同学段的学生，采用同场共学方式进行授课和展示。作为一种教研方式，不同学段思政课教师"同上一堂思政大课"，有助于教师找准学生"最近发展区"，帮助学生增强课程意识，促进思政课一体化建设在教学层面落实。

利用人工智能、物联网等技术整合而成的智慧课堂，可为思政课教学提供个性化、智能化的学习空间，也能为不同学段学生即时共学、实践促学提供条件和平台。在这个空间里，学生既可以完成思政课理论学习任务，又可以以虚拟参观、仿真实验、视频图片交流共享等方式"足不出户"了解工厂、农村，参观祖国大好河山、改革开放的最新成果、红色教育基地等，完成思政课实践教学任务。

---

① 习近平：《高举中国特色社会主义伟大旗帜 为全面建设社会主义现代化国家而团结奋斗——在中国共产党第二十次全国代表大会上的报告》，人民出版社，2022，第44页。

三 在情境学习中焕发活力

情境，即环境或者某种情况，是由景物、事物和人的关系构成的某种情况，既有客观因素，也有主观因素。在教学中，创设情境往往是为了激发和增进某种情感的共鸣和达成认知上的共识。从表面上看，情境往往是教师积极建构的学习场景和案例，但是教师设定情境一定要根据学生身心发展特点、围绕教学需要，因而实际上凸显的是学生的主体地位。同时，情境化学习，就是通过创设情境引起学生兴趣、提升学生参与的积极性、让学生主动投入的一种学习方式。

（一）情境学习及相关理论

情境学习对应的是纯理论认知的学习，主要在具体的、现实的社会、历史、文化和心理因素的影响下，教师可以构建和创设有助于教学的情境，学生也可以通过课外实践活动的开展，进一步学习和把握思政课教学的内容和目标。

1. 情境学习的含义

"情境教学是从教学的需要出发，教师依据教学目标（主题）创设以形象为主体、富有感情色彩的具体场景或氛围，激发和吸引学生主动学习，达到最佳教学效果的一种教学方法。"① 根据建构主义观点，学习环境中的情境必须有利于学生对所学内容的意义建构。教学情境既包括趣味游戏、角色扮演游戏情境，也包括视频动态情境、歌曲环绕情境、图片静态情境等多媒体情境。

教学中的学习情境是多样而复杂的。依据不同的标准、采取的媒介形式，可分为不同的学习情境。如依据教学内容的来源，一般可分为直接情境和间接情境；根据情境的性质，可分为理智型情境和情感型情境。信息技术发展之后，又出现了现实情境和虚拟情境之分。智慧课堂情境学习的优势在于两方面，一是可创设接近真实（或称为虚拟仿真）的虚拟情境，二是拥有多种资源载体和形式（如视频、图片、动画、案例等）。

---

① 张新华：《关于在课堂多媒体网络环境下的情境创设》，《电化教育研究》2001 年第 5 期。

2. 智慧课堂的情境学习

智慧课堂的情境学习是学习者依托智慧课堂在情境中围绕学习主题充分与情境互动而引发经验生长的过程。这种情境学习是线上线下相结合、课内外相结合的学习过程，是一种通过创设和营造情境以实现有意义的学习并促使知识转化为真实情境的学习过程。在新时代，高校思政课教学应深刻把握其理论依据和适用原则，充分发挥情境教学法在增强学生学习动力、增强教师人文关怀与情感浸润、实现师生良性互动交流等层面的现实价值，创设多样化的情境思政课课堂，构建高效、充满活力的思政课课堂。

教师通过不同情境的创设，比如游戏、实验、活动、角色扮演等情境，让学生参与其中，寓教于乐；通过大屏幕向学生展示图片、视频和音乐，调动学生学习的主动性和创造性，培养学生的思维能力和语言表达能力；通过创设不同教学情境，活跃思政课课堂氛围，提高课堂的趣味性和活力值，实现高效教学。情境的创设，还要注重坚持显性教育与隐性教育相统一。

思政课情境学习不仅有助于增强课堂师生互动性，也能激发学生的学习兴趣和动机。思政课涉及的主体范围广，有些内容抽象程度高，将多样化的情境融入，能促进学生乐于参与、大胆参与，创建更加积极主动、充满活力的思政课堂，从而点燃学生的情绪，激活学生的情绪，提高学生的注意力，使高校思政寓乐于学，寓学于乐；学有所乐，学有所得。

（二）拓展情境学习的路径

学习和其他人类活动一样，本质上也是社会性的，因而情境学习理论认为，学习不仅是一个纯粹个体内心意义建构的心理过程，更是一个社会性、实践性的参与过程，在决策扮演、互动参与、经验体验和文化熏陶中，都能增强学习效果。在智慧课堂环境下，虚拟现实、增强现实等技术的应用，使情境教学突破了教室的限制，可以远程进行情境教学，且通过技术的架构，历史情境式学习、故事情境式学习以及游戏情境式学习已经开始运用于高校思政课教学中，这为进一步优化高校思政课智慧课堂情境学习提供了路径参考。

1. 借助虚拟技术教学，给予学生沉浸体验

虚拟技术能够很好地为学生创造真实的情景，提供正常教学过程中无法实现的教学环境。信息技术创新了教学实践的内容和形式，学生可以进入模拟情境感受并参与创作。借助虚拟技术平台，我们可以在移动学习端体验虚拟的社会情境，并可以通过学生自身的建构解读来推导调整后的变化趋势，使学生不仅能够了解现场，更能够参与和改造现场。由此，教师就可以在思政课课堂教学的实践中深入爱国主义情怀教育，以培养学生政治素养和法律道德观念，将家国观念融入思政课教学之中。

虚拟技术主要分为虚拟现实、增强现实和混合现实技术。虚拟现实是一种基于多媒体计算机技术、传感技术、仿真技术的沉浸式交互环境。增强现实是基于计算机的显示与交互、网络的跟踪与定位等技术，将计算机形成的虚拟信息叠加到现实中的真实场景中，以对现实世界进行补充，使人们在视觉、听觉、触觉等方面增强对现实世界的体验。混合现实技术是虚拟现实技术的进一步发展，该技术通过在现实场景呈现虚拟场景信息，在现实世界、虚拟世界和用户之间搭起一个交互反馈的信息回路，以增强用户体验的真实感。[①] 随着现代教育技术手段的发展和完善，部分学校逐渐建设了运用可穿戴设备，以及虚拟现实、增强现实、混合现实等新技术的"虚拟教室"。新技术在思政课教学应用中将发挥更大的价值。

拓展头戴式设备在教学中的应用。学生使用虚拟现实头戴式显示设备体验学习时具有置身真实情境的沉浸式感觉，它能给学生绝佳的真实体验，使人身临其境，让书本中的内容可触摸、可互动、可感知。例如思政课讲述党史相关课程时，如果戴上虚拟现实头戴式显示设备，就可以让学生从各个角度近距离观察，甚至能够进行"实地"参观等。虚拟现实技术把学生从现实带到了虚拟世界，让学生看到了许多平常看不到的东西，与传统的课堂相比，虚拟现实课堂让学生获得身临其境的感受，有利于学生发挥想象力，能更直观地呈现授课内容，提高学生学习的积极性。此外，还可以加强桌面式设备在教学中的应用，或者充分利用手持智能终端进行

---

① 王同聚：《虚拟和增强现实（VR/AR）技术在教学中的应用与前景展望》，《数字教育》2017年第1期。

思政课教学，教师在教学中可以充分展示图片、地图、表格、各类文字材料以及影视剧片段等，构建包含声音、色彩、图像的立体课堂，让思政课变得贴近、形象、生动，丰富学生的感性认识，激发学生学习的兴趣。

2. 设置游戏场景教学，寓教于乐寓学于趣

游戏场景教学是采用游戏的机制、美学和游戏思维吸引他人、鼓励行为、促进学习和解决问题的教学模式。研究游戏场景教学，要关注如何用游戏化的思想改造学习项目，包括学习的运营，推动学习者自发沉浸地学习并解决问题。游戏化学习，首先是学习，内容为本，游戏是学习的方式，而不能本末倒置。其次才是游戏化学习的机制，如参与机制、激励机制、团队机制，要考虑学习与游戏的平衡。游戏场景的设置影响学生的直接体验，影响学生的注意力。教学过程中游戏场景的设置，旨在提供一种游戏体验的同时，对用户开展沉浸式教育，实现真正意义上的寓教于乐、寓学于趣。

高校思政课应注意合理选择适宜的游戏场景。游戏场景的设计要目标明确，并且要具有针对性和挑战性。当然，思政课教学毕竟不是纯粹的游戏，因而在游戏场景使用中要明确目标，不是为了游戏而游戏，而是为了教学而游戏，且不可只顾游戏而忽视本职的思政课学习，也不可仅仅为了玩出思政课的"游戏花样"而哗众取宠。另外，游戏设置一定要有针对性，与教学任务和教材内容相贴合。如课前用于学生预习的游戏要能激发学生的好奇心，课中主要选择有利于互动和沉浸式思考和体验的游戏，课后要推送用以复习巩固或深入研究的游戏；再有就是挑战性，对于高校大学生来说，思政课的游戏情境绝不能过于简单，游戏难度既要符合学习者的年龄特征及其接受能力，也要有一定的超越，这样才会使学生有能力上的提高。

高校思政课创设游戏场景力求焕发课堂生机。利用好现代教育手段，合理创设游戏情境，焕发思政课课堂生机。根据思政课的教学内容，设计能应用于课堂的游戏情境，通过各种有趣的游戏，激发学生的学习热情，提高学生学习的积极性，让思政课课堂充满活力与生机。设计趣味游戏，提高学生课堂参与度。趣味游戏的运用是活跃课堂氛围的重要方式，可提高学生学习的兴趣。

进行角色扮演能够提高学生积极性。有些思政课问题可以通过不同身份、不同角度，辩证地去分析与探讨。讲授这类内容时，可以让学生利用角色扮演的方式去学习，在分析问题、解决问题的过程中实现思政课核心素养的培养。角色扮演在提高学生学习积极性的同时，能够帮助学生更好地掌握所学内容。当然，设计游戏和角色时，要注意寓讲于演，便于学生展现才华。教师要学会创造机会让学生展示才华，让学生乐于参与、敢于表现和展示自我。在讲解学生难以理解的内容时，可以利用真人表演的方式讲述抽象内容。创造机会让学生闪光，能够有效地激励学生，在展现学生才华的同时，提升其思政课学习的积极性。

激发学生学习兴趣，增强学生的能力。游戏场景教学是一种可以有效提升思政课课堂趣味性的手段。在应用这种教学手段的时候，思政课教师将思政课知识与游戏相结合，使学生可以在参与游戏的过程中有效地掌握思政课知识点，这对于提升学生学习思政课的积极性十分有益。这种寓教于乐、寓学于趣的游戏场景教学，让学生在游戏的快乐体验中掌握了思政课知识。以游戏场景为主，让学生真正融入游戏当中，既增加了学生的学习乐趣，也提高了他们的操作技能和解决问题的能力。

3. 创设多样教学情境，焕发智慧课堂生机

智慧课堂的高度信息化使创设多样教学情境成为可能，因而思政课应借助这一优势便捷地融入游戏场景教学，活跃思政课课堂氛围。推动思政课改革创新，唤醒"昏睡"的思政课堂。让思政课堂充满"活力"，既是思政课教学的客观要求，也是新时代立德树人的迫切需要。

游戏是教学情境的重要形式，高校思政课智慧课堂应该创设更加丰富多样、深受学生喜爱的学习情境。多样的情境主要包括课堂教学情境、历史情境、生活情境和网络情境。智慧课堂环境下，信息技术与课程整合就是要根据思政课学习内容，有机整合语言、音乐、图画、视频等有声有色的教学素材，努力活跃课堂氛围，或者将理论化的内容转化为可视化的形式，也可以创设主题讨论情境、价值冲突情境、角色情境等，采取角色扮演、小组研讨、实验和实践的方式，让学生沉浸于思政课的理论魅力和价值引领之中。当然，也可以利用虚拟仿真技术，再现历史情境，激发学生的集体记忆和情感共鸣。一些高校已经利用虚拟现实、增强现实、3D、全

息投影等数字化技术打造了互动性、沉浸式的历史情境场馆，让学生在历史人物、历史事件、历史文物的虚拟情境中，更深刻、直观地理解中国历史和马克思主义中国化的理论成果。生活情境的创设，目的是让思政课回归实践、回归真实的生活，通过生活案例、现场实践等，"以境化人"。而网络情境的使用，既包括将网络案例充分运用到课堂教学过程中，以使学生形成在网络上传播正能量、弘扬真善美的认知和情感，同时也借助网络现象、网络行为助力学生树立正确的人生观和价值观。

当然，高校思政课智慧课堂教学既要注重教学情境创设的多样性，也要注意情境创设的吸引力。智慧课堂只是一个教学平台和一种教学工具，它虽然突破了以往思政课是呆板的、单调的这一"刻板印象"，但是如果使其浅层化、娱乐化，而忽视思政课教学育人的本质，也没有长久的吸引力。因而情境创设不一定只单纯追求新潮，而应该创设内容上有深度、有难度，形式上新颖有趣，价值判断上经得起反思且具有审美价值，还能激发学生对未知领域探究兴趣和动力的教学情境，才能使思政课的教学实效得到较大的提升。要创设既有深度又有新颖性的教学情境具有一定的难度，因而思政课教师一方面要提升信息素养，要善于运用不同媒体的特点去创设出不同的教学情境，实现良好的教学效果；另一方面要善于钻研教材，琢磨教法，提出有吸引力的教学问题，引发学生的关注、思考或反思。其中，后者是更为基础性的。

附录一　融合创新：高校思政课智慧课堂教学的应用案例

随着信息技术的不断发展，移动终端智慧课堂技术在高校被广泛使用，这给高校思政课教学方法创新提供了无限空间和可能。智慧课堂技术出现之后，不少高校积极探索和尝试智慧课堂环境下思政课教学创新的各种方式方法，取得了一些成就，也积累了一些经验。

本部分针对高校本科阶段开设的"毛泽东思想和中国特色社会主义理论体系概论""思想道德与法治""马克思主义基本原理""中国近现代史纲要""习近平新时代中国特色社会主义思想概论"等五门思政课程中的部分教学内容，通过展示合作学习与深层互动、游戏情境教学法、及时评价与因材施教、大中小学思政课一体化等方面的教学实例，呈现智慧课堂助力高校思政课教学创新的方式方法，以供广大思政课教师借鉴参考。

专题一　在合作学习中深层互动

——"新民主主义革命理论"教学案例①

长期以来，高校思政课某些课堂教学实效不尽如人意的一个重要原因就是师生互动少，课程缺乏亲和力和吸引力。因此，本课题成员在进行"毛泽东思想和中国特色社会主义理论体系概论"课程教学中，将强化课

---

① 该教学案例主要由华中师范大学熊富标老师根据自身思政课智慧课堂教学情况整理提供。

堂教学中的师生有效互动作为提升高校思政课教学实效的重要抓手。以"新民主主义革命理论"教学实践为例，在智慧课堂模式下，利用多屏互动等智慧课堂环境强化师生之间、学生之间的课堂互动，并采取分组任务形式组织小组讨论活动，调动全体学生课堂参与的热情，增强生生之间探究体验式互动。

教学专题：新民主主义革命理论

一　总体思路与目标

智慧课堂教学总体设计思路：利用"线上+线下"教学模式、教学资源的优势，以及智慧课堂小组讨论的便利，引导学生主动学习、参与式学习和深入学习。

教学目标：①知识目标。了解新民主主义革命理论产生的时代背景、社会性质以及新民主主义革命的对象、领导力量、性质和前途等。②能力目标。能理解并掌握近代中国革命的性质、任务及其发展规律，学习毛泽东同志等老一辈领导人的革命风范和崇高品格、求实态度和创新精神，树立实事求是的观念。③情感目标。铭记革命先烈的丰功伟绩，增强爱国主义精神，坚定中国特色社会主义道路的信念和信心，坚定对中国共产党的忠诚热爱和对共产主义的信念。

教学重难点：①教学重点。新民主主义革命的性质与实质。②教学难点。如何理解新民主主义革命不是一般地反对资本主义和资产阶级，而是明确反对帝国主义、封建主义和官僚资本主义？如何理解新民主主义革命性质是资产阶级民主主义革命，同时又是世界无产阶级社会主义革命的一部分？

教学手段与方法：①教学手段。混合式教学，将慕课资源平台、智慧教室互动环境以及传统理论授课三者的优势结合起来。②教学方法。慕课资源自学法、课堂讲授法、小组讨论法和案例解析法等。

二　前置学习

借助智慧课堂软件中华中师范大学"毛泽东思想和中国特色社会主义理论体系概论"课慕课资源，提前两周将说课视频、预习资料发布至对应模板，并将自主学习的资源和内容划分为如下几个板块供学生提前预习。

（1）教学目标与教材分析（同教学目标、教学重难点、教学方法等），以便于学生把握整节的基本框架和知识点。

（2）经典篇章选读，主要推送的文本包括《新民主主义论》《在晋绥干部会议上的讲话》《〈共产党人〉发刊词》《论联合政府》《战争和战略问题》等。

（3）推荐观赏部分视频，如《为了新中国》第 4 集"土地乾坤"、《上海滩的七张面孔》之"宋子文——窃国首富"、《新四军》第 5 集"统一战线"等。

（4）第二章"新民主主义革命理论"的说课视频，视频对该章的基本知识点、框架、思路和重点问题进行了简要讲解。

（5）提前在课前预习板块和论坛板块讨论以下问题：①新民主主义革命是在怎样的社会背景下产生的？②官僚资本主义与民族资本主义有何区别？③新民主主义革命的实质和性质相同吗？④为什么说新民主主义革命是"新式的、特殊的资产阶级民主主义革命"？⑤如何理解新民主主义革命与社会主义革命的关系？

三　课堂教学

（一）导入和教材内容分析

教师： 在预习了这一章以后，你们了解到这一章介绍了哪些基本问题？或者说，这一章给你留下最深刻印象的知识点是什么？

学生甲： 我在预习的时候比较关注的是第二章的第二节，主要讲了总路线和基本纲领，新民主主义革命和旧民主主义革命的关系，还有社会主义革命这几个知识点。

教师给出整章节的思维导图，见附图 1-1。

针对思维导图，根据慕课说课的内容，对整章内容进行 3~5 分钟的内容概述，如下。

根据框架，我们能了解到这章我们学习的两个重点内容是新民主主义革命理论的形成依据及其主要内容。其中，形成依据对应教材第一节的内容，主要从客观现实、历史经验教训以及实践探索等方面进行了分析。这

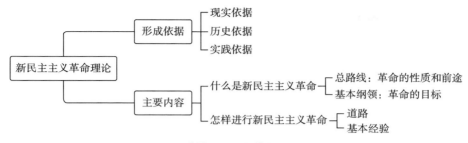

附图 1-1 思维导图

样的安排有其理论逻辑，根据马克思主义基本原理，即理论与实践是有密切关系的，这一实践，一方面是不以人的意志为转移的，是现实的；另一方面则是我们每个人都参与其中的实践活动。就现实情况来看，又有"大现实"和"小现实"之分。首先，我们所关注到的必然是我们周围的环境，立足于中国的环境去思考中国的革命问题，我们要分析的现实是中国的基本国情；其次，我们还要关注整个世界发展的大环境大背景，也即时代背景。对照这个理论逻辑来看该章第一节，框架思路是不是清晰很多？

关于新民主主义革命理论的形成，我们需要从三大视角去理解。首先从现实的视角去关注近代中国革命的国情特征与时代特征，还要从现实的视角关注当时中国发展的时代背景和环境，这就是我们所说的不以人的意志为转移的客观情况。其次是实践视角，历史和新鲜的实践都属于实践，近代中国的革命并不是始于新民主主义革命，在此之前各个阶级、阶层也进行过多次革命。旧的革命实践会告诉我们历史的经验教训，这属于人的活动的经验层次。最后就是新的革命经验视角。从 1919 年五四运动开始到 1949 年新中国成立，这段时间中国共产党领导的革命如何发展，这些经验又是怎样在理论中体现的，这就是新民主主义革命理论产生的历史和实践依据。

（二）讨论答疑

为了考察大家之前的预习情况以及对新民主主义革命的认识状况，教师让各小组（注：本授课班级学生一直分为八个学习小组，此次讨论，第一、第二、第三小组讨论观点 1，第四、第五、第六小组讨论观点 2，第七、第八小组讨论观点 3）讨论对应观点，让各小组判断各观点正误并分析原因。PPT 展示这三个观点。

观点 1：资本主义是中国新民主主义革命的首要对象。

观点 2：近代中国的民主主义革命属于世界无产阶级社会主义革命的范畴。

观点 3：中国新民主主义革命实质上是无产阶级领导的农民革命。

讨论过程略。

教师：各小组是否基本形成对上述三个观点的共同看法？我们先看第一小组的观点（见大屏幕），并请第一小组代表进行说明。

第一小组代表：我们认为观点 1 是错误的。因为预习时了解到新民主主义革命是资产阶级性质的革命，其对象是帝国主义、封建主义、官僚资本主义。

教师：第一小组的观点是新民主主义革命的对象是"三座大山"，而不是资本主义。第二小组同学，你们赞同第一小组的观点吗？如果不赞同，谈谈你们的看法。

第二小组代表：在当时的时代大背景下，中国革命的主要任务是反帝反封建，所以我们革命的首要对象应该是帝国主义，而不是资本主义。

第三小组代表：我们小组与第二小组的观点类似，认为首要对象应该是帝国主义。首先，我们长期以来受到帝国主义的压迫，这决定了我们先追求民族独立。其次，当时中国的性质是半殖民地半封建社会，这两个因素决定了我们如果想要实现民族富强，必须以帝国主义为革命的首要对象。中国资本主义是依靠帝国主义，勾结封建势力而发展起来的，如果要革命，就应该革其根本，所以要从根本入手，因而首要对象是帝国主义。

教师：如果大家认为新民主主义革命的首要对象是帝国主义，这是由近代中国社会的国情决定的，那么新民主主义革命反不反对资本主义？这个问题请同学们思考一下，咱们先放在一边。对于观点的判断，咱们首先要明确两个问题，新民主主义革命的首要对象究竟是谁？如果首要对象是帝国主义的话，理由是什么？第一小组明确了新民主主义革命的对象，第二、第三小组则突出强调了首要对象。带着这个还未完全解决的问题，咱们一起来看一下第二个观点。

第四小组代表：我们觉得第二个观点是错的，因为近代中国的民主主义革命既包括旧民主主义革命也包括新民主主义革命，这两个革命虽然都属于资产阶级革命的范畴，但新民主主义革命是属于世界无产阶级社会主义时代的，它的领导力量是中国的无产阶级先锋队，指导思想是马克思主义，革命是为了走向社会主义而不是资本主义，所以我们认为应是"近代中国的新民主主义革命属于世界无产阶级社会主义革命的范畴"。

教师：就是说观点 2 混淆了新旧民主主义，是这个意思吗？好，我们来听一下第五小组的补充发言。

第五小组代表：关于新旧民主主义革命问题我们跟第四小组理解相同。在旧民主主义时代，它属于资产阶级革命的一部分。十月革命后马克思主义传入了中国，五四运动中，中国无产阶级登上历史舞台，中国这时开始新民主主义革命，所以新民主主义革命是世界无产阶级社会主义革命的一部分。

教师：这个一部分是什么意思？它在性质上是什么革命？是社会主义革命吗？

第五小组代表：还是资产阶级革命。

教师：它是资产阶级的民主主义革命，却是无产阶级社会主义革命的一部分。这听起来很拗口，却十分重要。

第六小组代表：我们补充一下。近代中国的民主主义革命分为新和旧两部分，旧的一部分包括农民阶级发动的太平天国运动，地主阶级领导的洋务运动，还有资产阶级发动的辛亥革命，这些不属于世界无产阶级革命。另外，新民主主义革命是资产阶级革命，因为它是反帝反封建的。判断革命的性质要看它反对的对象而不是看它的领导阶级。

教师：同学们的预习效果比我预想的好很多。中国的新民主主义革命是一场资产阶级民主主义革命，却属于世界无产阶级社会主义革命的一部分。刚才这三个小组的回答大家要进一步分两个层次理解：第一，为什么说新旧民主主义革命都是资产阶级民主主义革命？这是由什么来决定的？第二，为什么从五四运动开始的新民主主义革命尽管还是资产阶级民主主义革命，却被视为无产阶级社会主义革命的一部分？咱们先留一个伏笔，待会儿一起来学习。最后一个观点，来听一听第七小组的看法。

第七小组代表：我们认为第三个观点是正确的。因为教材上明确写了中国新民主主义革命实质上就是无产阶级领导下的农民革命，还有一句是党领导下的农民革命。我们小组经过讨论，认为中国共产党是无产阶级革命政党，而无产阶级是中国社会里比较有觉悟的阶级，这使其能够成为中国革命的领导力量，中国共产党是无产阶级的政党，所以第三个观点是正确的。

教师：好的，我们已经明确第三个观点是正确的了，那请第八小组的同学来解析一下为什么说新民主主义革命实质上是无产阶级领导的农民革命。

第八小组代表：我们主要从领导阶级的视角进行分析。首先，随着旧民主主义革命的失败，民族资产阶级也被历史证明无法成功领导中国的革命运动。其次，革命中很重要的土地等问题都是与农民息息相关的，农民在革命中更具有彻底性。

教师：这位同学分析了这一观点的两个层面，第一个，为什么这一革命实质上是农民革命。同学提到说农民是主体力量。但有同学有疑问，那这样一场革命与太平天国运动有什么区别呢？这时候我们就要着重看定语，也就涉及革命的领导阶级，即第二个层面，这不是农民阶级领导的农民革命，而是由无产阶级领导的。

教师：从大家的分析中我发现大家的预习效果很不错，对于基础知识的掌握比较扎实。我们想要更透彻地理解这三个观点，就要结合这一章的两个重点问题来进行探讨。第一个是新民主主义理论的形成依据是什么，第二个是如何界定新民主主义革命性质与实质。接下来我们进入学习环节。

[**教学情境**] 智慧课堂环境默认为桌椅可移动，以小组为单位，进行圆桌式讨论。

[**教学活动**] 请各小组根据自己的任务，把讨论的结果概要记录到小组的显示屏或学习平板上，教室大屏幕显示计时器，2分钟后，各小组将讨论结果投射到教室大屏幕上。

[**知识建构**] 新民主主义革命理论的主要内容。

[**设计意图**] 通过智慧课堂将学员讨论结果进行投屏，检测每个小组对知识重难点的掌握情况，为下一步知识讲授作铺垫。

（三）重点讲授环节

1. 重点问题一（依据问题）：新民主主义革命理论的形成建立在哪些基础之上

（1）现实依据

教师：请大家思考，近代中国社会的基本国情是怎样的？这一国情与中国革命之间有何内在关联？有请同学回答一下。

同学乙：近代中国的性质是半殖民地半封建社会。

教师：与这种性质相关，基本矛盾是怎样的？

同学乙：主要有两个，一个是帝国主义和中华民族的矛盾，另一个是封建主义和人民大众的矛盾。最主要的是帝国主义和中华民族的矛盾。

教师：那与之对应的两个任务是怎样的？

同学乙：第一个是反帝求得民族独立，第二个是反封实现人民的解放。

教师：近代中国半殖民地半封建社会的性质，决定了这一时期的两大主要社会矛盾，即帝国主义与中华民族的矛盾、封建主义与人民大众的矛盾。在这一基础上我们就能得出结论，要使中国走上国家富强的道路就必须要革命。那么革命该革谁的命呢？从两对矛盾出发，首先应该革帝国主义的命，这就使我们的革命带有一种民族主义的意味，我们要求民族独立。其次，还有反封建的意蕴，封建主义常常会让我们联想到专制，反封建就是反专制，反专制则是求民主，因而这是一场民主主义革命。这一类革命，在之前的世界史上基本上都是由资产阶级领导的，所以这种革命一般又被称为资产阶级民主主义革命。这就是这一时期中国革命的性质。

"中国应该发展成为近代化的国家、丰衣足食的国家、富强的国家。这就要解放生产力，推翻帝国主义和封建主义。正是帝国主义和封建主义束缚了中国的生产力发展，不推翻它们，中国就不能发展和进步，中国就有灭亡的危险。……革命是干什么的呢？就是要冲破这个束缚，解放中国的生产力，解放中国人民。所以，首先就应该求得国家的独立，其次是民主。没有这两个东西，中国是不能统一和富强的。"（PPT 展示这段话）

（2）理论依据

教师：1919 年的五四运动被视为新民主主义革命的开端，有没有同学知道五四运动与过去的革命相比有哪些不同的地方？

同学丙：在五四运动中中国的工人阶级登上历史舞台。

教师：这是其中最关键的一点。关于五四运动，我想给大家进一步强调三个要点。第一个要点是这场革命与过去革命相比较来说具有彻底性。这并不是说这场革命彻底地完成了中国的革命任务，而是说这场革命在近现代史上第一次彻底地举出了反帝反封建的旗帜。第二个要点是它的群众性，它是人民广泛参与的一场革命，是一场群众运动，其中最亮眼的"星星"就是中国的无产阶级，工人阶级登上了历史舞台。第三个要点是这场革命进一步促进了马克思主义在中国的广泛传播，因而是一场被载入史册的运动。以此为界，中国的革命被分成了两个阶段，即从 1840 年至 1919 年的旧民主主义革命时期和从 1919 年开始到 1949 年的新民主主义革命阶段。

从上述分析我们也就能知道新民主主义革命与旧民主主义革命的区别。首先，指导思想不同；其次，领导力量不同。当指导思想和特定的物质力量结合在一起，中国的革命目标必然会经由民主主义向社会主义发展。这一切使这场革命不再同于旧式的革命了。而这一切都是在十月革命爆发的背景下发生的，所以我们能看到十月革命的影响是深远的。

在十月革命的影响下，中国革命的指导思想、领导阶级以及革命的前途发生了变化，在此背景下，新民主主义革命属于世界无产阶级社会主义革命的一部分。但是，尽管 1919 年以后的新民主主义革命属于世界无产阶级社会主义革命的范畴，但它在性质上仍然是一场资产阶级民主主义革命。尽管它跟十月革命的性质和做法有一些不同，但是它们同属一个"朋友圈"。因为它们拥有共同的物质力量，拥有共同的指导思想，而且未来还可能走向同一个方向。

（3）实践依据

理论来源于实践，任何理论都是从实践中产生的，第三个关键点就是其实践依据，这也是新民主主义革命理论形成的最重要的依据。如果没有中国革命本身，就没有新民主主义革命理论的产生。

旧民主主义革命包括农民阶级领导的太平天国运动、维新派领导的变法运动以及民族资产阶级领导的辛亥革命等，为什么这些革命都失败了？我们通过刚刚的分析也能了解到，首先是与领导阶级有关。例如农民阶级作为小生产者往往具有局限性，看不到社会发展的更高的层次。除此之外还有指导思想的问题。如果革命的指导思想是不符合中国实际的，革命浪潮也无法推进。革命的失败也告诉了我们这样一个道理，即要想革命取得成功，就要有正确的指导思想和符合中国实际的指导思想，分清敌人和朋友。

1921 年中国共产党成立以后，我们的探索就是围绕这些方面不断推进的。在这个探索过程中，有一个主线，即马克思主义中国化。所有的内容都是在这条主线下进行梳理和概括的。毛泽东正式提出马克思主义中国化概念是在 1938 年，后面又进行了多次强调。那么在 1938 年的这个时间节点上去回望中国的新民主主义革命的探索，会发现革命本身就告诉我们很多道理。我们通常把 1924~1937 年分为两个阶段，也就是大革命时期和土地革命战争时期。在这两次革命中，中国共产党都经历过重大危机，同时也都取得一定程度的成功。大革命时期，中国共产党做的两件大事就是推动第一次国共合作和北伐战争，推翻了北洋军阀政府的统治。我们都知道，这两件大事是成功的，这个成功，是马克思经典文本所预测的吗？是马克思恩格斯具体告诉共产党人应该与代表大地主、大资产阶级的国民党携起手来闹革命吗？我们都知道并不是。马克思的文本中更多论述了在资本主义社会条件下如何进行社会主义革命，但中国社会是半殖民地半封建社会，因此，已经把马克思列宁主义作为指导思想的中国共产党人就只能立足于中国的实际去探寻具体的革命之路。

在这一背景下，中国共产党人发现，可以跟资产阶级携起手来完成民主主义革命。资产阶级要想更好地发展资本主义需要反对封建主义，而中国共产党领导的新民主主义革命要想取得成功也需要反对封建主义。所以两个阶级在推翻封建专制统治这一点上取得了统一，因此有了第一次国共合作的胜利果实。但我们又说，中国共产党在这一阶段的末期也遭遇重大危机，在第一次国共合作期间，由于中国共产党未能有效掌握领导权，未能建立起成熟的武装力量，因而在面对反革命政变时，无法与反革命力量抗衡。这就是旧民主主义革命告诉中国共产党人的经验以及教训，即如果将马克思主义与中国的具体实际相结合，就能成功；如果只是简单地照搬，而不根据中国具体实际去做变通的话，就会遭遇失败。

这表明，马克思主义必须与中国具体实际相结合。这一条理论探索的主线，即马克思主义中国化，其实都是对革命经验教训的总结。所以说，没有新的革命的实践，就没有伟大理论的产生。这就是我们从实践的视角对新民主主义革命理论的分析。

2. 重点问题二（革命性质与实质问题）：什么是新民主主义革命？

我们要关注的第二个重要问题就是"什么是新民主主义革命"，或者说，新民主主义革命是一场什么性质的革命？这也是有同学发言时提到的关键点。要搞清楚新民主主义革命与其他革命的区别，我们就需要从总路线和纲领来加以理解。毛泽东 1948 年在晋绥干部会议上的讲话中第一次明确完整地提出了总路线。

板书或 PPT 展示：新民主主义革命的总路线——"无产阶级领导的，人民大众的，反对帝国主义、封建主义和官僚资本主义的革命"。

教师：请一位同学概括一下这个总路线有哪几个方面。

同学丁：首先，领导阶级是无产阶级；其次，依靠力量是人民大众；最后，革命的对象是帝国主义、封建主义和官僚资本主义。

教师：很好，最主要的就是这三个方面："革命靠谁来完成"，"革命靠谁来领导"以及"革命该革谁的命"。毛泽东在 20 世纪 20 年代说过的一句话就构成了这句话的核心。他说，"谁是我们的敌人？谁是我们的朋友？这个问题是革命的首要问题"[①]。革命该革谁的命，靠谁领导革命，我们的朋友是谁，这是中国革命的主要问题。

（1）为什么说帝国主义是新民主主义革命的首要对象

我们能直观地从总路线中知道革命的对象，即帝国主义、封建主义和官僚资本主义。不知道大家有没有注意到，老师第一次概括的时候只说了"两座大山"，即帝国主义和封建主义。就是我们从直观的角度看，两对矛盾正好能推论出前两者。"第三座大山"是解放战争时期提出来的，此时中国共产党的革命对象变成了国民党政府的反动统治。为了给国民党反动统治定性，毛泽东提出了官僚资本和官僚资本主义概念，并分析了官僚资本主义的性质，把它与中国的经济民生发展联系起来进行分析，得出的结论是，如果不推翻这"第三座大山"，中国的发展也是没有前途的，因此在革命对象中加入官僚资本主义。

在这"三座大山"中，谁才是中国革命的首要对象，为什么？我们得出的结论是帝国主义是中国革命的首要对象。这个问题我们刚才在讲国情

---

① 《毛泽东选集》第 1 卷，人民出版社，1991，第 3 页。

的时候已经说清楚了。1840年以来，西方列强对中国的这种赤裸裸的掠夺就没有停止过。帝国主义的入侵给中国带来了巨大的伤害，也压制了中国资本主义的发展。即使到了今天，我们依然要注意意识形态问题，比如对于美国来说，它希望世界出现一个强大的中国吗？绝对不会。资本主义国家过去是通过武力、战争来掠夺中国，而现如今只是换了一种比较隐蔽的方式而已，靠技术垄断来确保其在经济、金融世界中的地位，进而控制别国，使他国成为自身发展的"垫脚石"。因此，对于这一问题我们一定要有明确的态度，一定要有清晰的认识。

（2）中国的新民主主义革命反对资本主义吗

新民主主义革命不会一般地反对资本主义，但是它的革命对象包含着资本主义。新民主主义革命是一场资产阶级民主主义革命，它是为资本主义发展创造好的环境的，不会把一般的资本主义作为自己革命的对象。但是我们又会有疑问，那为什么会反帝国主义和官僚资本主义呢？这一问题在革命年代也引起过争议，好在毛泽东梳理得很清楚。毛泽东在接受外国记者采访时说，"我们坚信，不管是中国的还是外国的私人资本，在战后的中国都应给予充分发展的机会，因为中国需要发展工业"①，所以我们需要资本主义。我们进一步追问：新民主主义革命为什么要反对帝国主义呢，是因为帝国主义是资本主义吗？不是的，而是相反，是因为它妨碍了中国资本主义的发展。在《论联合政府》一文中毛泽东说，"一定要让私人资本主义经济在不能操纵国民生计的范围内获得发展的便利，才能有益于社会的向前发展"；"现在的中国是多了一个外国的帝国主义和一个本国的封建主义，而不是多了一个本国的资本主义，相反地，我们的资本主义是太少了"。② 这一文本中，他所指的资本主义是民族资本主义。

接着我们进一步说明"第三座大山"。为什么官僚资本主义会被作为新民主主义革命的对象呢？我们把官僚资本主义作为革命的对象并不是因为它是资本主义，而是因为它是依靠帝国主义、勾结封建势力、利用国家政权力量而发展起来的买办的、封建的、国家垄断资本主义。所以，反对

---

① 《毛泽东文集》第3卷，人民出版社，1996，第186页。
② 《毛泽东选集》第3卷，人民出版社，1991，第1061、1060页。

官僚资本主义是因为它具有封建性、买办性和垄断性。要想更加形象客观地理解这个问题，我希望大家认真观看"云课堂"给大家推荐的有关四大家族的视频资料。你们会发现，这些大资本家不是通过技术的改进或正常的竞争去谋取财富，相反，他们通过自己对国家政权的控制，进而控制国家的经济命脉、金融命脉，再把其他行业所创造的财富揽到自己的荷包中。这种非正常手段对中国的发展是没有益处的，在经济上，他们没有把蛋糕做大，但自己的蛋糕却变大了，这就会产生一个不良效应，会让人们认为改进技术赚不到钱，只有官商勾结才能赚钱，但这会造成生产的低效率。并且，大资本家也会反对改革，因为他们的生产就是建立在勾结封建势力的基础之上的。所以我们说，反对官僚资本主义是因为其具有的封建性、买办性和垄断性。那么反对官僚资本主义其实也就是在反帝反封，因此这本身就具有民主主义革命的性质。在反对官僚资本主义的同时，也打击了大资本家、大资产阶级，同时没收官僚资本建立的工厂，这就又具有社会主义革命的性质。

（3）为什么说新民主主义革命实质上是无产阶级（中国共产党）领导下的农民革命

一是革命的领导者。中国无产阶级是新的社会生产力的代表，是近代中国最进步的阶级，是中国革命的领导力量。区别新旧两种不同范畴的民主主义革命的根本标准是，革命的领导权是掌握在无产阶级手中还是掌握在资产阶级手中。二是从新民主主义革命的性质和主力看，农民是革命的主力军。占全国人口80%以上的农民，他们承担着社会的基本生产任务，他们处在社会的最底层，深受"三座大山"的压迫，具有强烈的反帝反封的革命要求。

（4）新民主主义革命和旧民主主义革命的异同

请同学们归纳和总结旧民主主义革命和新民主主义革命的联系和区别。

根据学生的讨论情况，进行板书总结：

（1）新民主主义革命与旧民主主义革命的联系

革命的对象：都是帝国主义和封建主义势力

资产阶级在革命中的作用：参与或领导

革命的任务：都是要将封建地主土地私有制变为农民土地所有制，为民族资本主义的发展扫清障碍并保护之

（2）新民主主义革命与旧民主主义革命的区别

新民主主义革命与旧民主主义革命在领导阶级、时代背景、指导思想和革命前途等方面不同

（四）课堂小结

（1）近代中国国情决定了中国革命是一场反帝反封的资产阶级民主革命，而不是无产阶级社会主义革命。其中，在十月革命的影响下，以五四运动为开端的新民主主义革命属于世界无产阶级社会主义革命的一部分。

（2）新民主主义革命反对官僚资本主义并非因为它是资本主义，而是因为其买办性、封建性和垄断性；有利于国计民生的私人资本主义则是保护和发展的对象。

（3）新旧民主主义革命既有联系又有区别，区分两者的根本标准是看革命的领导权掌握在无产阶级还是资产阶级手中；新民主主义革命实质上是无产阶级（中国共产党）领导下的农民革命。

（4）新民主主义革命与社会主义革命性质不同，但又互相联系、紧密衔接。其中，新民主主义革命的奋斗目标是建立一个新民主主义的共和国。

四　课后活动

1. 通过"学习通"智慧课堂软件进行自我测验

在测验板块，就"新民主主义革命理论"一章设置20道单选题、10道多项选择题、10道判断题，供学生课后自测，并利用"学习通"的自动阅卷功能，给每一位同学反馈自测分数和参考答案，供学生进行自我学习评估和反思。

2. 通过智慧课堂软件推送课后深度阅读材料《新民主主义论》

结合讲授内容，深入阅读《新民主主义论》，并完成不少于800字的读书报告，班级推选出优秀作品择期进行报告和交流。

3. 设置云参观任务

在网络课堂软件上介绍虚拟参观的方式和方法，让学生在网络云端虚拟参观武昌中央农民运动讲习所。

专题二　在多维活动与评价中因材施教
——"爱国主义的基本内涵"教学案例①

从教师角度来看，课堂评价主要指教师在课堂情境下对学生学习各个方面的表现与状况进行价值判断并给予即时性反馈的活动。美国心理学家霍华德·加德纳曾提出多元智能理论，认为每一个人都拥有不同程度的智能，包括言语技能、逻辑技能、空间智能和节奏智能、身体动觉智能、人际交往智能、自知反省智能和自然观察智能。每个人在这些智能方面的表现无疑是不一样的，而将这些智能运用于学习中，更是会表现出多样多层的差异。教师应当根据个体的特点与差异进行因材施教，以评促学，促进学生的全面发展。

通过"职教云平台"等智慧课堂软件，一方面将线上线下的活动"留痕"，形成大量的学生行为数据，为教学评价提供数据基础；另一方面通过多重维度的教学活动设计，由浅入深，并根据学生的反映和发言等程度形成学情报告，这就形成了"多维活动—教学数据—个性化评价—因材施教"的智慧教学模式。将这些活动和评价方式引入思政课教学，有利于创设互动深层的师生对话情境，从而激发学生对思政课理论性的深度认识和自我效能感。

教学专题：爱国主义的基本内涵

一　总体思路与目标

智慧课堂教学总体设计思路： 通过智慧课堂软件"智慧职教"进行教

---

① 该教学案例主要由武汉软件工程职业学院郭晓雯老师根据自身思政课智慧课堂教学情况整理提供。

学，提供丰富的学习资源，进行课前学习和测验，留下学习痕迹，方便数据的采集、整合、分析；通过课堂答疑、影视鉴赏、寻找造句王、案例分析、头脑风暴、教师教授、学习反思和"微实践"等教学活动的开展，满足不同程度学生学习的需要，进一步了解学情，从而实现课堂学习民主化、教学决策精准化、互动交流立体化以及评价反馈即时化，通过智慧的教与学促进全体学生实现符合个性化成长规律的智慧发展。

教学目标：①知识目标。了解当前爱国主义的国内外背景，掌握新时代爱国主义对应国内外环境变化的四大基本要求。②能力目标。学生能够分析新时代爱国主义要求之间的逻辑关系、将爱国主义要求运用到现实生活中。③情感目标。通过学习新时代爱国主义的基本要求，树立爱国、爱党、爱社会主义的坚定立场，始终将爱国主义要求贯穿于学习生活的各个方面。

教学重难点：①教学重点。新时代爱国主义的主要内涵。②教学难点。如何将爱国主义的基本内涵与新时代爱国主义的要求联系起来。

教学手段与方法：充分运用智慧课堂软件创设的各种功能，开展课堂答疑、影视鉴赏、寻找造句王、案例分析、头脑风暴、教师教授、学习反思和"微实践"等系列活动，以收集教学大数据，为因材施教提供数据支撑。

二　前置学习

通过智慧课堂软件提供设置关于爱国主义科学内涵的资料和测试题；推送电影资源《八佰》《战狼》等。

（一）课堂教学

新课导入：同学们，大家好！首先，问大家三个问题："你是中国人吗？你爱中国吗？你愿意中国好吗？"1935 年，南开大学张伯苓校长用"爱国三问"鼓励青年人奋发图强。从五四运动"国土不可断送、人民不可低头"的铮铮誓言，到抗日战场"一寸山河一寸血"的誓死抗争，从建设时期的热火朝天，到改革开放的万众一心，爱国主义激励着一代又一代中华儿女自强不息、奋斗不止。而今天，面对世界百年未有之大变局，在我们意气风发地奔向第二个百年奋斗目标的重要历史关头，更需要青年人用爱国主义托举起一个更加强大的中国！接下来，我们就一起开启爱国主义的学习之旅。

课前，大家已经完成了关于爱国主义科学内涵的网上学习、测验。同时，在全校大一新生中开展了校园采访的实践学习活动。但是，从整体情况来看，大家对于"爱国主义"这样一个看似熟悉的概念，其实还存在模糊认识。有不少同学表示对这份爱很认同，但"说不清"，接下来，我们就从大家的问题出发，通过影视鉴赏、小组讨论、头脑风暴等多元学习手段，探索爱国主义的正确打开方式，帮助大家正确理解爱国主义的三层基本内涵。

1. 爱国主义的第一层内涵：情感共鸣

第一个环节，提问。

爱国，对于我们每一个人而言都并不陌生。习近平总书记曾说："爱国，是人世间最深层、最持久的情感。"① 这种对祖国的深情，是我们自发的，甚至是不自知的。那么，爱国主义究竟体现了哪些深厚情感？在校园采访中，有好几位同学都谈到了电影《八佰》《战狼》，认为这类战争题材电影表现出来的就是强烈的爱国情！那么，我们就首先从电影开始讲起。

第二个环节，影视鉴赏。

2020 年 8 月 21 日，电影《八佰》正式上映，上映仅 10 天票房就突破了 20 亿。我们来回顾这部影片。

第三个环节，寻找造句王。

请大家结合电影中的情节，开展我们的传统学习活动——"寻找造句王"。例如，"爱国主义在这部电影中，就表现为……"我们来看看，同学们能否从影视作品鉴赏中，剖析爱国主义这份特殊的情感。

有学生回答说："爱国主义在这部电影中，就表现为战士陈树生保家卫国的牺牲！他绑着手榴弹，一跃而下，与日军同归于尽！"也有同学说："爱国主义在这部电影中，就表现为无数有血有肉的小人物互帮互助、携手抗日！例如草莽刀子为了给河对岸的战士们送电话线，冲桥赴死，成就不朽壮举！"

---

① 《习近平关于社会主义精神文明建设论述摘编》，中央文献出版社，2022，第 123 页。

这部电影讲述的是 1937 年淞沪会战日本军攻打上海之时，"八百壮士"坚守四行仓库，用智慧、勇气和鲜血阻击敌人四天四夜的感人故事。电影中最悲壮的，莫过于咱们同学们刚才提到的那段。为了避免日军炸毁仓库，为了苏州河对岸的百姓，为了整个国家，我们的战士人人身上都绑上了炸弹，一个一个地跳下，与敌人同归于尽！此时此刻，我们能感受到的这种与祖国生死相依的情感就是爱国。

第四个环节，阶段小结。

所以，爱国主义的第一层内涵，体现了人们对自己祖国的深厚感情，揭示了个人对祖国的依存，是人们对自己家园以及民族和文化的归属感、认同感、尊严感与荣誉感的统一。

在 2015 年的也门撤侨中，中国海军的舰队冒着流弹纷飞的巨大危险进入也门港，接回了中国公民。这张"大手拉小手"的照片（展示照片）就是在当时拍下的，一时间激起了全国人民强大的爱国之情！而在 2021 年 9 月，经中国政府不懈努力和坚决斗争，被非法拘押近 3 年的孟晚舟女士顺利回国。这让我们深深感受到：祖国才是我们最强大的后盾！这种强烈的归属感，就是爱国主义。

生活中，又有哪些点滴体现着爱国呢？当我们看到迟到的小学生在雨中伫立，独自向国旗敬礼时，当我们看到五星红旗冉冉升起不由自主地唱起国歌时，当我们看到中国女排在赛场上拼搏时，我们内心感受到的认同感、尊严感与荣誉感，也是爱国。爱国，就是这样一种深刻的情感共鸣。这是爱国主义的第一层内涵。

2. 爱国主义的第二层内涵：道德要求

爱国能仅仅停留在情感阶段吗？如果爱国只是情感，而不包含任何理性规范，会不会变成"糊涂的爱"，甚至是"被遗忘的爱"呢？

接下来，请大家开展案例分析：通过手机查阅以下三则案例（非理性爱国主义的案例和新闻）的基本情况，谈谈你的看法，并在"职教云平台"的讨论区发表你的评论。

通过词云分析，老师发现，大家一致从道德上、法律上给予了否定，其重要的依据就是要践行合理合法的爱国主义。

由此可见，爱国主义不能仅仅停留在情感阶段。我们弘扬爱国主义，不仅是要延续这份宝贵情感、中国精神，更要为明辨是非、评价个人行为、处理好个人利益和国家利益之间的关系提供价值尺度。由此可见，爱国主义还是调节个人与国家关系的准则。那么，爱国主义包含着哪些准则呢？

其实，同学们在讨论刚才的案例时已经分析出来了，那就是爱国主义是调节个人与祖国之间关系的道德要求、政治原则和法律规范。

（1）道德要求。首先，爱国主义是一种道德要求。

疫情期间，国家有难，当需要在小家与国家之间选择时，你会怎么做呢？在抗击新冠疫情的战场，无数的"最美逆行者"用他们的行动告诉了我们答案。

接下来，请大家开展小组讨论：你身边有"最美逆行者"吗？你会如何用一句话评价他（她）？你认为是什么激励着他们自愿选择在国家有难之时挺身而出呢？刚才，同学们谈到了自己的姐姐是护士，本可以不上前线，却毅然选择主动报名；谈到了自己妈妈是开酒店的，疫情期间本可以不营业，却毅然选择敞开大门，为附近的医护工作者提供住处……做出这种勇敢逆行的选择，是因为崇高的道德品质赋予了他们力量。

还有人提到了你们的学长，全国道德模范、"生命摆渡人"汪勇！从2020年除夕开始，他说服家人，免费护送金银潭医院护士，并火速成立了一支约30人的志愿服务队，为7800名金银潭医院的医护人员建起了后勤保障的堡垒，每天送饭15000份。他曾说，一个人的付出也许是烛光，但是千万人的付出就是阳光。

习近平总书记在全国抗击新冠肺炎疫情表彰大会上指出："世上没有从天而降的英雄，只有挺身而出的凡人。"[1] 正是因为有着"忠诚""担当""奉献"等崇高的道德品质，无数平凡的中国人才不顾自我安危，义无反顾地冲进没有硝烟的战场，成为抗疫英雄。同时我们也要认识到，不仅是在特殊时期，在日常生活中，爱国本身也一直是公民基本道德规范。因此，爱国主义是一种道德要求。

（2）政治原则。爱国主义还是一种政治原则。这里的政治原则就是维护国家根本利益，它以政党、团体、国家政策等形式把爱国主义固定下

---

[1] 习近平：《在全国抗击新冠肺炎疫情表彰大会上的讲话》，《求是》2020年第20期。

来，以行政力量来确保它的推行，成为人们必须履行的义务。习近平总书记曾指出："在社会主义核心价值观中，最深层、最根本、最永恒的是爱国主义。"① 社会主义核心价值观明确了中国特色社会主义事业到底追求什么、反对什么，明确了国人的价值准则和行为要求，而爱国被放在首位，可见爱国主义是一种重要的政治原则。《中国共产党章程》也明确指出，爱国是每一名党员必须履行的义务。因此，爱国主义是一种政治原则。

（3）法律规范。爱国主义还是一种法律规范，这一点同学们可能忽略了。这里是指国家以法律法规的具体形式对个人行为进行强制性的规定和约束。在我国《宪法》《刑法》《国旗法》《国歌法》《国徽法》《英雄烈士保护法》中都有明确规定！所以，损害国家利益的行为实际上也是违法的，这一点我们要谨记。

3. 爱国主义的第三层内涵：行动自觉

由此可见，爱国不仅是深厚情感，还是调节个人与国家关系的准则。那么，老师要问大家：如果这种价值认同不转化为实际行动，爱国有真实意义吗？是的，爱国主义还是行动自觉！那么，爱国主义有哪些行动表现？高职院校大学生怎样爱国？接下来我们就来探讨这个问题。

请大家进入"智慧职教"，开展头脑风暴，在日常学习、生活中，哪些行为是爱国？最后我们通过投屏来展示大家的答案。

大家在讨论中又提出一个疑惑：做好自己的事，学好专业、认真工作是不是爱国呢？接下来，我们就从爱国主义的四个行动表现中寻找答案！

（1）爱祖国的大好河山。对祖国大好河山的骄傲和敬畏之情，是最基本的爱国表现。在这里，我们还要强调的是要维护祖国领土的完整和统一，反对一切破坏祖国领土完整的言行。我们来看一则新闻。2020 年 6 月，中印边境，印度非法越线，蓄意制造暴力冲突。我们的战士誓死守护国土，将其赶出边境线。同时，他们也把青春、鲜血，乃至生命留在了边境，筑起了巍峨的界碑。这种"清澈的爱，只为中国"的行动自觉，值得我们好好学习。

而身为信息安全专业的大学生（当时课堂上学生的专业为信息安全专业），我们能用自己的方式保护祖国吗？可以！网络安全已经成为国家安

① 习近平：《在文艺工作座谈会上的讲话》，人民出版社，2015，第 24 页。

全的关键要素，甚至网络战争成为国家整体军事战略的组成部分。网络攻击直接威胁到国家政权和政治制度的稳定，守护网络净土，我们信息安全从业人员"守土有责"。因此，立志为信息安全保驾护航，用自己的专业来维护国家网络安全，其实也是我们保护国家的表现。

（2）爱自己的骨肉同胞。我们的兄弟姐妹、亲人朋友，每一个中国人其实都是我们的骨肉同胞。疫情期间，校园网上报道了一批学生志愿者的感人事迹：他们自发地帮助他人送药送菜、量体温、运送医疗物资。更令人感动的是，2020年我校征集学生宿舍建立康复驿站，当商学院的学生得知隔离人员住进自己的宿舍后，他们手写了32封关爱信寄给住在自己宿舍的"室友"，为他们加油打气，传递满满的爱。隔离人员收到信后，又写下了一封封感人的回信。信与信之间传递的，就是爱国主义。

（3）爱祖国的灿烂文化。文化传统是国家和民族的"胎记"。中华文化是中华儿女共同的精神基因。学好中国传统文化，认同、尊重、传承和发扬祖国优秀传统文化，共同致力于提升国家文化软实力，本身也是爱国主义的表现。同时，我们也要从传统文化中汲取传统美德的积极力量，以德立身，做一个道德上的合格者，才能成为一个更好的爱国者。

（4）爱自己的国家。有同学说，这里所说的国家，感觉有点抽象。其实，爱国要结合当下的时代背景和社会条件。那么，今天，我们高职院校大学生的爱国表现是什么呢？那就是"培育工匠精神、立志技能报国"。2021年4月，全国职业教育大会召开，习近平总书记强调，"在全面建设社会主义现代化国家新征程中，职业教育前途广阔、大有可为"①。目前，我国有1.13万所职业学校3088万名在校生，已建成世界规模最大的职业教育体系。我们的毕业生成为我国产业发展、转型的主力军。此时，正是国家需要我们的时候。

同时，爱自己的国家，还要积极向大国工匠学习。"大国工匠"陈行行，是从小乡村走出来的农家孩子，毕业于山东技师学院，却凭借"技能报效祖国"的信念，一步步艰苦奋斗，成长为中国工程物理研究院的高级

---

① 《加快构建现代职业教育体系 培养更多高素质技术技能人才能工巧匠大国工匠》，《人民日报》2021年4月14日，第1版。

技师。他真正实现了用技能报效祖国。

所以，回到刚才同学们的问题，做好自己的事，学好专业、认真工作是不是爱国呢？当然是的！

（二）课堂小结

刚才，我们从三个问题出发，经过层层剖析、互动学习，正确理解了爱国主义的三层基本内涵。希望同学们能真正理解爱国，将其铭记于心、实践于行。这才是爱国主义的正确打开方式。

（三）学习反思

同学们学完这一节课，有什么收获呢？请大家用5分钟时间完成我们的传统学习总结活动"我的'4''3''2''1'"，总结让你印象最深的4个关键词，令你最受触动的3个感受，课后你能付诸的2个行动，以及你目前还存在的1个问题。

三　课后"微实践"

最后，请同学们以小组为单位开展微实践：以"爱国，我们可以这样做"为主题开展实践活动，拍摄微视频。下一次课我们将举行实践学习成果汇报会，开展师生点评。

专题三　在游戏中彰显哲学智慧

——"人与自然是生命共同体"教学案例①

游戏化教学，是指利用游戏机制激发学生学习兴趣，激发学生学习动力，让学生在愉快的学习过程中获得知识，在愉悦的体验中得到价值熏陶。与传统的机械式教学不同，游戏化教学具有趣味性，非常符合学生的心理特点。游戏化教学遵循寓教于乐的教学理念，充分利用游戏机制的参与动力和沉浸体验优势，实现学生主动参与和沉浸式学习。高校思政课要顺应教育信息化的发展趋势，更好地培养智慧学习者，就必须利用互联网构建智能化的

---

① 该教学案例主要由华中师范大学马克思主义学院丁茜副教授根据自己的思政课智慧课堂教学情况整理提供，教学情境打造和技术支持来自华中师范大学人工智能教育学部。

教学环境，进行智慧教育背景下的游戏化教学研究，构建思政课游戏化智慧课堂。以"马克思主义基本原理"课程中"人与自然是生命共同体"专题教学为例，通过在课堂教学实践中引入逻辑、语言、运动和空间等多元智能游戏，引导学生掌握马克思主义自然观的基本观点，了解党的十八大以来我国生态文明建设的巨大成就，坚定建设美丽中国的信心和决心。

教学专题：人与自然是生命共同体

一　总体思路与目标

智慧课堂教学总体设计思路：首先，运用三维重建、虚拟现实、数字人等技术创设元宇宙的虚拟教学场域，搭建师生可自由探索的教学空间；其次，支持师生以虚拟化身形式进入生态教学场景，获得沉浸交互、具身认知的体验，推动思政课教学样态的数字化转型。

教学目标：通过学习，掌握马克思主义自然观的基本观点，了解党的十八大以来我国生态文明建设的巨大成就，坚定建设美丽中国的信心和决心。

教学重难点：教学重点是理解人与自然的和谐关系，并认识到人与自然是生命共同体；教学难点是让学生对人与自然的关系有深刻的认识和情感性的共鸣，以及增强对新时代生态文明建设的认同感和自豪感。

教学手段与方法：①教学手段。基于"立体综合教学场"平台创建多空间、多主体的虚拟教学场域，增强师生的沉浸交互、具身认知的体验，提供一种强互动虚拟同步课堂教学模式。②教学方法。融合国家智慧教育平台、元宇宙、人工智能领域的通用大语言模型等多种数字化技术，将沉浸互动、具身体验的新型教学场域融入教师、学生、空间和资源。

二　前置学习

课前在华中师范大学小雅智能教学平台完成自学内容并思考：为什么说人类文明发展史就是一部人与自然的关系史？如何实现人与自然的和谐共生？

三　课堂教学

导入：同学们好，欢迎回到"马克思主义基本原理"的智慧课堂，今天我们继续第三章唯物史观部分的学习。课前同学们已经在小雅智能教学平台完成了自学内容。为什么说人类文明发展史就是一部人与自然的关系史？如何实现人与自然的和谐共生？

在这节课的学习中我们将从美丽之问、美丽之答、美丽之路三个方面来寻求答案。

（一）第一部分：美丽之问——大漠何以变绿洲

[**教学情境**] 元宇宙课堂沉浸式环境。

[**教学活动**] 老师提问，学生制作弹幕卡片回答问题。

[**知识建构**] 只有正确认识人与自然的关系，沙漠治理才能科学、可持续。

[**设计意图**] 通过弹幕互动，让学员自己制作弹幕卡片回答问题，充分发挥学生学习主体作用（见附表1-1）。

附表1-1　第一部分教学思路与情境

	第一部分：美丽之问——大漠何以变绿洲				总时长：6分钟
镜头	教学活动	教学场景	教学资源	设备操作	活动时长
1	【真实教师】提问：说起大漠，同学们心中会出现怎样的画面？	在教室中，讲台区域，面向学生		助教用手柄打开麦克风权限	5秒
	【虚拟教师】背向元宇宙互动课堂虚拟教室讲台，面对学生	元宇宙课堂沉浸式环境	弹幕卡片		同步进行
	【真实学生】语音回答老师提问，说出弹幕上的内容	教室中，按小组坐		助教用手柄打开弹幕1	10秒
	【虚拟学生】面向元宇宙互动课堂虚拟教室讲台	元宇宙课堂沉浸式环境	弹幕卡片。文字分别呈现"大漠孤烟直，长河落日圆，壮美，大自然的奇迹，探险"等内容		同步进行

续表

镜头	教学活动	教学场景	教学资源	设备操作	活动时长
2	【真实老师】 语音描述弹幕卡片部分文字； 继续提问：那如果是大漠中的人呢？	在教室中，讲台区域，面向学生			5 秒
	【虚拟教师】 背向元宇宙互动课堂虚拟教室讲台，面对学生	元宇宙课堂沉浸式环境			同步进行
	【真实学生】 语音回答老师提问，说出弹幕上的内容	教室中，按小组坐		助教用手柄打开弹幕 2	10 秒
	【虚拟学生】 面向元宇宙互动课堂虚拟教室讲台	元宇宙课堂沉浸式环境	弹幕卡片。文字分别呈现"沙尘暴，恶劣，贫瘠，贫穷"等内容		同步进行
3	【真实老师】 语音描述弹幕卡片部分文字； 继续提问：是不是就像这张图片给大家的感觉？	在教室中，讲台区域，面向学生	PPT 展示库布齐沙漠改造前的图片	助教用手柄打开图 1	10 秒
	【真实学生】 回答："是的"	教室中，按小组坐			5 秒
4	【真实老师】 继续提问：那下面这张图片给大家什么样的感觉？	在教室中，讲台区域，面向学生	PPT 展示库布齐沙漠改造后的图片	助教用手柄打开图 2	5 秒
	【真实学生】 回答："绿色""生机勃勃"	教室中，按小组坐			5 秒
5	【真实老师】 讲授：其实这两张图片显示的是同一个地方的今昔对比，就是我们今天"大漠变绿洲"故事的主角——库布齐沙漠。下面请数字教师用 1 分钟的时间为同学们介绍库布齐沙漠的概况	在教室中，讲台区域，面向学生		助教用手柄打开视频并播放	15 秒

续表

镜头	教学活动	教学场景	教学资源	设备操作	活动时长
6	【数字老师】 讲授：库布齐沙漠治理的概况		数字教师用1分钟讲授视频		1分钟
7	【真实教师】 提问：这些巨大的生态变化，究竟是如何发生的？这个世界瞩目的绿色奇迹，带给我们怎样的思考？请同学们到小组铭牌下集合，领取学习任务，开展协作学习	教室中，讲台区域，面向学生			15秒
	【虚拟学生】 各小组铭牌缓缓浮现，此刻虚拟学生们移动至小组铭牌下集合	元宇宙课堂沉浸式环境		手柄按键控制虚拟学生移动	5秒
8	【真实学生】 小组协作研讨	教室中，按小组坐			1分钟
9	【真实学生】观点分享 第一组发言：我们组认为，第一，自然地理环境对人的生存和发展有着重要的影响；第二，人类应该主动反思荒漠化的原因并从中汲取教训；第三，认识规律、发挥主动精神，创造更美好的生存家园				40秒
	【虚拟学生】		弹幕卡片。文字分别呈现"靠山吃山靠水吃水""威胁人类生存""天育物有时，地生财有限，而人之欲无极""风能、太阳能""利沙之长、避沙之短"等内容		同步进行

续表

镜头	教学活动	教学场景	教学资源	设备操作	活动时长
10	【真实学生】 第二组发言：我们组认为大漠变绿洲背后的硬核力量有制度优势、顶层设计、科技创新，是库布齐人坚持不懈主动求变努力的结果，是多方合力的结果				40秒
	【虚拟学生】		弹幕卡片。文字分别呈现"人的主观能动性""人民是历史的真正创造者""科学技术是第一生产力""精神的力量""制度优势"等内容		同步进行
11	【真实学生】 第三组发言：我们组的观点是，因地制宜，分类施策，在尊重规律的基础上充分发挥主观能动性，实现生态修复和经济发展的双赢是核心要义；中国的治沙方案走向世界是对中国数代治沙人劳动成果的高度肯定，也是中国义不容辞的大国责任				40秒
	【虚拟学生】		弹幕卡片。文字分别呈现"人类命运共同体""人类只有一个地球家园""因地制宜"等内容		同步进行

续表

镜头	教学活动	教学场景	教学资源	设备操作	活动时长
12	【真实教师】 点评总结：库布齐沙漠治理的实践证明，只有正确认识人与自然的关系，沙漠治理才能科学、可持续。那么，究竟应该如何看待人与自然的关系，马克思恩格斯的相关论述又能为我们把握人与自然的关系提供什么启示呢？				30秒

（二）第二部分：美丽之答——人和自然的共生之路

[**教学情境**] 元宇宙课堂沉浸式环境。

[**教学活动**] 学生向人工智能领域的通用大语言模型提问，AI智能机器人把通用大语言模型搜到的结果进行展示。

[**知识建构**] 马克思的自然观强调人与自然的和谐共生，更强调对资本逻辑的超越，对推动人类社会文明发展具有重要指导意义。

[**设计意图**] 通过"马克思数字形象+画外音"，了解马克思主义经典作家关于人与自然关系的重要观点（见附表1-2）。

附表1-2　第二部分教学思路与情境

镜头	教学活动	教学场景	教学资源	设备操作	活动时长
第二部分：美丽之答——人和自然的共生之路					总时长：3分钟
1	【真实教师】 向人工智能领域的通用大语言模型提问：在马克思经典原著中有哪些有关人与自然关系的论述	教室中，讲台区域，面向学生		助教通过手柄打开AI提问图片	30秒
1	【虚拟教师】 背向元宇宙互动课堂虚拟教室讲台，按系统默认行为动作，在讲台中间，面对学生	元宇宙课堂沉浸式环境	AI智能机器人把通用大语言模型搜到的结果进行展示	助教通过手柄打开AI回答图片	30秒

· 231 ·

续表

镜头	教学活动	教学场景	教学资源	设备操作	活动时长
2	【真实教师】 梳理马克思主义经典作家关于人与自然关系的重要观点。人类文明史就是一部人与自然关系史	在教室中，讲台区域，面向学生	依次展示原始文明、农业文明和工业文明时代的象征	助教通过手柄打开相应资源	1分钟
	【虚拟学生】	元宇宙课堂沉浸式环境			同步
3	【真实教师】 讲授：马克思的自然观强调人与自然的和谐共生，更强调对资本逻辑的超越。对推动人类社会文明发展具有重要指导意义		马克思数字形象+画外音	助教通过手柄，切换资源	1分钟

（三）第三部分：美丽之路——人与自然和谐共生的现代化

［**教学情境**］元宇宙课堂沉浸式环境。

［**教学活动**］PPT展示"人与自然和谐共生的现代化"。

［**知识建构**］要实现人与自然的和解，就必须摒弃以资本为中心，物质主义膨胀的发展模式，走生态优先、绿色发展之路。

［**设计意图**］通过沉浸式观看库布齐、安吉、武汉东湖三地全景式图片，了解习近平生态文明思想，认识到中国的生态文明建设从认识到实践都发生了历史性、转折性和全局性的变化，更为解决全球生态问题贡献了中国智慧和中国方案（见附表1-3）。

附表1-3　第三部分教学思路与情境

第三部分：美丽之路——人与自然和谐共生的现代化				总时长：2分钟	
镜头	教学活动	教学场景	教学资源	设备操作	活动时长
1	【真实教师】 讲授：要实现人与自然的和解，就必须摒弃以资本为中心、物质主义膨	在教室中，讲台区域，面向学生	PPT展示"人与自然和谐共生的现代化"页	助教用手柄打开PPT	1分钟

续表

镜头	教学活动	教学场景	教学资源	设备操作	活动时长
	第三部分：美丽之路——人与自然和谐共生的现代化				总时长：2分钟
1	胀的发展模式，走生态优先、绿色发展之路。党的十八大以来，习近平总书记站在中华民族永续发展的高度，以前所未有的力度狠抓生态建设，创造性地提出一系列新理念新思想新战略，形成了习近平生态文明思想。将马克思主义基本原理与中国具体实际相结合，与中华优秀传统文化相结合，中国的生态文明建设从认识到实践都发生了历史性、转折性和全局性的变化，更为解决全球生态问题贡献了中国智慧和中国方案				
2	【虚拟教师】展示全景场景内容	元宇宙课堂沉浸式环境	库布齐、安吉、武汉东湖三地全景式图片	助教用手柄依次切换全景场景	1分钟
	【虚拟学生】自行观看	元宇宙课堂沉浸式环境		看完关闭全景场景	同步

四　课程结语

课程结语部分教学思路与情境如附表1-4所示。

附表1-4　课程结语部分教学思路与情境

课程结语部分				总时长：1分钟
教学活动	教学场景	教学资源	终端操作	活动时长
【真实教师】讲授：生态兴则文明兴，这是历史的回响，也是未来的召唤。"道阻且长，行则将至；行而不辍，未来可期。"最后给同学们留一	在教室中，讲台区域，面向学生	PPT课后思考页面	助教用手柄打开PPT思考题页	50秒

续表

课程结语部分				总时长：1分钟
教学活动	教学场景	教学资源	终端操作	活动时长
道课后思考题："美丽中国建设中的青年使命担当如何体现?"今天的课就到这里，我们下次再见				
【真实学生】鼓掌，老师再见!	教室中，按小组坐			10秒

五　课后活动

（1）通过"学习通"智慧课堂软件进行自我测验。在测验板块，就"人与自然是生命共同体"专题设置选择题、判断题，供学生进行自我学习评估和反思。

（2）通过智慧课堂软件推送关于习近平生态文明思想的课后深度阅读材料，并要求学生写800字以上的读后感，主题为：为什么要坚持人与自然是生命共同体的理念?

（3）设置录制微视频任务，发布自制微视频《美丽中国建设中的青年使命担当如何体现》。

专题四　在虚拟沉浸中体验历史

——"中国共产党争取和平民主的斗争"教学案例①

沉浸式学习主要是围绕学生的感觉知觉而打造的教学环境，尤其是给学生以身临其境之感，这种方式体现了以学生为中心的理念，在技术上力求实现全员、全感和全过程参与。思政课教师通过教学过程的设计和虚拟情境的创设，推动学生进入沉浸式学习状态，以更有效地实现学习者的认知迁移与行为改变。

伴随新一轮科技革命的到来，虚拟现实、增强现实、扩展现实、元宇宙

---

① 该教学案例主要由空军预警学院王黛丽老师根据自己的思政课智慧课堂教学情况整理提供。

等新兴技术得到广泛运用，思政课沉浸式学习的教学模式、技术支持、环境构建机制等也随之被重新塑造，进而为思政课教育教学形态带来诸多变化。

比如，"中国近现代史纲要"课程通过增强现实、虚拟现实技术，可以建构出一种新型虚拟学习环境，从而突破地理空间障碍，搭建虚拟党史馆，让学生在虚拟的空间内，以全新的视角体验历史。以"中国共产党争取和平民主的斗争"教学实践为例，通过5G、虚拟现实、直播等技术与红色文化资源深度融合，让学生在虚拟场景中走入重庆谈判纪念馆，身临其境感受那段峥嵘岁月，感悟共产党人的初心。

教学专题：中国共产党争取和平民主的斗争

一　教学目标

知识目标： 了解抗战胜利后的国际国内形势和重庆谈判的过程，理解党争取和平民主的意义，掌握党争取和平民主的方针。

能力目标： 培养学员立足国内外复杂形势分析解决现实矛盾和问题的能力。

素质目标： 领悟我党的斗争艺术，感悟我党一切为了人民的初心使命，进一步发扬斗争精神，强化对中国共产党的坚定信念。

二　教学内容及重难点

（一）教学内容

本节课教学内容是"中国近现代史纲要"课程专题"没有共产党就没有新中国"的部分内容，对应教材第七章第一节。

为达到教学目标，将教材体系转化成教学体系，设置三个方面教学内容：抗战胜利后的国内国际形势、党争取和平民主所做的努力、党争取和平民主的意义。

（二）教学重难点

教学重点：党争取和平民主的努力。

教学难点：党争取和平民主的实践。

围绕重难点，从两个方面予以突破：首先，发挥学员主体作用，运用辩论等方式，讲清毛泽东不顾个人安危去重庆谈判的原因。其次，发挥教员主导作用，采取你问我答的方式，针对学员关于"我党为什么要让步"等理论困惑点，讲清楚重庆谈判过程为何如此艰难。

三 教学手段与方法

（一）教学手段

通过虚拟现实技术，利用"线上参观+线下辩论"的方式，引导学员在虚拟沉浸中体验历史。

（二）教学方法

1. 问题牵引

提出问题展开历史叙事，分析问题解决历史困惑，总结问题得出历史结论。

2. 启发思考

通过环环相扣的教学过程设计，激发学员探究历史真相的兴趣，引导学员掌握分析解决问题的方法，提高学员学习的主观能动性。

四 教学流程

（一）线上自主参观

通过虚拟现实技术以及智慧课堂软件，让学生自主对重庆谈判纪念馆进行线上参观（见附图1-2）。

附图1-2 "中国共产党争取和平民主的斗争"教学流程

（二）交流提问

通过智慧星软件，对学生关注的问题进行关键词提取，发现学生主要对以下问题存在困惑：

（1）抗战胜利后，蒋介石为什么没有马上发动内战？

（2）美国、苏联为什么不支持中国内战？

（3）毛主席为什么要去重庆谈判？

（4）谈判中我们为什么要让步？

（三）讲授

放出思维导图，见附图1-3。

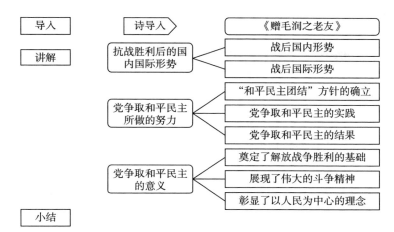

附图 1-3 "中国共产党争取和平民主的斗争"教学思维导图

以柳亚子写的《赠毛润之老友》为导入，引出抗战胜利后我党争取和平民主所面临的国内国际形势。

首先，分析在战后波谲云诡的大背景下，我党为什么能为争取和平民主而努力。

其次，阐释中国共产党争取和平民主做出的努力。一方面，讲清我们党和平民主团结的方针；另一方面，讲清重庆谈判的原因、过程及其价值，引导学员理解毛主席亲赴重庆谈判斗争的智慧，以及中国共产党为争取和平民主的艰苦努力。

最后，引导学员铭记党为争取和平民主而斗争的光辉历史，继续发扬伟大斗争精神，感悟党的初心使命。

（四）重难点突破

1. 难点问题一：抗战胜利后，蒋介石为什么没有马上发动内战

由学员查阅资料，根据国内军事力量分布图进行发言。

（1）国民党军队主力在抗战时期大多在西南、西北地区，远离内战前线。

（2）华北、华东的大城市和交通要道大部分处于八路军、新四军的占领之下。

（3）东北地区有我党领导的抗日武装。

教员总结：蒋介石不具备马上发动内战的条件。

2. 难点问题二：美国、苏联为什么不支持中国内战

美国：美国对华总体政策是"扶蒋反共"。

苏联：为了自身利益考虑，一方面在外交上承认国民政府是唯一合法政府，另一方面提议中共中央与国民党进行谈判。

由此可见，战后的国际形势是有利于中国人民实现和平民主的，是有利于中国人民建设新中国的。

3. 难点问题三：毛主席为什么要去重庆谈判

组织辩论：毛泽东到底要不要赴鸿门宴？

（辩论过程略）

通过学员辩论，教员小结，感悟以毛泽东为主要代表的中国共产党人的高尚品格和牺牲精神。

教员小结：

第一，和平、民主、团结是战后人民的强烈愿望。

第二，蒋介石的内战部署一时难以完成。

第三，通过和平谈判揭穿蒋介石假和平的真面目，提高人民革命觉悟。

4. 难点问题四：谈判中我们为什么要让步

播放视频《重生》，展示当时边打边谈的历史场景。

（五）教员总结

学员戴上虚拟现实头戴式显示设备，体验"重庆谈判"虚拟场景。

1. 重庆谈判是一次异常艰难的谈判

重庆谈判的斗争焦点：军队和解放区的问题。蒋介石并无谈判诚意，只想取消解放区和人民军队却不做实质上的让步是谈判趋于艰难的根本原因。

我党之所以在谈判中让步，根本原因就在于顺应民意、争取和平民主，但是，让步不能突破我们的底线，底线就是不能让出解放区和军队。

结果是，即使我党做出了最大限度的让步，但双方仍未能达成一致。让步不等于取消自己，我党之所以坚持保留军队和解放区这一底线，主要出于两个方面的考虑：第一，解放区和人民军队是中国共产党领导人民长期斗争所取得的成果，放弃了，就等于放弃了革命胜利的果实，而以往的经验（特别是大革命失败的教训）告诉我们，放弃了无产阶级的领导权，革命无疑会前功尽弃；第二，保存解放区和人民军队是向实现政治民主化、军队国家化过渡的重要保证。

2. 重庆谈判是一场边打边谈的谈判

重庆谈判过程：重庆在谈，各地在打，边打边谈，明谈暗打。

中国共产党对于边打边谈的态度：以打促谈，逼迫蒋介石和平谈判。

3. 重庆谈判是一场扩大统一战线的谈判

毛泽东、周恩来等在重庆期间，同民主党派和各界民主人士进行了广泛接触，阐明我党"和平建国"的基本主张，得到了他们的普遍认同和支持。这也是促进谈判取得某些积极成果的一个重要因素。

五　作业复习

（1）通过"学习通"智慧课堂软件进行自我测验。在测验板块，就"中国革命新道路"一章设置20道单选题、10道多项选择题、10道判断题，供学生课后自测，并利用"学习通"的自动阅卷功能，给每一位同学反馈自测分数和参考答案，供学生进行自我学习评估和反思。

（2）通过智慧课堂软件推送课后深度阅读材料："中国近现代史纲要现场教学点简介""中国近现代史纲要教学案例选编"。结合线上参观内容，完成不少于800字的体验文章，班级推选出优秀作品在学期末进行交流和展示。

（3）设置录制微视频任务，发布自制微视频《毛主席亲赴重庆谈判展现了共产党人什么样的精神品格？给我们什么样的启示？》。通过录制微视频，使同学们进一步认识中国共产党为争取和平民主所做的努力，进一步铭记中国共产党人伟大斗争精神，进一步感悟党的初心、使命。

专题五　在智慧实践中实现全过程育人

——"构建人类命运共同体"教学案例①

习近平总书记深刻指出："青少年思想政治教育是一个接续的过程，要针对青少年成长的不同阶段，有针对性地开展思想政治教育。"② 以螺旋式的

_____

① 该教学案例主要由华中师范大学熊富标老师根据自身思政课智慧课堂教学情况整理提供。

② 《坚持党的领导传承红色基因扎根中国大地 走出一条建设中国特色世界一流大学新路》，《人民日报》2022年4月26日，第1版。

课程统筹开发各学段的合适课程，以议题式的课堂架构形成各学段的创新方案，这是思政学科内在力量的表现，也是学生认知发展规律的要求，更是为党育人为国育才的要求。以"习近平新时代中国特色社会主义思想概论"课程的"构建人类命运共同体"专题为例，试图在智慧实践中实现全过程育人。

"构建人类命运共同体"专题教学整体设计思路为：对大中小学课程设置进行一体化安排，按议题推进，以素养化进阶路线实现一体化育人目标。小学阶段培育孩子心中构建人类命运共同体的"火种"，让学生了解人类命运共同体的最基本常识，启蒙道德情感，启迪道德生长。初中阶段点燃少年手中构建人类命运共同体的火炬，让学生了解人类命运共同体的基本常识，打牢思想基础，助力道德成长。高中阶段照亮学生构建人类命运共同体的前行之路，让学生理解人类命运共同体构想的正确性，增强政治认同，提升政治素养。大学阶段研究人类命运共同体的创新理论，深化政治认同，展现大学生们构建人类命运共同体的青年担当。

（大学阶段）教学专题：构建人类命运共同体

一　总体思路与目标

智慧课堂教学总体设计思路：以大中小学思政课一体化建设为思路，组织大学、中学、小学各学段的思政课教师通过智慧教研平台进行备课、听课、评课、磨课等活动，熟悉每一个学段的教学重点、学情，从而制定出高校思政课教学的重难点、教学方式、目标层次等，同时再通过智慧教研平台向全国所有思政课教师进行公开展示，使教研共同体得以形成。

教学目标：①知识目标。充分认识构建人类命运共同体理念提出的世界形势和时代背景，形成正确的世界观，并通过案例和探讨调动学生对中国特色社会主义外交战略的学习兴趣。②能力目标。培养学生对世界政治格局的分析能力，使其能从认知分歧的表象背后剖析出深层的发展规律，并在小组探讨与归纳总结等活动中培养团队探究与独立思考的能力；学生能以问题为驱动力，问题引出知识点，学生能自主、探究和合作学习，形成学生自主学习的理念。③素质目标。认同"人类命运共同体"，理解构建人类命运共同体是习近平总书记深刻思考人类前途命运及世界发展大势所提出的宏伟构想，是中国特色的话语创新。

教学重难点：①构建人类命运共同体理念如何体现理论创新。②构建人类命运共同体理念如何体现中国方案的智慧性。

教学手段与方法：议题式教学、探究式教学、体验式教学等。

二　前置学习

1. 教师活动

运用华中师范大学智慧教学平台——华中师范大学云课堂 V3.0 给每位学生推送课前学习任务。①资料推送。推送包括习近平总书记的《共同构建人类命运共同体》等在内的学习材料，推送扩展阅读文献如《全球安全倡议概念文件》"全球发展倡议"等。②线上讨论和资料收集。在云课堂发布讨论问题"构建人类命运共同体聚焦于哪些全球性问题"，同时要求学生按小组归纳整理中西方历史上具有代表性的"共同体"思想和观点。

2. 学生活动

阅读文献资料，参与云课堂自由讨论并发帖，小组合作归纳整理资料。

三　课堂教学

高中阶段，我们认识到"构建人类命运共同体是人间正道"。那么中国为什么能提出人类命运共同体理念？这一理念又体现了怎样的理论创新和实践智慧？这是大学思政课需要进一步回答的问题。

今天，我们就从"在中国话语中认识理论创新、在中国方案中理解实践智慧、在中国担当中体验青年责任"三个教学环节认识和理解"人类命运共同体理念的创新性"这一议题。

（一）环节一：认识人类命运共同体理念的理论创新——中国话语

1. 教学情境

智慧教室，以便小组合作和交流探索。

2. 教学活动

在云课堂进行头脑风暴、讨论以及总结。

3. 知识建构

对马克思主义共同体思想进行分析，对西方共同体思想进行批判和借鉴，以及对中华优秀传统文化中共同体思想观点进行讨论，使学生理解人类命运共同体理念是当代中国话语的理论创新。

4. 设计意图

通过多屏互动以及智慧课堂软件等，及时掌握学生讨论情况并将讨论结果进行分类。

5. 学生活动

先请各个小组汇报一下对比总结的人类命运共同体理念与中西方代表性共同体思想的异同。

学生 A：通过查阅资料，我们注意到，马克思提出了"自由人的联合体""真正的共同体"等共同体思想，主要是为了批判资产阶级所说的虚假的普遍利益，追求人类社会最终的发展目标。人类命运共同体理念继承了马克思主义共同体思想的世界历史视野和价值目标，但是希望通过合作共赢方式解决全球问题。

教师点评：也就是说，人类命运共同体理念坚持了马克思主义共同体思想的世界历史视野、人类关怀精神和平等交往理念等，同时又在时空指向、主要内涵、实现方式等方面进行了革新。

再请同学总结一下人类命运共同体理念与西方共同体思想的异同。

学生 B：我们发现，从柏拉图到康德，再到杜威，很多西方学者都提出过共同体思想。我们以滕尼斯共同体思想为例，他强调"共同体"的团结友爱、共同规范和情感归属等，这些应该可以加以吸收，但是人类命运共同体理念突破了滕尼斯所说的"小共同体"的范围，把共同体主体扩展到全人类，也不强求共同体内部完全"同质"。

教师点评：是的，人类命运共同体理念借鉴了西方共同体思想中的交往分享、团结友爱、共同规范等有益观点，又从存在基础、涵盖范围、价值导向等方面进行了超越。再请同学谈谈人类命运共同体与优秀传统文化共同体思想观念的异同。

同学 C：其实，我国传统文化中有很多共同体思想元素，如天下大同、和而不同、美美与共等观念，这为人类命运共同体的提出奠定了思想文化基础。但人类命运共同体具有更强的针对性，更具有现实性。

教师总结：通过大家的发言和总结，我们发现，人类命运共同体理念对中西方共同体思想进行了继承和创新。它的提出，以及被越来越多的国家所认同，正体现了中国的首创精神，也是构建中国特色话语体系的重要一环。

学生活动：通过头脑风暴，让学生畅谈课前收集到的中西方历史上代表性的共同体思想。

教师活动：将思想和理论分为马克思主义共同体思想、西方共同体思想以及中华优秀传统文化中的共同体思想三大类别，并进一步追问，人类命运共同体理念是如何对这些共同体思想进行创造性转化的。

学生活动：让学生在小组研讨中写出人类命运共同体理念与这三类共同体思想之间的联系和区别。

师生活动：研讨结束后，各小组分享讨论结果并进行总结，即人类命运共同体理念坚持了马克思主义共同体思想的世界历史视野、人类关怀精神、平等交往原则和社会实践路径等，但在时空指向、主体维度、主要内涵、实现方式等方面有新的发展；它借鉴了西方共同体思想中交往分享、团结友爱、共同规范等有益的观点，但在存在基础、涵盖范围、价值导向等方面有新的超越；它结合了中华优秀传统文化中天下大同、美美与共、义利相兼、爱好和平等思想观点，但在时代课题、目标方向、系统体系等方面有新的突破。

所以，我们说，人类命运共同体理念的提出，以及被越来越多的国家所认同，正体现了中国的首创精神，也是构建中国特色话语体系的重要一环。

（二）环节二：探究人类命运共同体理念的实践智慧——中国方案

1. 教学活动

利用词云统计学生讨论结果高频词。

2. 知识建构

提出构建人类命运共同体，是针对人类生存和发展问题的中国答案，体现了中国智慧。

3. 设计意图

以词云统计方式呈现讨论结果，归纳并总结人类生存和发展面临的重大挑战。

4. 教师讲授

理论创新的动力来自历史，而创新的基础则源于实践。中国提出人类命运共同体理念，反映了怎样的社会背景和世界形势？又是如何体现"两个大局"相互激荡下的中国智慧和中国方案的？

我们以词云统计的方式呈现大家讨论"全球面临哪些命运与共的时代问题"的结果。从中可以看出，环境污染、政治冲突、贫富差距等全球性问题构成了人类生存和发展的重大挑战。当然，人类命运共同体理念提出的背景，不仅包括这些全球性问题，还包括我们之前学到的习近平新时代中国特色社会主义思想产生的背景，如"两个大局"以及国际形势的变化。

面对这些问题和挑战，我们是以邻为壑、以我为先，还是合作共赢、抱团取暖呢？我们先来看看有些国家是如何做的。

美国动不动就"退群"，它的这种做法在西方思想理论界有历史基础。20 世纪 90 年代亨廷顿就提出，冷战后的世界，冲突的基本根源不再是意识形态，而是文化的差异，主宰全球的将是"文明的冲突"。近年来，西方舆论界又出现一种论调——大国之间的冲突不可避免，他们称之为"修昔底德陷阱"。大家同意这两种观点吗？请大家分组讨论，并汇报讨论结果。

5. 学生活动

自由讨论和汇报——人类文明发展的趋势到底是合作共赢还是零和博弈？

学生 D：我们觉得人类文明发展很可能是博弈竞争多于合作，因为地球资源是有限的，但是随着人口的增长，资源耗费越来越多，那么必然因为资源产生冲突。

学生 E：我们小组认为，不同群体有不同的利益诉求，现实生活中，一个小团队内部利益冲突都非常普遍，全球性的冲突肯定不可避免。

学生 F：我们小组不太同意前面两组的观点，我们认为资源的有限性是相对的，不会必然带来冲突，比如新能源的开发利用就可以在一定程度上解决这个问题，全球通过技术共享和合作研发，是可以解决这一问题的。

学生 G：但是除了能源问题，还有意识形态问题，资本主义和社会主义意识形态是对立的，二者之间是"你死我活"的斗争，如何合作共赢呢？

学生 H：我们小组认为，面对全球性问题，我们要抛弃意识形态的偏见，以构建人类命运共同体来实现"资本主义制度与社会主义制度和平共存"。

学生 I：我们也认为，无论是"文明冲突论"还是"修昔底德陷阱"，都体现了零和思维，理论基础和视野都是以资本主义为中心、以西方为中心，因而才更有必要提倡和构建人类命运共同体，构建更合理的、更具有包容性的世界秩序和治理体系。

6. 教师活动

通过辩论，我们发现人类文明多样性是世界的现实特征，也是人类进步的源泉。文化只有在不断传播、交流、互动中才能发展、进步。我们就是要用文化交流交融、互鉴进步来破解"文明冲突论"。

其实，对于"世界怎么了，我们怎么办"这两个问题，中国有清醒的认识，也有清晰的回答。让我们一起重温党的二十大报告，通过读原文的方式来认识中国方案。

面对"世界之变、时代之变、历史之变"，我国提出构建人类命运共同体，推动建设持久和平、普遍安全、共同繁荣、开放包容、清洁美丽的世界。这就是中国答案和中国智慧。

（三）环节三：研制构建人类命运共同体的"倡议谱系"——中国担当

1. 教学活动

多所学校通过智慧平台进行线上线下联合教学，互动展示。

2. 知识建构

推动构建人类命运共同体不仅是中国特色大国外交的战略举措，也是马克思主义中国化时代化的重要理论成果，是中国特色话语体系的创新。

3. 设计意图

制作并展示视频《"一带一路"建设推动构建人类命运共同体》，让学生了解"构建人类命运共同体"思想中的全球倡议框架。

4. 教师讲授

中国不仅是这么说的，也是这样做的。

我国通过共建"一带一路"推动构建共同繁荣的世界，通过国际抗疫合作推动构建普遍安全的世界，通过生态环境治理推动构建清洁美丽的世界，中国为解决全球性问题不断贡献方案和智慧，已成为国际社会的积极贡献者和责任担当者。

那么，作为新时代的青年，我们应该做些什么呢？

对于这个问题，先通过两则关联的新闻说明：提出"全球安全倡议"是我国推动构建人类命运共同体的又一举措，这一倡议在"沙特伊朗开展对话"中得以成功实践。在人类命运共同体理念下，中国通过共建"一带一路"、国际抗疫合作、构建新型国际关系、推进环境治理、全面建成小康社会等为解决全球性问题贡献了中国力量。

在构建人类命运共同体的过程中，我国已明确提出了"全球发展倡议""全球安全倡议""全球文明倡议"，但目前还未有关于全球和平、生态方面的倡议。

最后，让学生现场讨论、查阅资料，合作研制关于和平、生态方面的全球倡议框架，完善"全球倡议谱系"。

学生通过屏幕共享展示汇报各小组研制的全球倡议框架。

环节小结：每个小组都以人类命运共同体理念为指导，以强烈的责任感和广阔的视野研制了多份全球倡议框架，体现了青年大学生的创新意识和责任担当。新时代的你们，在课外也必然有更多的机会参与到经济合作、志愿服务、气候治理、学术交流等全球性事务之中，希望大家勇于创新，积极参与国际合作；广泛开展文化交流，推动文明和谐共生。把创新性的理念落实到创造性的行动中去，为推动构建人类命运共同体注入青春之智、发出青春之声、贡献青春之力。

中国已经成为国际社会的积极贡献者和责任担当者，作为新时代的青年大学生，我们可以做什么呢？请大家分享身边的事，说说我们学校、我们青年是如何参与共建"一带一路"，推动构建人类命运共同体的？

5. 学生活动

展示各个学校参与共建"一带一路"，推动构建人类命运共同体的青年故事。

学生 J： 大家好，我是武汉软件工程职业技术学院的学生，我发现其实我们的老师和同学已经参与到共建"一带一路"之中。我们学校与烽火通信科技股份有限公司联合成立了培训中心，对共建"一带一路"国家印度尼西亚、吉尔吉斯斯坦、哈萨克斯坦等的技术人员进行了 5G 移动通信新技术线上培训。我觉得我们青年可以学好技术、用好技术，推动职业院校跟随中国企业"走出去"，向共建"一带一路"国家输出移动通信技能与技术标准，这是我们可以做的。

学生 K：大家好，我于 2022 年毕业于武昌工学院城市建设学院，毕业后就职于××集团，目前在共建"一带一路"国家斐济工作，通过参与"一带一路"项目建设，深刻感受到"一带一路"为促进亚欧非区域发展和人类和平发展作出了重要贡献。"一带一路"是促进共同发展、实现共同繁荣的合作共赢之路，是增进理解信任、加强全方位交流的和平友谊之路。

学生 L：大家好，我是华中师范大学的师范生，我们学校成立了"一带一路"研究中心，搭建了相关的信息平台，我有同学参与了"一带一路"微信公众号的推送工作，我还有同学参与了共建"一带一路"国家的国际志愿服务、社会实践，通过教育、传播方式参与国际交流，这也是青年参与构建人类命运共同体的方式。

6. 教师小结

同学们，今天我们一起了解到构建人类命运共同体不仅是马克思主义中国化时代化的重要理论成果，而且是中国特色话语体系的创新。通过理论学习和实践体验，老师也希望大家把创新性的理念落实到创造性的行动中，积极参与经济合作、志愿服务、气候治理、学术交流等全球性事务，为推动构建人类命运共同体注入青春的智慧、发出青春的声音、贡献青春的力量。

本节课我们围绕"如何理解人类命运共同体理念的创新性"这一议题，通过理论研讨、理性辨析、实践探究三个教学环节，让学生深刻认识构建人类命运共同体的中国智慧和中国方案，体验大国责任，引领青年增强创新意识、理论自信和使命担当。

四　课后活动

（1）小组合作继续完善各小组课堂研制的关于和平、生态方面的倡议框架，完成 2000 字以上的细化版倡议，并通过智慧课堂软件进行共享展示。

（2）通过智慧课堂软件推送课后深度阅读材料，进一步学习了解构建人类命运共同体理念的创新性与中国方案。

附录二　高校思想政治理论课智慧课堂教学状况调查问卷

亲爱的同学：

你好！我们是来自华中师范大学的调研小组，目前正在做有关全国高校思想政治理论课（以下简称"思政课"）智慧课堂建设情况的调查，希望通过问卷来了解高校思政课智慧课堂的使用现状、特征和存在的问题，旨在促进高校思政课的教学改革和创新。

本问卷采取匿名形式，仅用于科学研究，不涉及你的任何隐私问题，答案也不分对错，请放心填写。你的填写对我们的调查意义重大，希望你能提供真实的资料，谢谢你的合作！

一、基本状况

1. 你的性别是（　　）　　　A. 男　　　　　B. 女

2. 你所在的学校是＿＿＿＿＿＿＿＿＿＿＿

3. 你的专业是（　　）

A. 理工类　　　B. 文史类　　　C. 艺体类　　　D. 其他

4. 你的年级是（　　）

A. 2019 级　　　B. 2018 级　　　C. 2017 级　　　D. 2016 级

E. 其他＿＿＿＿＿

5. 你的政治面貌是（　　）

A. 中共党员　　　B. 共青团员　　　C. 其他＿＿＿＿＿

6. 你参与过采用哪些学习模式的思政课？（　　）（可多选）

A. 传统教学课堂

B. 网络自主课堂（如慕课等）

C. 网络和传统相结合课堂

D. 智慧课堂（如题 7 提及的一些课堂）

E. 其他_____

7. 你主要通过以下哪些软件或平台参与到思政课的智慧课堂教学之中？（　　）

A. 超星学习通　　　　　　B. 中成智慧课堂

C. 雨课堂　　　　　　　　D. 蓝墨云班课

E. 微助教　　　　　　　　F. starC 云端课堂

G. 科大讯飞智慧课堂　　　H. 其他_____

I. 没有参加过任何智慧课堂形式的思政课

8. 以下哪些思政课，你参与过智慧课堂的教学形式？（　　）（可多选）

A. "思想道德修养与法律基础"

B. "中国近现代史纲要"

C. "马克思主义基本原理概论"

D. "毛泽东思想和中国特色社会主义理论体系概论"

E. "形式与政策"

F. 其他课程

G. 没有参加过任何思政课的智慧课堂（若选择该项，问卷作答到此为止）

9. 你选择思政课智慧课堂的原因是？（　　）

A. 随机选的或随机分配的　　B. 感兴趣，自主选的

C. 被迫选的，没其他选择　　D. 其他_____

10. 你在智慧课堂教学模式下学习思政课大概多长时间？（　　）

A. 1 个学期以内　　　　　　B. 1 学期至 1 年

C. 1~2 年　　　　　　　　　D. 2 年以上

11. 你在思政课智慧课堂的出勤状况是？（　　）

A. 每次必到　　　　　　　　B. 偶尔缺席

C. 看心情、看情况　　　　　　D. 大部分时间都逃课

E. 从未去上过课

12. 你的思政课运用智慧课堂平台或相应技术环境的频次是多少？（　　　）

A. 每次课都使用　　　　　　　B. 经常使用

C. 偶尔使用　　　　　　　　　D. 很少使用

E. 说不清楚

13. 你参与过的思政课智慧课堂，是由＿＿＿＿＿＿主讲的？（　　　）

A. 男性教师　　　B. 女性教师　　　C. 男女教师均有

14. 你的思政课中，哪些教学形式是通过智慧课堂的平台或条件实现的？（　　　）（可多选）

A. 签到　　　　　B. 测验及作业　　C. 主题讨论　　　D. 学习资源预习

E. 抢答　　　　　F. 选人　　　　　G. 投票　　　　　H. 问卷

I. 相互评分　　　J. 小组任务　　　K. 录播或直播　　L. 云笔记

M. 词频统计或词云　　　　　　N. 思维导图　　　　　O. 其他

15. 在你的思政课智慧课堂上，教师将哪些技术或设备运用于教学过程中？（　　　）（可多选）

A. 手机　　　　　B. 平板电脑　　　C. 多屏互动　　　D. 摄像和录播

E. 感应设备　　　F. VR 技术　　　G. 远程互动直播　H. 大数据分析

I. 墙面触屏技术　　　　　　　　J. 灯光、温度等智能调控系统

K. 智慧黑板　　　L. Wi-Fi 技术　　M. 其他

16. 除了教师理论授课，你在思政课智慧课堂中还参与了哪些教学活动？（　　　）（可多选）

A. 读书汇报　　　B. 课外实践　　　C. 学习作品展示　D. 情景剧表演

E. 辩论赛　　　　F. 演讲　　　　　G. 诗歌、唱歌等　H. 影视观赏

I. 小组交流讨论　J. 其他

二、教学评价

17. 总体而言，你觉得思政课智慧课堂教学效果如何？（　　　）

A. 效果非常好　　　　　　　　B. 效果比较好

C. 效果一般　　　　　　　　　D. 效果不好

E. 效果很差

18. 你对思政课智慧课堂教学模式感到满意吗？（　　）

A. 非常满意　　　　　　　　B. 比较满意

C. 一般　　　　　　　　　　D. 不太满意

E. 很不满意

19. 你觉得思政课的智慧课堂教学模式是否有新意？（　　　）

A. 很有新意　　　　　　　　B. 比较有新意

C. 一般　　　　　　　　　　D. 没什么新意

E. 完全没新意

20. 进入智慧课堂学习之后，你对思政课的兴趣如何？（　　　）

A. 比以前兴趣高　　　　　　B. 跟以前差不多

C. 比以前兴趣低　　　　　　D. 说不清楚

21. 你对思政课的智慧课堂教学适应程度如何？（　　　）

A. 完全适应　　　　　　　　B. 比较适应

C. 一般　　　　　　　　　　D. 不太适应

E. 非常不适应

22. 思政课智慧课堂的学习，对你以下哪些方面的帮助和影响较为显著？（　　　）（可多选）

A. 把握知识点和内容　　　　B. 扩展思维能力

C. 提升学习兴趣　　　　　　D. 增强理想信念

E. 价值观的养成　　　　　　F. 行为习惯的培养

G. 掌握先进教育技术和理念　H. 其他

23. 你认为在思政课智慧课堂的学习中，自己提升最多和收获最大的是哪方面的能力？（　　　）

A. 分析问题能力　　　　　　B. 合作能力

C. 表达、倾听和质疑能力　　D. 自主学习能力

E. 沟通能力　　　　　　　　F. 其他_____

24. 与其他课堂相比，思政课智慧课堂教学过程中，师生互动频次如何？（　　　）

A. 比其他课堂互动更频繁　　B. 差不多

C. 比其他课堂互动少　　　　D. 说不清楚

25. 与其他课堂相比，思政课智慧课堂教学过程中，师生互动效果如何？（　　　）

    A. 比其他课堂效果好   B. 差不多

    C. 比其他课堂效果差   D. 说不清楚

26. 与其他课堂相比，思政课智慧课堂教学手段和形式的丰富程度如何？（　　　）

    A. 丰富得多   B. 稍显丰富

    C. 没什么差别   D. 不太丰富

    E. 非常不丰富

27. 如果让你选择，你倾向于选择哪种课堂模式进行思政课学习？（　　　）

    A. 传统教学课堂   B. 网络自主课堂（如慕课等）

    C. 网络和传统相结合课堂

    D. 智慧课堂（如题 7 提及的一些智慧课堂形式）

    E. 其他_____

28. 你认为思政课智慧课堂教学模式的优势体现在哪些方面？（　　　）（可多选）

    A. 资料更加丰富   B. 形式多样

    C. 互动性强   D. 学习自主性强

    E. 学习效率高   F. 考核合理

    G. 合作精神   H. 其他_____

29. 在思政课智慧课堂，哪些方面被纳入了你的平时成绩评价指标中？（　　　）（可多选）

    A. 课堂考勤   B. 线上资源学习时长

    C. 课堂（或网络）讨论/发言次数及质量

    D. 课堂或线上作业   E. 测验

    F. 社会实践   G. 课堂笔记完成质量

    H. 小组活动   I. 其他_____

三、问题与期望

30. 你在思政课智慧课堂学习中碰到的最大问题是？（　　　）

    A. 学习目标不明确   B. 学习动力不足

C. 学习内容太抽象　　　　　　　D. 学习气氛不理想

E. 技术要求太高　　　　　　　　F. 没遇到什问题

G. 其他_____

31. 你课后是否会和思政课老师进行课程内容相关的交流？（　　）

A. 经常会　　　　　　　　　　　B. 偶尔会

C. 不会　　　　　　　　　　　　D. 说不清楚

32. 你认为目前思政课智慧课堂在讲授课程内容时存在的最主要问题是？（　　）

A. 内容宏观，深度不够　　　　　B. 内容陈旧，脱离现实生活

C. 内容枯燥，晦涩难懂　　　　　D. 内容方面不存在问题

E. 其他问题_____

33. 你认为目前思政课智慧课堂在教学形式上存在哪些问题？（　　）（可多选）

A. 形式太多，偏离内容

B. 评价指标太多，学习任务重

C. 技术含量太高，自己不太适应

D. 教师运用技术不娴熟

E. 网络太慢，系统总是故障

F. 没感觉到形式上存在问题

G. 其他问题_____

34. 你在思政课智慧课堂中"走神"的频次与普通课堂相比如何？（　　）

A. 忙于参与和学习，没功夫走神

B. 有时也走神，但是比普通思政课频次少

C. 与思政课普通课堂相比差不多

D. 比普通课堂走神的频次更高了

E. 说不清楚

35. 你认为当前思政课智慧课堂最需要改进的方面是？（　　）

A. 教学方式　　　　　　　　　　B. 教学内容

C. 智慧课堂技术　　　　　　　　D. 互动参与积极性

E. 师生教与学的积极性　　　　F. 其他

36. 你比较喜欢思政课智慧课堂的哪些教学形式?（　　）（可多选）

A. 签到　　　　　　　　　　B. 测验及作业

C. 主题讨论　　　　　　　　D. 学习资源预习

E. 抢答　　　　　　　　　　F. 选人

G. 投票　　　　　　　　　　H. 问卷

I. 相互评分　　　　　　　　J. 小组任务

K. 录播或直播　　　　　　　L. 云笔记

M. 词频统计或词云　　　　　N. 思维导图

O. 其他

37. 你比较喜欢思政课智慧课堂上哪些教学活动?（　　）（可多选）

A. 理论授课　　　　　　　　B. 读书汇报

C. 课外实践　　　　　　　　D. 学习作品展示

E. 情景剧表演　　　　　　　F. 辩论赛

G. 演讲　　　　　　　　　　H. 诗歌、唱歌等

I. 影视观赏　　　　　　　　J. 其他

38. 如果让你对思政课智慧课堂教学创新程度打分,你给的分数是_____（0~100分）。

39. 如果让你对思政课智慧课堂教学满意程度打分,你给的分数是_____（0~100分）。

40. 如果让你对思政课智慧课堂中自己的参与程度打分,你给的分数是_____（0~100分）。

41. 如果让你对思政课智慧课堂教师对各种软件、设备、方式利用程度打分,你给的分数是_____（0~100分）。

42. 你认为思政课利用智慧课堂（包括相应的教学环境、条件或软件等）进行教学是否有必要?（　　）

A. 有必要　　　　　　　　　B. 没必要

C. 无所谓　　　　　　　　　D. 说不清楚

43. 你认为在思政课智慧课堂上,最理想的班级人数是多少人?（　　）（填写0以上的某个数字）

44. 你认为高校思政课智慧课堂应用过程中还存在哪些问题?

_____

_____

_____

45. 你对高校思政课智慧课堂问卷有何建议和意见?

_____

_____

_____

填写完毕,非常感谢你对我们工作的大力支持!

"高校思想政治理论课智慧课堂教学创新研究" 课题组

参考文献

一　著作

1. 《马克思恩格斯选集》第 1~4 卷，人民出版社，2012。

2. 《马克思恩格斯文集》第 1~10 卷，人民出版社，2009。

3. 《马克思经典著作选读》，中共中央党校出版社，2018。

4. 《习近平著作选读》第 1~2 卷，人民出版社，2023。

5. 《习近平谈治国理政》第 1~4 卷，外文出版社，2018，2017，2020，2022。

6. 《习近平法治思想概论》，高等教育出版社，2021。

7. 《习近平关于全面依法治国论述摘编》，中央文献出版社，2015。

8. 《中华人民共和国学校思想政治理论课重要文献选编》上下册，人民出版社，2022。

9. 《思想政治工作文献选编》，中共中央党校出版社，1989。

10. 《思想政治工作新特点新方式新内容研究》，学习出版社，2022。

11. 李朝辉主编《教学论》，清华大学出版社，2022。

12. 朱辉：《幸福教育的理论与实践探索》，世界图书出版公司，2021。

13. 钱广荣：《道德教育论》，安徽师范大学出版社，2023。

14. 刘宝存等：《当代世界教育思潮》，人民出版社，2021。

15. 〔加〕季莲·罗森伯格：《道德教育的科学与艺术》，王凯、周欣茹译，福建教育出版社，2022。

16. 臧国庆、李昌、徐静文：《立德树人与高校思想政治教育》，中国华侨出版社，2022。

17. 李晓瞳：《新时代学校思政课程一体化建设研究》，吉林大学出版社，2022。

18. 王学俭等：《新时代思想政治教育基本问题研究》，人民出版社，2021。

19. 康春英：《马克思主义中国化与思想政治教育研究》，民族出版社，2020。

20. 金丰年、郑旭东主编《智慧课堂创新》，南京大学出版社，2017。

21. 金丰年主编《智慧课堂分享》，南京大学出版社，2018。

22. 张屹、陈蓓蕾、沈爱华：《智慧课堂教学研究的方法与案例》，华中师范大学出版社，2018。

23. 厉佳旭：《教育的根基》，北京师范大学出版社，2021。

24. 孙贵定编《教育学原理》，厦门大学出版社，2021。

25. 刘世清等：《教育强国之路》，上海人民出版社，2021。

26. 陶行知：《教育的本质》，湖南人民出版社，2021。

27. 周洪宇主编《教育史学通论》，人民教育出版社，2018。

28. 陈钱林：《教育的本质》，天地出版社，2020。

29. 《涂尔干文集》第6卷，陈光金等译，商务印书馆，2020。

30. 张蔚萍主编《思想政治工作史》，中国方正出版社，2001。

31. 孙其昂：《思想政治教育学前沿研究》，人民出版社，2013。

32. 袭普良：《把能力交给学生：思想政治课能力培养的研究与实践》，中国轻工业出版社，2003。

33. 沈伟：《智能时代的教师》，教育科学出版社，2021。

34. 罗国杰主编《思想道德修养》，高等教育出版社，1999。

35. 余玉花主编《思想道德概论》，华东师范大学出版社，1999。

36. 周平红：《我国高等教育信息化水平测评与发展预测研究》，华中师范大学出版社，2018。

37. 徐文、毛志雄、田祖清主编《思政课实践指导》，科学出版社，2010。

38. 李森、王天平主编《中国教学思想史专题研究》，福建教育出版社，2022。

39. 朱德全主编《教学研究方法论》，人民教育出版社，2012。

40. 魏忠：《智能时代的教育智慧》，华东师范大学出版社，2019。

41. 段作章：《教学理念如何走向教学行为》，华东师范大学出版社，2015。

42. 〔苏〕赞科夫编《教学与发展》，杜殿坤等译，人民教育出版社，2008。

43. 吴明隆：《教学伦理：如何成为一位成功的教师？》，五南图书出版股份有限公司，2009。

44. 欧阳超：《教学伦理学》，四川大学出版社，2008。

45. 〔美〕珍妮·奥克斯、马丁·利普顿：《教学与社会变革》，钟启泉、赵中建译，华东师范出版社，2008。

46. 周建平：《追寻教学道德：当代中国教学道德价值问题研究》，教育科学出版社，2006。

47. 李艳燕编著《人工智能教育应用》，北京师范大学出版社，2022。

48. 王颖等编著《信息化教学技能实践与应用》，知识产权出版社，2011。

49. 钟志贤：《信息化教学模式》，北京师范大学出版社。2006。

50. 刘振环：《思想政治理论课教育途径与方式创新》，社会科学文献出版社，2017。

51. 李松林主编《思想政治理论课教学模式研究》，首都师范大学出版社，2006。

52. 王炳林主编《思想政治理论课教学方法创新研究》，北京师范大学出版社，2011。

53. 复旦大学社会科学基础部编《社会主义：理论与实践》，复旦大学出版社，2005。

54. 潘宇鹏主编《"马克思主义基本原理"教学方法论》，重庆大学出版社，2023。

55. 联合国教科文组织编《人工智能与教育：政策制定者指南》，教育科学出版社，2021。

56. 孙曙辉、刘邦奇：《智慧课堂》，北京师范大学出版社，2016

57. 〔美〕韦恩·霍姆斯、玛雅·比利亚克、查尔斯·菲德尔：《教育中的人工智能：前景与启示》，冯建超等译，华东师范大学出版社，2021。

58. 叶波等：《人工智能+5G与教育变革》，华东师范大学出版社，2022。

59. 胡艺龄：《学习者画像》，教育科学出版社，2022。

60. 哈斯高娃等编著《智慧教育》，清华大学出版社，2017。

二 报刊文章

1. 习近平：《思政课是落实立德树人根本任务的关键课程》，《求是》2020年第17期。

2. 习近平：《扎实推动教育强国建设》，《求是》2023年第18期。

3. 怀进鹏：《加快建设教育强国》，《人民日报》2022年12月21日，第9版。

4. 吴凡：《让数字化激活思政教育新生态》，《光明日报》2023年4月13日，第2版。

5. 蒋亦丰：《浙江上线高校智慧思政系统》，《中国教育报》2022年7月5日，第3版。

6. 《"智慧"育人的"北理工实践"》，《中国教育报》2022年9月14日，第1版。

7. 胡延华：《探索教学新模式打造新型思政课堂》，《中国教育报》2023年3月20日，第8版。

8. 杨小军、蒯丹、李伏清：《"四个贯通"推进"大思政课"高质量发展》《光明日报》2022年12月29日，第8版。

9. 邓晖：《用数字化技术激活思政课新生态》，《光明日报》2023年5月9日，第13版。

10. 王鉴：《课堂研究引论》，《教育研究》2003年第6期。

11. 陈卫东、叶新东、张际平：《智能教室研究现状与未来展望》，《远程教育杂志》2011年第4期。

12. 黄荣怀等：《智慧教室的概念及特征》，《开放教育研究》2012年第2期。

13. 周文君：《"互联网+"背景下智慧教学工具在高职思政课中的应用研究——以"雨课堂"为例》，《新闻研究导刊》2018年第20期。

14. 余定猛：《"三全育人"视域下"思政+智慧"教学模式的构建与思考——以上海公安学院为例》，《上海公安学院学报》2021年第5期。

15. 曹宁、李暄：《"雨课堂"智慧教学模式在高校思政课中的应用研究》，《教育教学论坛》2020年第34期。

16. 梁茵:《智慧教学工具在高职思政课应用的问题和对策思考》,《教育现代化》2018 年第 15 期。

17. 常城、李慧:《智慧教学软件在思政课教学中的应用》,《学校党建与思想教育》2020 年第 22 期。

18. 苗启广等:《面向智慧教育行为分析的图卷积骨架动作识别方法》,《计算机科学》2022 年第 2 期。

19. 胡正荣、李荃:《深化融合变革,迎接智慧全媒体生态》,《传媒》2020 年第 3 期。

20. 高铁刚、杜娟、王宁:《学校智慧教育生态建设研究》,《中国电化教育》2021 年第 12 期。

21. 刘正华:《智慧教育重构学校生态的实践路径》,《湖南社会科学》2021 年第 3 期。

22. 徐晔、黄尧:《智慧教育:人工智能教育的新生态》,《宁夏社会科学》2019 年第 3 期。

23. 胡彦、彭飞霞:《中职教育智慧教研模式建构与实践检验》,《中国职业技术教育》2022 年第 5 期。

24. 陈雪梅、朱国庆:《"SPT"智慧课堂的"DNA 分子的结构"教学案例》,《生物学教学》2019 年第 12 期。

25. 刘邦奇:《"互联网+"时代智慧课堂教学设计与实施策略研究》,《中国电化教育》2016 年第 10 期。

26. 杨兴波:《"互联网+"智慧课堂的教学方案与实施》,《教学与管理》2019 年第 10 期。

27. 张务农、贾保先:《"人"与"非人"——智慧课堂中人的主体性考察》,《电化教育研究》2020 年第 1 期。

28. 蔡苏等:《5G 环境下的多模态智慧课堂实践》,《现代远程教育研究》2021 年第 5 期。

29. 曹挹芬、唐亚阳:《5G 时代高校思想政治理论课智慧课堂建设的理念与原则》,《学校党建与思想教育》2020 年第 3 期。

30. 王月等:《初中智慧课堂的构建及其有效性研究——以地理学科为例》,《中国电化教育》2020 年第 9 期。

31. 池方权：《打造智慧课堂培育理性精神——以〈经济生活〉教学为例》，《中学政治教学参考》2017 年第 25 期。

32. 崔淑仙：《打造智慧课堂教学模式》，《中国教育学刊》2017 年第 2 期。

33. 晋欣泉等：《大数据支持下的智慧课堂构建与课例分析》，《现代教育技术》2018 年第 6 期。

34. 朱燕华、陈莉萍：《大学英语智慧课堂教学评价指标体系构建》，《外语电化教学》2020 年第 4 期。

35. 王树华、曹群：《第二届全国高职思政课名师论坛暨全国高职院校思政课信息化智慧课堂推广交流会综述》，《思想教育研究》2020 年第 1 期。

36. 吴亚军：《高职院校智慧课堂模式构建探析》，《中国职业技术教育》2020 年第 2 期。

37. 秦芳：《构建思想品德智慧课堂的策略》，《中学政治教学参考》2014 年第 Z2 期。

38. 张英强：《构筑智慧课堂：以互联网思维重塑学校教育生态》，《中小学管理》2017 年第 10 期。

39. 臧衍杰：《回归哲学本质打造智慧课堂——以"发展的观点看问题"为例》，《中学政治教学参考》2015 年第 7 期。

40. 王兴宇：《活动理论视角下的智慧课堂教学模式研究》，《中国电化教育》2020 年第 4 期。

41. 尹苗等：《基于 ADDIE 教学设计模型的智慧课堂教学——以"真菌"一节的教学设计为例》，《现代教育技术》2020 年第 11 期。

42. 张宇哲：《基于 AI 架构的智慧课堂研究》，《教学与管理》2020 年第 21 期。

43. 黄建锋：《基于 SPOC 的智慧课堂构建策略研究》，《教学与管理》2017 年第 12 期。

44. 阮洪妮：《基于核心素养视阈下高校思想政治课智慧课堂教学探讨——评〈追寻智慧：思想政治课智慧教学探索与实践〉》，《热带作物学报》2021 年第 8 期。

45. 张海等：《基于数据挖掘的智慧课堂教学行为事理图谱研究》，《远程教育杂志》2020 年第 2 期。

46. 赵全芹等：《基于网络信息技术构建医学基础化学智慧课堂教学模式》，《化学教育》（中英文）2021 年第 12 期。

47. 温彤：《基于学习性评价的智慧课堂质量评价体系研究》，《教学与管理》2020 年第 27 期。

48. 李昕昕、赵春、严张凌：《基于云端人脸识别技术的智慧课堂框架研究》，《实验技术与管理》2020 年第 6 期。

49. 王盾：《基于智慧课堂的高校诚信教育课例设计与实践研究》，《电化教育研究》2019 年第 9 期。

50. 卞金金、徐福荫：《基于智慧课堂的学习模式设计与效果研究》，《中国电化教育》2016 年第 2 期。

51. 向夏莹：《基于智慧课堂的高校思政理论课改革创新与实践——评〈高校思想政治理论课改革与创新〉》，《热带作物学报》2021 年第 7 期。

52. 刘邦奇、李鑫：《基于智慧课堂的教育大数据分析与应用研究》，《远程教育杂志》2018 年第 3 期。

53. 杨晓：《基于智慧课堂的思想政治理论课翻转教学——以思想道德修养与法律基础课为例》，《中学政治教学参考》2020 年第 34 期。

54. 刘邦奇等：《基于智慧课堂的学科教学模式创新与应用研究》，《电化教育研究》2019 年第 4 期。

55. 王冬青等：《基于智慧课堂动态生成性数据的交互可视化分析机制研究》，《电化教育研究》2019 年第 5 期。

56. 彭林华、林晓凡：《基于滞后序列分析的智慧课堂教学行为研究》，《现代教育技术》2021 年第 7 期。

57. 余华明、龙建佑：《基于专业教学资源库的智慧课堂构建、实施和评价》，《中国职业技术教育》2018 年第 8 期。

58. 付晓冰：《教育信息化环境下的中小学智慧课堂建设研究》，《教学与管理》2020 年第 36 期。

59. 何政权、陆浩、尹安明：《精准教学视野下的智慧课堂研究——以重庆市大足区智慧课堂建设为例》，《现代教育技术》2019 年第 10 期。

60. 陶正勇：《开启智能教育构建智慧课堂教学模式》，《中国教育学刊》

2019 年第 S2 期。

61. 许文芝：《论智慧课堂在高职教学中的应用》，《教育与职业》2021 年第 12 期。

62. 王一岩、郑永和：《面向智慧课堂的教育情境感知：价值定位、特征模型与实践框架》，《电化教育研究》2021 年第 11 期。

63. 彭红超、祝智庭：《面向智慧课堂的灵活深度学习设计框架研制》，《现代远程教育研究》2021 年第 1 期。

64. 孙曙辉、刘邦奇、李鑫：《面向智慧课堂的数据挖掘与学习分析框架及应用》，《中国电化教育》2018 年第 2 期。

65. 钟绍春、钟卓、张琢：《如何构建智慧课堂》，《电化教育研究》2020 年第 10 期。

66. 王爱平：《睿易云教学系统助力"SPT"智慧课堂实现翻转课堂》，《人民教育》2017 年第 19 期。

67. 于智慧：《睿易云教学——有趣有效的在线智慧课堂》，《人民教育》2017 年第 18 期。

68. 郑艳苹：《善用智慧课堂优化政治教学》，《中学政治教学参考》2021 年第 13 期。

69. 庞敬文等：《深度学习视角下智慧课堂评价指标的设计研究》，《现代教育技术》2017 年第 2 期。

70. 刘其武：《数学智慧课堂的构建》，《教学与管理》2020 年第 13 期。

71. 陈力、江松寿：《数学智慧课堂的四个"动态特征"》，《教学与管理》2009 年第 14 期。

72. 桓旭：《思想政治课的智慧课堂》，《思想政治课教学》2016 年第 6 期。

73. 姜丛雯、傅树京：《我国智慧课堂研究现状述评》，《教学与管理》2020 年第 6 期。

74. 杨玉佩、彭虹斌：《小学科学智慧课堂动态生成过程探究》，《教学与管理》2019 年第 14 期。

75. 孙薇：《新形态一体化教材助力智慧课堂——以职业教育专业教学资源库配套教材研发和设计为例》，《中国编辑》2018 年第 4 期。

76. 吴晓如、刘邦奇、袁婷婷：《新一代智慧课堂：概念、平台及体系架构》，《中国电化教育》2019 年第 3 期。

77. 张艳明、桂忠艳、李巍巍：《信息技术环境下智慧课堂的构建研究》，《教学与管理》2020 年第 12 期。

78. 张鹏君：《信息技术时代智慧课堂的实践逻辑与建构》，《苏州大学学报》（教育科学版）2020 年第 1 期。

79. 李燚：《学校智慧课堂建设中的人文关怀》，《教学与管理》2020 年第 3 期。

80. 邓伟：《依托互联网+教育，打造高效智慧课堂》，《人民教育》2018 年第 1 期。

81. 李晓娜：《英语智慧课堂生态构建研究》，《教学与管理》2019 年第 33 期。

82. 陆叶丰、易素萍、恽如伟：《智慧教学平台的教师使用意愿研究——以三个城市的中小学智慧课堂教学实践为例》，《现代教育技术》2019 年第 9 期。

83. 祝智庭：《智慧教育新发展：从翻转课堂到智慧课堂及智慧学习空间》，《开放教育研究》2016 年第 1 期。

84. 吴文妹：《智慧课堂 智慧校园 智慧环境——新时期智慧教育发展的阶段性及其建设》，《教育理论与实践》2021 年第 25 期。

85. 刘军：《智慧课堂："互联网+"时代未来学校课堂发展新路向》，《中国电化教育》2017 年第 7 期。

86. 曲培波：《智慧课堂"赋能"思维学习生态》，《中国教育学刊》2022 年第 1 期。

87. 赵琳等：《智慧课堂的"动态"学习路径设计研究》，《中国电化教育》2017 年第 11 期。

88. 刘邦奇：《智慧课堂的发展、平台架构与应用设计——从智慧课堂 1.0 到智慧课堂 3.0》，《现代教育技术》2019 年第 3 期。

89. 王天平、闫君子：《智慧课堂的概念诠释与本质属性》，《电化教育研究》2019 年第 11 期。

90. 肖龙海、陆叶丰：《智慧课堂的高阶思维评价研究》，《现代教育技术》2021 年第 11 期。

91. 刘明成：《智慧课堂的价值追求及实施策略》，《当代教育科学》2014年第 8 期。

92. 王春玉：《智慧课堂的教学模式探索》，《思想政治课教学》2018 年第 12 期。

93. 袁秀娟：《智慧课堂的理念构建及模型解析》，《教学与管理》2017 年第 21 期。

94. 李逢庆、王政、尹苗：《智慧课堂的嬗变与趋向》，《现代教育技术》2021 年第 9 期。

95. 晋欣泉等：《智慧课堂的数据流动机制与生态系统构建》，《中国远程教育》2019 年第 4 期。

96. 王星等：《智慧课堂赋能学生智慧的培育机制：内在机理、结构要素与联通路径》，《电化教育研究》2021 年第 8 期。

97. 王星、李怀龙：《智慧课堂赋能学生智慧发展的动力机制与运行逻辑》，《现代教育技术》2021 年第 11 期。

98. 尤洋、王以宁、张海：《智慧课堂环境下教学视频复杂度与学习者认知负荷关系研究》，《现代远距离教育》2020 年第 2 期。

99. 张妍：《智慧课堂建设提升高校思政课传播能力研究》，《黑龙江高教研究》2020 年第 1 期。

100. 王冬青、刘欢、邱美玲：《智慧课堂教师行为数据的分析方法与应用验证》，《中国电化教育》2020 年第 5 期。

101. 吴晓静、傅岩：《智慧课堂教学的基本理念》，《教育探索》2009 年第 9 期。

102. 于颖、陈文文：《智慧课堂教学模式的进阶式发展探析》，《中国电化教育》2018 年第 11 期。

103. 杨鑫等：《智慧课堂模型构建的实证研究》，《中国电化教育》2020 年第 9 期。

104. 李逢庆、尹苗、史洁：《智慧课堂生态系统的构建》，《中国电化教育》2020 年第 6 期。

105. 刘邦奇、李鑫：《智慧课堂数据挖掘分析与应用实证研究》，《电化教育研究》2018 年第 6 期。

106. 张丽莉：《智慧课堂行为管理系统探究》，《教学与管理》2019 年第 4 期。

107. 秦善鹏、于源溟、随井雪：《智慧课堂学生主体性意识的激发与引导》，《教学与管理》2020 年第 35 期。

108. 沈夏林、邓倩、刘勉：《智慧课堂学习体验：技术赋能身体图式的唤起》，《电化教育研究》2019 年第 9 期。

109. 李美凤、何飞：《智慧课堂中的"练习—反馈"环节教学行为分析——基于 19 节省级一等奖数学课例的视频分析》，《现代教育技术》2019 年第 6 期。

110. 马勋雕、解月光、庞敬文：《智慧课堂中学习任务的构成要素及设计过程模型研究》，《中国电化教育》2019 年第 4 期。

111. 杨群、王笑迎：《智慧课堂助力四环深度互动教学》，《中国教育学刊》2021 年第 8 期。

112. 李春阳、宋娅：《智慧校园建设中的智慧课堂新探》，《中小学管理》2020 年第 6 期。

113. 杨鑫、解月光：《智能时代课堂变革图景：智慧课堂及其构建策略》《电化教育研究》2021 年第 4 期。

114. 周晓清等：《中小学管理者对智慧课堂的认知及其态度调查——基于 377 份中小学管理者的调查问卷分析》，《现代教育技术》2021 年第 5 期。

115. 俞伟、刘渊：《"互联网+"时代"智慧教室"建设的研究与实践》，《教育理论与实践》2017 年第 15 期。

116. 刘志文、钱震：《"互联网+"时代"准智慧"教室的设计与应用研究》，《现代教育技术》2019 年第 12 期。

117. 蒋立兵等：《智慧教室促进高校课堂教学变革的绩效研究——基于课堂教学行为的分析》，《中国电化教育》2018 年第 6 期。

118. 金智勇、张立龙：《智慧教室"三位一体"模型构建及实践探索——以华中师范大学为例》，《现代教育技术》2019 年第 4 期。

119. 何克抗：《智慧教室+课堂教学结构变革——实现教育信息化宏伟目标的根本途径》，《教育研究》2015 年第 11 期。

120. 聂风华、钟晓流、宋述强：《智慧教室：概念特征、系统模型与建设案例》，《现代教育技术》2013 年第 7 期。

121. 谢火木、刘传尧、刘李春：《以课堂教学变革为导向的高校智慧教室建设》，《现代教育技术》2018 年第 10 期。

122. 李康康、赵鑫硕、陈琳：《我国智慧教室的现状及发展》，《现代教育技术》2016 年第 7 期。

123. 《全国智慧教室建设与应用研讨会在浙江大学召开》，《远程教育杂志》2013 年第 3 期。

124. 李红美、张剑平：《面向智慧教室的 ARS 互动教学模式及其应用》，《中国电化教育》2015 年第 11 期。

125. 张小飞：《论智慧教室对学生记忆的规训》，《当代教育科学》2021 年第 12 期。

126. 胡沛然等：《基于智慧教室的全过程控制管理模式实证研究》，《实验室研究与探索》2018 年第 10 期。

127. 胡旺、杨成：《基于智慧教室的教学模式设计研究》，《广东开放大学学报》2015 年第 4 期。

128. 汤显峰等：《基于云渲染的 VR/AR 智慧教室的设计与应用》，《现代教育技术》2021 年第 5 期。

129. 刘艳、陈滢生：《基于物联网的智慧教室设计方案评价研究》，《现代电子技术》2020 年第 19 期。

130. 潘荔霞等：《基于声纹识别的研讨型智慧教室构建》，《实验技术与管理》2018 年第 7 期。

131. 潘柏丞：《基于人工智能的智慧教室平台设计与实现》，《黑龙江科学》2020 年第 23 期。

132. 朱家华、崔鸿、刘家武：《基于互动媒体技术的智慧教室设计思考》，《实验室研究与探索》2018 年第 12 期。

133. 吴南中、夏海鹰、黄治虎：《基于大数据的智慧教室驾驶舱的设计与实践——以重庆广播电视大学为例》，《现代教育技术》2020 年第 3 期。

134. 程敏：《基于 PST 框架的智慧教室设计》，《实验室研究与探索》2021

年第 9 期。

135. 刘涛：《核心素养视域下智慧教室中的学习模式研究——评〈智慧教室中的教学研究与实践〉》，《中国油脂》2022 年第 2 期。

136. 张亚珍、张宝辉、韩云霞：《国内外智慧教室研究评论及展望》，《开放教育研究》2014 年第 1 期。

137. 孙飞鹏、汤京淑：《高校智慧教室的建设与评价——以北京语言大学为例》，《现代教育技术》2019 年第 12 期。

138. 贺占魁、黄涛：《高校智慧教室的建设理念、模式与应用展望——以华中师范大学为例》，《现代教育技术》2018 年第 11 期。

139. 刘宸等：《高校智慧教室的构建与研究——以西安交通大学为例》，《现代教育技术》2018 年第 10 期。

140. 蒋立兵等：《高校教师应用智慧教室实现教学转型的现状及建议》，《中国远程教育》2019 年第 3 期。

141. 毛齐明、蒋立兵、侯敬奇：《高校教师应用智慧教室的有效性调查研究——以 H 大学为例》，《现代教育技术》2018 年第 10 期。

142. 黄治虎、吴南中、张岩：《不同学习活动对高职学生学习投入的影响——基于智慧教室数据支持的学习分析》，《中国职业技术教育》2020 年第 14 期。

143. 胡国强、陈建平、韩苏建：《"智慧教室"热中的冷思考》，《实验室研究与探索》2019 年第 2 期。

144. 张凯、杨再明：《智慧教室的构建与应用研究——以中国矿业大学为例》，《现代教育技术》2018 年第 10 期。

145. 程敏：《智慧教室的设计与构建》，《实验室研究与探索》2015 年第 6 期。

146. 谢永朋：《智慧教室赋能职业院校课堂深度互动的价值与路径》，《中国职业技术教育》2022 年第 2 期。

147. 陈欣然：《智慧教室构建综述》，《电子技术与软件工程》2018 年第 4 期。

148. 王凯、何秋生：《智慧教室管理系统终端设计》，《实验技术与管理》2021 年第 11 期。

149. 彭常玲、石映辉、杨浩：《智慧教室环境感知与互联网自我效能感的关系研究》，《现代教育技术》2021年第4期。

150. 张屹等：《智慧教室环境下大学生课堂学习投入度及影响因素研究——以"教育技术学研究方法课"为例》，《中国电化教育》2019年第1期。

151. 张雪、杨浩、石映辉：《智慧教室环境下大学生学习环境偏好与学习策略的关系探究》，《现代教育技术》2020年第3期。

152. 王安琪、隗雪燕、张庆华：《智慧教室环境下的大学英语课堂教学活动——基于7名大学英语教师的个案研究》，《现代教育技术》2021年第10期。

153. 石映辉等：《智慧教室环境下的高校师生互动行为分析》，《现代教育技术》2019年第1期。

154. 刘喆、陈霓：《智慧教室环境下的课堂教学互动行为分析——以10个初中数学优质教学视频课例为观察对象》，《现代教育技术》2021年第9期。

155. 管珏琪等：《智慧教室环境下的课堂教学结构分析》，《电化教育研究》2019年第3期。

156. 刘喆、苏新冰、杜炫杰：《智慧教室环境下的数学课堂教学行为研究》，《数学教育学报》2020年第4期。

157. 江毅等：《智慧教室环境下师生互动行为研究》，《现代远距离教育》2019年第3期。

158. 管珏琪、孙一冰、祝智庭：《智慧教室环境下数据启发的教学决策研究》，《中国电化教育》2019年第2期。

159. 何文涛、王亚萍、毛刚：《智慧教室环境下协作学习的交互特征分析——基于IIS图分析与社会网络分析的视角》，《远程教育杂志》2018年第3期。

160. 何文涛等：《智慧教室环境下协作学习的异常行为特征分析》，《中国电化教育》2020年第6期。

161. 何文涛、杨开城、张慧慧：《智慧教室环境下协作学习的运行特征分析》，《中国电化教育》2018年第8期。

162. 陈秀弟：《智慧教室建设与应用的实践探究》，《新教育时代电子杂志》（学生版）2017 年第 2 期。

163. 尹合栋、于泽元、易全勇：《智慧教室评价指标体系的构建》，《现代教育技术》2020 年第 3 期。

164. 吕恋生、杨再明、张凯：《智慧教室设计及其对传统教学方式的影响——以中国矿业大学为例》，《现代教育技术》2019 年第 9 期。

165. 陈蓓蕾等：《智慧教室中的教学交互促进大学生深度学习研究》，《电化教育研究》2019 年第 3 期。

166. 李葆萍：《智慧教室中的教学研究与实践》，《教育学报》2021 年第 5 期。

167. 冷静、易玉何：《智慧教室中学习投入度与教学活动类型的关系》，《现代教育技术》2020 年第 3 期。

168. 刘清堂等：《智慧教室中座位偏好与学习动机的相关性研究——以"圆桌式"、"秧苗式"两种智慧教室的布局为例》，《现代教育技术》2021 年第 8 期。

169. 陈川等：《中小学教师智慧教室接受度影响因素研究》，《现代教育技术》2020 年第 4 期。

170. 王强：《"互联网+"视角下的职业教育智慧教学体系构建》，《职业技术教育》2017 年第 29 期。

171. 甘容辉、何高大：《5G 时代外语智慧教学路径探索》，《外语电化教学》2021 年第 2 期。

172. 林书兵、陈思琪、张学波：《从数据素养到数据智慧：教学决策的实践脉络与绩效追问》，《中国电化教育》2021 年第 9 期。

173. 陈艳《道德与法治课智慧教学探索——以部编教材"在品味情感中成长"为例》，《中学政治教学参考》2017 年第 35 期。

174. 张丽：《电子书包在智慧教学中的价值与应用路径》，《教学与管理》2020 年第 36 期。

175. 崔亚强、甘启宏、王春艳：《高校智慧教学环境的建设和运行机制思考——以四川大学为例》，《现代教育技术》2020 年第 3 期。

176. 程满玲、赵峰：《个性化智慧教学 ISDC 模式的构建与实现路径》，《现代教育技术》2020 年第 5 期。

177. 黎琼锋：《唤醒主体：高校智慧教学的实现路径》，《高等工程教育研究》2019 年第 6 期。

178. 蔡晓东等：《基于"互联网+"时代智慧教学的课程实践探索》，《高等工程教育研究》2019 年第 1 期。

179. 冼远清、匡珍春、初庆柱：《基于 Android 的智慧教学 APP 设计》，《实验技术与管理》2019 年第 9 期。

180. 熊科琴、童荔萍：《基于大数据的智慧教学模式初探》，《中国教育学刊》2021 年第 8 期。

181. 陈静：《基于怀特海教育思想的智慧教学模式》，《教学与管理》（理论版）2014 年第 18 期。

182. 余泰、李莉、赵欣：《基于教育大数据的高校智慧教学环境构建》，《实验室研究与探索》2020 年第 7 期。

183. 于洪涛：《基于雨课堂的高校智慧教学五步法探究——以"网络教育应用"课程为例》，《现代教育技术》2018 年第 9 期。

184. 李祁、杨玫、韩秋枫：《基于雨课堂的智慧教学设计与应用——以〈大学计算机基础〉为例》，《计算机工程与科学》2019 年第 S1 期。

185. 郑育英等：《基于雨课堂智慧教学工具的化工原理课堂教学改革与实践》，《化学教育》（中英文）2021 年第 14 期。

186. 谷寅、张辉：《基于云边协同的智慧教学空间模型研究与应用》，《黑龙江高教研究》2020 年第 12 期。

187. 散晓燕：《基于智慧教学的高职院校网络学习空间设计与实践》，《中国职业技术教育》2018 年第 2 期。

188. 陈璐瑶：《教师教学深度转型：迈向智慧教学》，《教学与管理》（理论版）2014 年第 27 期。

189. 蔡宝来：《教育信息化 2.0 时代的智慧教学：理念、特质及模式》，《中国教育学刊》2019 年第 11 期。

190. 李冀红、王怀波、杨现民：《进化性学习资源支持的高校智慧教学研究》，《中国远程教育》（综合版）2018 年第 12 期。

191. 张秀梅等：《近十年我国智慧教学研究的演变与趋势》，《中国远程教育》（综合版）2020 年第 9 期。

192. 魏宏聚：《经验、知识与智慧——教学经验的价值澄清与意义重估》，《教育理论与实践》2009 年第 7 期。

193. 刘海韬、尚君、吴旭：《可穿戴技术对智慧教学环境构建的启示》，《中国电化教育》2016 年第 10 期。

194. 刘建明、徐莉莉、梁淑娟：《利用智慧教学工具开展知识系统化重构教学——以"计算机网络基础与应用"课程为例》，《现代教育技术》2020 年第 7 期。

195. 吴徐汉、陈晓妹：《思想政治课智慧教学的实践研究》，《中学政治教学参考》2020 年第 27 期。

196. 马文静：《智慧学习环境下高校思政课教师胜任力提升对策研究》，《吉林广播电视大学学报》2022 年第 1 期。

197. 王九红：《学科教学智慧：教学智慧研究新进展》，《当代教育科学》2012 年第 20 期。

198. 焦立梅：《一例多境成就道德与法治智慧教学》，《中学政治教学参考》2019 年第 8 期。

199. 赵冰：《移动新媒体环境下以 POA 理论为指导的大学英语智慧教学模式构建》，《教育理论与实践》2019 年第 3 期。

200. 王晓春：《以 Pad 为主体的多终端协同智慧教学平台框架》，《现代教育技术》2018 年第 11 期。

201. 王帅国：《雨课堂：移动互联网与大数据背景下的智慧教学工具》，《现代教育技术》2017 年第 5 期。

202. 欧阳偶春、胡丹娟、雷淑华：《语言与育人融合下"主导+主体型"大学英语智慧教学》，《江西理工大学学报》2021 年第 2 期。

203. 蒙岚：《智慧教学背景下英语教师的核心素养提升路径》，《社会科学家》2019 年第 6 期。

204. 夏小娜、戚万学：《智慧教学管理的决策架构方案——基于"数据管理—业务设计—平台架构"的决策维度分析》，《现代教育技术》2021 年第 2 期。

205. 程钢等：《智慧教学环境下"地理信息系统原理与应用"课程教学综合改革与实践》，《测绘通报》2021 年第 12 期。

206. 杨鑫、解月光：《智慧教学能力：智慧教育时代的教师能力向度》，《教育研究》2019 年第 8 期。

207. 陆叶丰、易素萍、恽如伟：《智慧教学平台的教师使用意愿研究——以三个城市的中小学智慧课堂教学实践为例》，《现代教育技术》2019 年第 9 期。

208. 常城、李慧：《智慧教学软件在思政课教学中的应用》，《学校党建与思想教育》2020 年第 22 期。

209. 李咏翰、周雄俊：《智慧教学数据的需求识别与应用思考》，《现代教育技术》2020 年第 9 期。

210. 聂庭芳、胡成：《中小学"智慧校园"建设视域下的智慧教学模式探索》，《当代教育论坛》2021 年第 3 期。

后　记

21 世纪以来，信息技术与教育的融合愈加紧密，将信息化软件与物联化硬件相结合的智慧课堂应运而生，并快速应用到高校思政课教学之中。智慧课堂的互联数据化、深度交互性、管理精准性和学习个性化等特征为新时代高校思政课教学改革创新增添了活力，提升了思政课的实效性和吸引力。2019 年 3 月 18 日，习近平总书记在学校思想政治理论课教师座谈会上的讲话中就充分肯定了智慧课堂作为教学方式和手段在思政课建设中的积极成效。在这一背景下，开展高校思政课智慧课堂教学创新与实践研究十分必要。

本书为教育部高校示范马克思主义学院和优秀教学科研团队建设项目（优秀中青年思想政治理论课教师择优资助计划）"高校思想政治理论课智慧课堂教学创新研究"（项目批准号：18JDSZK127）的成果。本书从高校思政课智慧课堂教学的时代背景、理论基础、实证分析、智慧平台、智慧管理以及教学应用案例等方面进行了研究和探讨，以期为新时代高校思政课教学改革创新提供具有支撑作用的理论基础和参考经验。

为保证项目的顺利实施，课题组进行了多次学术研讨和研究协商，收集了大量思政课智慧课堂教学的论文资料和教学案例，并于 2020 年、2021年在湖北、湖南、广东 3 省 6 所高校持续开展了两轮实证调研，收集了2400 余份调查问卷，这些工作既为项目通过结项鉴定打下了坚实的基础，也为本书的写作提供了数据。在撰写本书过程中，课题负责人熊富标提出了本书的研究思路和大纲框架，课题组成员进行资料收集，并完成所负责章节的初稿写作，最后由熊富标对每一章节进行修改、完善和定稿。本书各章节的实际完成人为：前言、第二章，熊富标；第一章，熊富标、尹康霞；第三章，熊富标、吴晓敏；第四章，熊富标、王艳；第五章，熊富标、杨晋越、杨梦婷；附录一，熊富标、王黛丽、丁茜、郭晓雯。

限于作者的能力和视野，本书的学理基础仍较为薄弱，研究水平还处于高校思政课智慧课堂教学创新研究的初始阶段。思政课智慧课堂的理论创新、方法变革以及实践应用，不仅有待广大思政课教学教研同人一起完善和推进，还有赖于人工智能等技术的发展和推动，最终促使智慧课堂真正向深层次"智慧化"迈进。

本书顺利出版，得到了教育部高校示范马克思主义学院和优秀教学科研团队建设项目以及华中师范大学马克思主义理论一流学科建设经费的资助，也得到了众多师友的大力支持、指导和帮助，还得益于社会科学文献出版社编辑们的细致工作和宝贵意见，在此一并表示感谢。

熊富标

2024 年 12 月

图书在版编目(CIP)数据

高校思政课智慧课堂教学创新与实践／熊富标等著.
北京：社会科学文献出版社，2025.6.--ISBN 978-7
-5228-5264-5

Ⅰ.G641

中国国家版本馆 CIP 数据核字第 2025YE4861 号

高校思政课智慧课堂教学创新与实践

著　　者／熊富标 等

出 版 人／冀祥德
责任编辑／周　琼
文稿编辑／周浩杰
责任印制／岳　阳

出　　版／社会科学文献出版社·马克思主义分社（010）59367126
　　　　　 地址：北京市北三环中路甲 29 号院华龙大厦　邮编：100029
　　　　　 网址：www.ssap.com.cn
发　　行／社会科学文献出版社（010）59367028
印　　装／三河市东方印刷有限公司

规　　格／开　本：787mm×1092mm　1/16
　　　　　 印　张：18　字　数：288 千字
版　　次／2025 年 6 月第 1 版　2025 年 6 月第 1 次印刷
书　　号／ISBN 978-7-5228-5264-5
定　　价／98.00 元

读者服务电话：4008918866